本成果是国家社会科学基金重点项目"数字经济背景下技术创业企业商业模式创新驱动机制及实现路径研究（20AGL009）"阶段性研究成果

数字经济背景下技术创业企业的商业模式创新

——影响因素、作用机制与策略选择

丁小洲　郭　韬　李盼盼　著

中国财经出版传媒集团

经济科学出版社
Economic Science Press

图书在版编目（CIP）数据

数字经济背景下技术创业企业的商业模式创新：影响因素、作用机制与策略选择/丁小洲，郭韬，李盼盼著．－－北京：经济科学出版社，2022.12
ISBN 978－7－5218－4413－9

Ⅰ.①数…　Ⅱ.①丁…②郭…③李…　Ⅲ.①高技术企业－商业模式－研究－中国　Ⅳ.F276.44

中国国家版本馆 CIP 数据核字（2023）第 012225 号

责任编辑：刘　莎
责任校对：李　建
责任印制：邱　天

数字经济背景下技术创业企业的商业模式创新
——影响因素、作用机制与策略选择
丁小洲　郭　韬　李盼盼　著
经济科学出版社出版、发行　新华书店经销
社址：北京市海淀区阜成路甲 28 号　邮编：100142
总编部电话：010 － 88191217　发行部电话：010 － 88191522
网址：www. esp. com. cn
电子邮箱：esp@ esp. com. cn
天猫网店：经济科学出版社旗舰店
网址：http://jjkxcbs. tmall. com
固安华明印业有限公司印装
710 × 1000　16 开　20 印张　360000 字
2022 年 12 月第 1 版　2022 年 12 月第 1 次印刷
ISBN 978 － 7 － 5218 － 4413 － 9　定价：89.00 元
（图书出现印装问题，本社负责调换。电话：010 － 88191510）
（版权所有　侵权必究　打击盗版　举报热线：010 － 88191661
QQ：2242791300　营销中心电话：010 － 88191537
电子邮箱：dbts@ esp. com. cn）

前言

　　技术创业是创业的一种特殊形式，技术创业企业是激活创新活力、释放创新动能的重要主体，是新旧动能转换的重要力量，也是我国实现创新驱动发展战略的重要保障。技术创业企业通过不断提高技术创新能力、开发技术创新产品、持续培育技术创新机制而在复杂多变的外部环境中建立竞争优势，实现企业持续健康成长。然而，技术并不能自带价值，企业不能单纯依靠技术创新获得价值，而需要将其通过商业模式转化才能带来利润和竞争优势。

　　随着大数据、人工智能、物联网、云计算等数字技术的迅猛发展，消费者行为与期望、市场竞争格局等若干方面出现了颠覆性改变。因此，数字经济背景下企业间的竞争由传统的成本、产品及技术创新竞争逐渐转为商业模式竞争。数字经济背景下的商业模式创新改变着企业价值创造的方式和竞争优势来源，大量技术创业企业在面临高度不确定环境和资源约束的情况下，通过商业模式创新实现了快速成长。学术界已开始关注到数字经济背景下商业模式创新研究的重要价值，但现有研究成果仍不够丰富，尤其是数字经济新情境下技术创业企业商业模式创新前因的相关研究并不充分。

　　为更深入地剖析数字经济新情境下技术创业企业商业模式创新问题，本书基于资源基础观、动态能力理论与商业模式理论等，重点关注了"数字经济"这一特定环境下，影响技术创业企业商业模式创新的若干关键因素对技术创业企业商业模式创新的具体作用方式、路径等。对此，本书以识别技术创业企业商业模式创新的关键影响因素为切入点，进而探讨各关键影响因素间的相互关系，以及对商业模式创新的作用关系；在此基础上，进一步剖析了数字经济背景下各关键影响因素对技术创业企业商业模式创新的作用路径，以及数字经济背景下技术创业企业商业模式创新的策略选择。

希望通过本书进一步丰富数字经济情境下商业模式创新前因研究的内容体系，同时为技术创业企业适应数字经济情境、有效实施商业模式创新，进而促进实现持续健康成长提供有益借鉴。

目录

| 第 1 章 |

绪　论

1.1　研究的背景、目的和意义

1.1.1　研究背景

　　"十四五"规划提出"加快数字化发展，建设数字中国"，标志着我国进入数字经济转型的重要时期。2021 年 10 月 18 日，习近平总书记在主持中共中央政治局就推动我国数字经济健康发展进行第三十四次集体学习时强调：近年来，互联网、大数据、云计算、人工智能、区块链等技术加速创新，日益融入经济社会发展各领域全过程，数字经济发展速度之快、辐射范围之广、影响程度之深前所未有，正在成为重组全球要素资源、重塑全球经济结构、改变全球竞争格局的关键力量。2022 年 1 月 16 日出版的第二期《求是》杂志发表了习近平总书记的重要文章《不断做强做优做大我国数字经济》，文章指出：发展数字经济是把握新一轮科技革命和产业变革新机遇的战略选择。数字经济健康发展有利于推动构建新发展格局，有利于推动建设现代化经济体系，有利于推动构筑国家竞争新优势。2022年李克强总理代表国务院在十三届全国人大五次会议上作的《政府工作报告》中指出："2022 年政府的工作任务之一是要促进数字经济发展，要进一步加强数字中国建设整体布局，建设数字信息基础设施，逐步构建全国一体化大数据中心体系，推进 5G 规模化应用，促进产业数字化转型，发展智慧城市、数字乡村。加快发展工业互联网，培育壮大集成电路、人工智能等数字产业，提升关键软硬件技术创新和供给能力。完善数字经济治理，培育数据要素市场，释放数据要素潜力，提高应用能力，更好赋能经济发展、丰富人民生活。"可见，数字经济以数字技术创新驱动数字产业快速发展，以新业态、新模式赋能传统行业数字化转型，进一步促进了数字经济与经济社会各领域的深度融合。因此，以互联网、大数据、云计算等数字技术为主要驱动力的数字经济成为推动我国经济发展的新引擎。中国信息通信院历年发布的数据显示，2002~2019年，我国数字经济总量从1.2万亿元增加到35.8万亿元，占GDP比重为36.2%。2020年在新冠肺炎疫情的冲击下，我国数字经济发展保持着9.7%的高位增长，在疫情危机的应对中发挥了重要作用。在2022年7月中国信息通信研究院发布的《中国数字经济发展报告》显示，2021年我国数字经济规模达到45.5万亿元，占GDP比重达39.8%[1]。

数字经济的迅猛崛起对于激发消费需求、拉动投资效果显著，也对创新创业活动产生了颠覆性影响。数字经济是随着信息技术革命发展而产生的一种新经济形态，它重新定义了企业与消费者的关系、商业渠道及企业价值链[2]。与传统工业经济环境相比，数字经济环境具有开放性、无边界性、强互动性及不确定性等特征，使企业与外部环境互动及创造价值的方式发生改变[3-4]。数字经济改变了传统行业的商业逻辑与运行方式，数字经济背景下，与新技术范式相适应的资源配置方式、生产组织方式和商业模式的变革创新比以往更加重要，大批技术创业企业也因此面临全新的机遇和挑战[5]。

技术创业企业具有创新性、技术与知识密集性等先天属性，是激活创新活力、释放创新动能的重要主体，既是新旧动能转换的重要力量，也是我国实现创新驱动发展战略的重要保障[6]。面对数字经济环境的复杂多变，技术创业企业的创新活动不再仅是依靠企业内部资源进行的单纯技术创新行为，而是多元创新主体及其与环境之间联系和作用的互动结果，创新过程不但涉及新技术的创造和产业化应用，还涉及与新技术范式相适应的资源配置方式、生产组织方式及商业模式的重新设计和变革等。随着5G网络、人工智能、大数据等数字技术的高速发展，技术创业企业在成长和发展中也将面临更多的机遇和挑战，企业已无法仅凭有限的知识和资源开展技术创新而获取竞争优势,亟须探寻数字经济环境下适合企业成长的重要策略和成长路径。

数字经济背景下,技术创业企业能够有效利用数字经济产生的社会价值,通过数据获取、吸收和整合的方式不断进行创新,形成可持续盈利能力和竞争优势。商业模式是连接技术潜力与商业价值实现的启发式逻辑,数字经济背景下企业间的竞争已逐渐由传统的成本、产品及技术创新竞争转为商业模式竞争。商业模式创新是技术创业企业适应数字经济环境并获取持续竞争优势的重要渠道,是技术创业企业健康发展、保持高成长性的重要保障,是企业适应数字经济环境并获取竞争优势的重要手段[7-8]。目前,越来越多的技术创业企业已经意识到利用商业模式创新能够获取竞争优势,而不同类型的商业模式创新在促进技术创业企业快速成长、提升价值创造能力方面也具有不同的优势。

技术创业企业主要是通过利用技术及服务创新的方式顺利进入市场、获取竞争优势、促进企业快速成长,使技术创新与商业模式创新形成优势互补。在商业模式创新中想要实现价值创造需要立足企业既有资源和能力,且对外部环境有准确的分析和定位。数字经济背景下,大数据、互联网等数字技术在商业模式创新中的广泛应用,有助于技术创业企业有效地识别商业模式创新的关键影响因素,从而确保技术创业企业利用商业模式创新来获取利润并创造价值。目前,商业模式创新的相关研究主要分布于商业模式创新的影响因素、创新机理及后效等领域[9-10],同时中观与宏观环境背景对商业模式创新的影响研究也是学术界关注的热点之一。尽管目前国内外有关商业模式创新的研究成果较为丰富,但基于数字经济新情境开展的商业模式创新研究则较为匮乏,而数字经济背景下技术创业企业商业模式创新的影响因素、各影响因素间的作用关系和作用路径以及不同商业模式创新的策略选择等问题仍有待深入。

本书在现有研究基础上,基于资源基础观、动态能力理论、商业模式理论、演化博弈理论、权变理论和复杂系统理论,建立数字经济背景下技术创业企业商业模式创新研究的理论分析框架,通过理论与实践相结合、定性与定量相结合等方法,全面分析数字经济背景下技术创业企业商业模式创新的影响因素、各影响因素的作用机理及作用路径、商业模式创新策略选择,并分别从宏观数字经济环境层面和微观企业资源及能力层面提出相应对策建议，为数字经济背景下技术创业企业商业模式创新提供理论依据和实践借鉴。

1.1.2　研究目的

本书旨在基于数字经济的背景，探讨技术创业企业这一特定群体的商业模式创新问题，通过构建数字经济背景下技术创业企业商业模式创新的研究框架，深入剖析数字经济背景下技术创业企业商业模式创新的关键影响因素、不同因素对商业模式创新的作用机制，以及商业模式创新策略的选择等关键问题，丰富数字经济背景下商业模式创新的研究成果。具体目的包括：（1）明确数字经济、商业模式和商业模式创新的内涵及理论基础，并在理论分析的基础上，根据本书的研究思路，构建数字经济背景下技术创业企业商业模式创新的整体研究框架；（2）采用扎根理论质化分析方法，识别数字经济背景下技术创业企业商业模式创新的关键影响因素；（3）构建商业模式创新各关键影响因素对商业模式创新作用的理论假设和概念模型，并运用多元统计分析方法，揭示各关键影响因素对商业模式创新的作用机制；（4）构建数字经济背景下技术创业企业商业模式创新各关键影响因素作用路径的系统动力学模型并进行仿真模拟分析，揭示数字经济背景下关键影响因素对技术创业企业商业模式创新的动态作用路径；（5）构建数字经济背景下技术创业企业商业模式创新策略选择的演化博弈模型并进行仿真分析，剖析技术创业企业商业模式创新决策的内在机理；（6）根据理论分析、质化分析、实证分析和仿真分析的研究结论，提出在数字经济背景下技术创业企业商业模式创新的相关对策建议。

1.1.3　研究意义

1.1.3.1　理论意义

1. 进一步丰富商业模式创新前因研究的内容体系。目前国内外学者分别对商业模式创新动力与阻力、创新机理、创新途径与创新实施开展了相关研究，但有关技术创业企业商业模式创新影响因素及其作用机制的研究相对不足，尚未形成系统的理论体系和相对成熟的研究框架。因此，本书针对技术创业企业，通过对其商业模式创新影响因素、作用机制及策略选择的系统化研究，探寻关键影响因素、各关键影响因素对商业模式创新的作用、各关键影响因素的动态作用路径，以及技术创业企业对不同商业模式创新策略的选择，本书的研究不仅是对商业模式创新内容的深化，更是对现有商业模式创新成果的创新性补充。

2. 聚焦于数字经济新情境开展针对性研究，拓展商业模式创新理论的研究视角。本书面向数字经济新情境剖析技术创业企业的商业模式创新问题，识别出数字经济背景下技术创业企业商业模式创新的关键影响因素，进而揭示各个关键影响因素对商业模式创新的作用机理、作用路径及策略选择。本书在一定程度上丰富了数字经济的相关理论研究，不仅有助于挖掘数字经济背景下商业模式创新的深层次问题，更有助于进一步拓展商业模式创新理论的研究视角。

3. 引入系统动力学和演化博弈研究方法，开展技术创业企业商业模式创新的作用路径与策略选择的动态仿真分析，进一步拓展商业模式创新的方法体系。本书运用系统动力学仿真模拟不同商业模式创新策略的实现路径，考察数字经济环境下商业模式创新策略实现的动态过程；进一步地，通过构建不同商业模式创新策略选择的演化博弈模型，探究不同影响因素作用下的商业模式创新策略选择问题。引入动态视角开展商业模式创新作用路径与策略选择的仿真分析，不仅进一步拓展了现有商业模式创新的方法体系，也有助于更为深刻揭示技术创业企业商业模式创新动态实现的深层次问题。

1.1.3.2 现实意义

1. 基于企业的资源和能力层面提出技术创业企业商业创新的对策建议，为技术创业企业立足于数字经济背景实现商业模式创新提供对策建议。本书通过理论解析、实证分析和仿真研究，阐明了企业资源和能力对技术创业企业商业模式创新的作用关系，对于技术创业企业在数字经济时代应对挑战、把握发展机遇，实现高质量商业模式创新、促进企业快速健康成长具有重要意义。因此，本书从企业资源和能力层面提出相关的对策建议，为技术创业企业开展适应数字经济情境的商业模式创新提供指导和借鉴。

2. 为相关政府部门加强数字经济背景下制度环境和行业环境建设提供政策借鉴。对技术创业企业而言，选择合适的商业模式创新是适应数字经济时代发展实现企业快速成长的关键。本书发现，数字经济背景下制度压力和行业环境动荡性对技术创业企业商业模式创新具有重要影响，优化技术创业企业外部环境对于促进技术创业企业通过商业模式创新实现健康成长具有重要作用。基于这一结论，本书从构建完善的法律法规体系、优化行业市场环境、统筹布局数字经济新型基础设施建设等方面提出了相关对策建议，为相关政府管理部门和行业协会提供决策借鉴。

1.2 国内外研究现状

1.2.1 国外研究现状

1.2.1.1 数字经济的相关研究

1. 数字经济的内涵研究

随着全球经济发展的大趋势下以计算机、网络化、数据存储及加密等一系列技术手段的改进和完善，全球掀起了科技商业化的浪潮，数字化商业网络的雏形初步形成，数字经济应运而生。纵观数字经济的发展历程，学术界对于数字经济内涵的理解不断丰富和演化，从狭义层面的以信息通信技术为核心拓展到广义层面的以平台、互联网和共享经济为核心。金范秀等（Beomsoo Kim et al.，2002）从数字技术经济范式的角度，认为数字技术和电子商务推动了数字经济的发展进而产生一种新的经济形态[11]。乔治亚迪斯等（Georgiadis et al.，2013）认为数字经济并非是全新的经济形态，而是以信息和通信技术为基础，进行数字化的信息传递交流而改善经济结构、提升经济效率的一种经营活动[12]。布林约尔弗森和迈克尔（Brynjolfsson & Michael，2000）认为，数字技术的发展使其相应的产品及服务价格下降，在提升了信息产品的交易效率同时，也催生大量平台企业的兴起，平台经济的发展进一步对数字经济的产生起到推动作用[13]。曼格马丁等（Mangematin et al.，2014）认为数字经济中的数字网络和通信基础设置的辐射面积增加为经济全球化提供了平台，促进了组织和个人间的资源信息共享[14]。泽尔瓦斯等（Zervas et al.，2017）以 Airbnb 为案例企业研究共享经济对现有公司经济的影响，认为数字经济的网络效应在平台经济中表现得更为明显[15]。

2. 数字经济环境的特征。

数字经济作为新兴经济模式，在其发展的过程中会由于其动态性、强互动性及不确定性等特征而引发市场动荡。斯蒂格利茨（Stiglitz，2002）指出，随着数字经济的迅猛发展正在对生产环境和生态环境产生深刻影响，促进了外部市场主体间的信息传递和互动，在更深层次上促进了经济范式的变革[16]。劳尔森和萨尔特（Laursen & Salter，2006）指出，数字经济环境下企业能够突破传统经济环境的空间和实践界限，广泛地与环境中的主体进行互联和沟通[17]。布兰德等（Brand et al.，2014）认为，数字经济基于既有的市场机制会造成不同区域间的政策差异，从而对区域发展产生一定影响[18]。阿尔蒂茨等（Arntz et al.，2016）发现，数字经济环境下企业的数字化转型降低了理性决策的比重，增加了组织风险和社会的不稳定性[19]。纳姆比桑等（Nambisan et al.，2017）和提斯（Teece，2018）认为数字经济的发展加速了数字信息交流与沟通，促进了市场交易环境更加透明和开放，从而提高市场创新效率而大幅度改善传统市场环境[3][20]。

3. 数字经济对企业的影响研究。

数字经济在颠覆现有生产生活方式的同时，也给传统经济环境带来了冲击，对整体经济发展及企业成长带来了相应的机遇和挑战。一方面，数字经济会对传统经济和传统范式产生影响。卢卡斯等（Lucas et al.，2013）认为数字经济背景下，中小企业通过数字化转型改变传统的价值创造和价值获取方式，从而提升企业绩效[21]。纳姆比桑（Nambisan，2017）通过分析企业的专利持有数，发现数字经济的发展在提升企业技术创新能力的同时会进一步提升企业的专利持有率[3]。另一方面，数字经济凭借其技术优势能够影响产品创新、企业组织变革、优化产业结构等方面。数字经济背景下，奥斯丁等（Austin et al.，2012）、莱蒂内恩等（Lyytinen et al.，2016）发现产品开发与试制、产品物流与销售都会受到数字技术的影响[22-23]。凯尼等（Kane et al.，2015）通过研究也发现，数字技术的创新是影响企业数字化转型、组织流程、组织变革的关键因素[24]。苏珊等（Sussan et al.，2017）认为，数字技术的发展能够促进创业活动的开展并提升创新创业的概率[25]。柳等（Yoo et al.，2010，2012）认为，普遍的数字化催生了分层模块化架构而这种新型的产品架构能够激发公司组织方式的创新，而数字技术的嵌入进一步改变了企业价值获取和价值创造的方式，从而促进企业商业模式的变革[2][26]。维亚尔（Vial，2019）通过研究发现，数字经济通过产业数字化和数字产业化来进行产业结构的优化与升级[27]。

1.2.1.2 商业模式创新的相关研究

1. 商业模式创新的内涵研究

商业模式创新的概念是从战略管理领域衍生而来。基于理论层面，战略管理和组织理论的相关研究无法诠释新经济背景下企业成长和绩效提升的现象。而企业在成长过程中竞争优势的建立不仅有赖于企业既有的资源及能力，也来自企业所构建的新利润模式和价值获取方式，即商业模式创新[28]。不同学者从不同的角度研究商业模式创新的内涵：提斯（Teece，2009）指出，传统经济环境中的商业模式创新大多是基于企业自身的视角出发，企业利用自身资源进行商业模式创新来应对外部环境变化[29]。沙弗等（Shafer et al.，2005）和奥斯特瓦尔德（Osterwalder，2005）认为，商业模式创新的基础是价值创新，是对企业价值网络、价值链等过程的优化升级，是企业既有的运营流程、盈利模式得到完善[30-31]。切斯布洛（Chesbrough，2010）认为，企业战略分析应融合企业的商业模式创新，从而将商业模式创新定义为企业重塑现有竞争格局的一种战略创新[32]。佐特等（Zott et al.，2011）认为，商业模式创新是企业对现有价值体系解构和重构的过程[33]。杜弗德等（Dunford et al.，2010）和梅兹格（Mezger，2014）认为，商业模式创新的本质是技术因素、外部市场因素及商业模式等相关知识的系统性设计和有机整合[34-35]。海德等（Heider et al.，2020）和卡姆皮等（Ciampi et al.，2021）将商业模式创新理解为重新配置企业核心要素的过程，促进企业更有效地感知外部市场机会、提高企业竞争力和企业绩效[36-37]。

2. 商业模式创新的后效研究

商业模式创新对于企业的巨大价值是越来越受到实业界和学术界的重视，不仅能为企业带来竞争优势、挖掘新的商业机会、创造新的收入增长点、提升企业绩效，对于全球经济复苏也具有重要的驱动效应。从理论上来看，商业模式创新对组织绩效的影响可能更为显著。佐特和阿密特（Zott & Amit，2007）认为，新颖型商业模式创新和效率商业模式创新均能够促进企业绩效的提升[38]。布里特尔等（Brettel et al.，2012）运用大规模的调研数据分析发现，效率型商业模式创新对关键客户关系营销努力的影响显著高于新颖型商业模式创新[39]。阿兹尼兹和穆罕默德（Aziz & Mahmood，2011）通过回归分析发现，商业模式的能力创新会显著影响企业绩效[40]。蔡萨等（Casa et al.，2013）运用演化博弈的方法分析新进入者与在位者的商业模式创新和竞争模仿间的关系，一旦新进入者的商业模式获取收益则容易被在位企业模仿，而商业模式创新使在位企业更愿意进行双头垄断竞争[41]。弗兰肯伯格和斯塔姆（Frankenberger & Stam，2020）基于资源编排理论的视角，以来自瑞士四个行业的科技型企业为研究对象，通过实证检验发现行业外商业模式模仿创新能够正向促进科技型企业成长[42]。拉蒂菲等（Latifi et al.，2021）商业模式创新通过效率增项、组织能力和收入增长来提升中小企业的整体绩效[43]。

3. 商业模式创新的影响因素研究

目前，国外研究主要聚焦于企业内部和企业外部来探索商业模式创新的影响因素。对企业内部而言，主要集中于企业资源、企业能力、管理认知等；对企业外部而言，主要集中于技术创新、市场环境、制度环境等。

（1）企业内部因素。

从企业资源的视角来讲：乔治和波克（George & Bock，2011）认为，之所以商业模式创新能够提升企业的绩效和竞争优势，其根本因素是企业构建了相应的资源结构和资源基础来支撑该模式[44]。希尔蒙等（Sirmon et al.，2007）指出，新创企业在吸收和获取资源的同时要合理利用和编排这些资源，从而通过这些资源所形成的结构而促进商业模式创新[45]。博恩萨克等（Bohnsack et al.，2014）认为资源基础的聚合和内锁效应会在不同程度上对商业模式创新产生影响，其中资源聚合效应能够促进商业模式创新[46]。格拉塞门科等（Gerasymenko et al.，2015）发现，企业内外部资源的有效实施均能够促进商业模式创新的有效实施[47]。霍克等（Hock et al.，2016）认为，企业新吸收的资源、能力和资产等能够为企业拓宽交易边界，进而为商业模式创新提供资源基础[48]。

从企业能力的视角来讲：威尔莱姆斯坦等（Willemstein et al.，2007）通过实证分析发现，企业感知外部环境并做出相应改变的动态能力能够促进商业模式创新[49]。多兹和科索内恩（Doz & Kosonen，2010）指出，多样且灵活的动态能力能够为企业克服惯性的阻碍，克服了企业所承受的外部风险而促进商业模式创新的实现[50]。马萨内尔和朱（Casadesus-Masanell & Zhu，2013）认为，新创企业需要企业或者创业者具备模仿、学习和整合外部资源及知识的动态能力，从而进行商业模式创新[51]。温特哈特等（Winterhalter et al.，2015）指出，企业既有资产及对这些资产的整合能力能够决定企业是否发展和调整原有商业模式，并在其基础上进行商业模式创新[52]。海德等（2020）以德国中小企业为样本，探索动态能力与商业模式创新的关系，研究发现中型企业和小型企业在进行商业模式创新时所需的动态能力存在差别[36]。

从管理认知的视角来讲：卡瓦尔坎特等（Cavalcante et al.，2011）认为，管理者对外部环境的认知会改变企业对于环境中威胁的应对方式，从而影响企业对于商业模式创新的实施和决策[53]。梅兹格（2014）指出，企业管理者及高层管理人员的认知对企业创新活动的开展至关重要，能够判断企业在不同范式中所需要的商业模式而推动企业进行商业模式创新[35]。马尔斯多姆等（Malmström et al.，2015）认为，创业者认知结构的差异影响了不同商业模式创新的调整和建构[54]。斯尼胡尔和韦克鲁德（Snihur & Wiklund，2018）通过对商业模式创新过程的研究发现，共享逻辑、管理者对于信息的认知及制造搜索行为能够正向促进商业模式创新[55]。

（2）企业外部因素。

从技术创新的视角来讲：沙巴蒂尔等（Sabatier et al.，2012）认为，企业利润下降时或在与外部伙伴联盟时，产业架构、主导设计及商业模式会受到新技术的威胁，这就使商业模式原型无法维持而进行创新[56]。康纳等（Khanagha et al.，2014）指出，商业模式创新并不一定需要通过技术更替或技术变革，但新技术的出现往往伴随着商业模式创新[57]。奥蒂欧伊特等（Autioet al.，2018）指出，数字技术的应用和发展触发了现有企业的商业模式而进行创新，从而使企业更加关注客户需求驱动，并将其作为增强企业竞争优势的关键内容[58]。弗杰尔德斯塔和斯诺（Fjeldstad & Snow，2018）指出，商业模式创新的不同维度和组织的流程再造对于通过新技术和新解决方案来创造、传递和获取价值具有重要作用[59]。乌比纳迪等（Urbinati et al.，2019）指出，过去十年中数字技术的巨大扩散使在位企业的商业模式发生重要变化，企业需要将非 IT 活动和数字活动结合起来以开展商业模式创新[60]。

从市场环境的视角来讲：德维希欧蒂斯（Dervitsiotis，2012）认为，在复杂的环境中企业要满足市场多样化的需求，这就促使企业通过开发新的产品、服务和商业模式来增加其竞争优势[61]。佐特和阿密特（2013）、盖齐等（Ghezzi et al.，2015）指出，环境不确定性、竞争环境动荡等环境的变化，会使企业商业模式原型无法适应外部环境变化而引致商业模式创新[62-63]。阿赫滕哈根等（Achtenhagen et al.，2013）和卡瓦尔坎特（Cavalcante，2014）解释了企业如何通过不同的商业模式创新来适应在不断变化的商业环境[64-65]。里奇亚尔迪等（Ricciardi et al.，2016）认为环境的动态变化下，企业需要通过动态整合、重构和获取资源来应对不确定性，从而确保企业能够准确满足商业模式创新的要求[66]。赛宾等（Saebi et al.，2017）指出，战略性新兴产业开展商业模式创新的外部驱动因素包含市场竞争、技术环境以及消费者需求[67]。

从制度环境的视角来讲：彭（Peng，2003）提出，商业模式创新是企业与制度环境持续互动的结果[68]。提斯（Teece，2010）指出，制度环境是影响企业商业模式创新的重要因素[29]。切斯布洛（Chesbrough，2010）基于新制度主义理论研究合法性对于商业模式创新的作用，重点分析了制度压力对于商业模式创新的影响[32]。斯尼胡尔和佐特（Snihur & Zott，2013）基于资源基础观和制度观探索企业商业模式创新与企业绩效的关系，发现商业模式创新通过获取合法性来构建稳健的商业模式而提升企业绩效[69]。托等（To et al.，2019）运用了模糊集定性比较分析的方法探索商业环境下商业模式创新的前因配置，分析了商业价值生态网络、规则和治理意识等五类情境前因的不同构型对商业模式创新过程中两种潜在结果的影响[70]。张等（Zhang et al.，2021）通过 Meta 分析探索商业模式创新的前因和结果，认为创新合法性是企业实施商业模式创新活动的关键[71]。

1.2.1.3 创业企业商业模式创新的相关研究

创业企业有别于在位企业，在位企业在进行商业模式创新时有时需要同时处理商业模式原型和新商业模式间的关系，考虑二者的兼顾、冲突或协调，而创业企业则不存在这类问题[72]。哈尔加登等（Hargadon et al.，2001）认为，商业模式对于创业企业具有重要价值，是影响创业企业生存与发展的关键[73]。格拉斯门科等（Gerasymenko et al.，2015）认为，创业企业必须思考其创新型商业模式是否容许必要改变、是否能够持续地进行商业模式创新[47]。布兰克（Blank，2013）指出许多创业企业为了生存往往在其成立的最初几年就进行商业模式创新[74]。巴蒂斯特拉（Battistella et al.，2012）研究发现，创业企业通过商业模式创新能够架构新的交易规则并克服制度障碍[75]。卡瓦尔坎特（Cavalcante，2014）指出，创业企业商业模式创新是企业利用新方法、新规则去建构新边界的交易治理实验，是循环往复不断调整的动态过程[76]。已有关于创业企业商业模式创新的研究主要聚焦于资源基础观、演化学习观、新制度主义等视角。

资源基础观视角下，古恩德里等（Gundry et al.，2011）指出，资源是商业模式创新的基础，对于资源短缺的创业企业能够通过资源拼凑的方法进行商业模式创新[77]。布兰克和德罗夫（Blank & Drof，2012）认为，商业模式创新需要结合不同的资源和知识溢出来控制成本，通过降低商业模式的可替代性来增强其稳定性，最后形成可实施性高的商业模式[78]。演化学习学派认为，环境的不确定性使企业需要试错性学习来减少不确定因素。索斯纳等（Sosna et al.，2010）指出，当创业企业在发展过程中商业模式内部出现问题时，会通过组织学习的方式对其进行创新[79]。袁等（Yuan et al.，2021）通过跨行业样本实证分析发现，双重学习的平衡策略通过动态能力对不同商业模式创新产生间接的影响，而这种影响受到环境动态性的反作用[80]。新制度主义视角下，哈尔加登等（2001）认为，创业企业通过不同战略的实施要与制度压力相协调，二者相互作用共同促进商业模式创新[73]。莫瓦永和莱特克（Moyon & Lecocq，2010）认为，创业企业的商业模式创新会受到认知框架的约束，从而在商业模式创新过程中产生合法化压力[81]。

技术创业企业与其他成熟企业相比，兼顾"技术型企业"和"创业企业"双重特征，因此学者们开始关注技术创业企业，旨在深入挖掘如何促进技术创业企业快速成长。鲍姆等（Baum et al.，2001）研究发现，在技术飞速变革的市场环境下，技术创业企业只有通过商业模式创新才能与外部环境相匹配，进而提升企业竞争优势[82]。韦格雷等（Wrigley et al.，2016）认为，在技术创业企业的早期阶段，商业模式在决定技术创业企业管理者思维和决策起重要作用，在此阶段技术创业企业需要通过不断试错商业模式以谋求企业成长[83]。博肯和斯尼胡尔（Bocken & Snihur，2020）的研究发现，精益创业通过影响持续创新和利益相关者参与进而影响数字初创企业的商业模式新颖型和效率型创新[84]。查马西安和塞巴蒂尔（Chammassian & Sabatier，2020）认为，技术创业企业一直是商业模式创新、创新商业化和经济增长的堡垒，并通过案例研究发现，技术创业企业发展了技术驱动型、市场驱动型和退出驱动型三种商业模式，而成本在不同的商业模式中起不同的作用[85]。

1.2.1.4　数字经济对商业模式创新影响的相关研究

在数字经济背景下，数字信息技术不断渗透各个传统产业领域，在影响经济社会转型和消费升级的同时也改变着企业生产发展的环境。数字经济有别于传统经济背景，会呈现出多样化、灵活性和风险性等特征，在给企业带来发展机遇的同时也带来了更多的挑战[86]。因此，越来越多的企业结合传统商业模式和数字技术、市场需求等来推动企业发展、获取竞争优势，商业模式创新成为理论界研究热点。目前，学术界有关数字经济与商业模式创新的研究多集中于数字经济情境、数字化转型、数字技术等方面开展。

数字经济情境方面：伯曼（Berman，2012）认为，数字经济的发展带来了商业模式范式的颠覆，形成了以客户需求为中心的全新模式[87]。米罗什尼陈科等（Miroshnychenko et al.，2021）指出，商业模式创新是数字经济中价值创造的持续来源，并通过对282个意大利中小型企业的实证分析发现，数字经济环境下企业的潜在吸收能力能够正向促进商业模式创新[88]。

数字化转型方面：韦特兹等（Wirtz et al.，2010）指出，企业引入大数据或信息技术等进行数字化转型的过程中，企业管理者需要调整商业模式的一个或多个方面，甚至需要重新设计其商业模式[89]。洛贝克等（Loebbecke et al.，2015）认为，数字化转型不是优化内部流程或采用新技术，而是从根本上改变企业的商业模式[90]。科佐里诺等（Cozzolino et al.，2018）指出，流程数字化和社会数字化会在不同层面影响企业商业模式[91]。奥蒂欧等（Autio et al.，2018）指出，数字化转型要求企业要重新考虑和创新其商业模式，并通过对321家积极使用社交媒体、大数据和信息技术的欧洲中小企业的实证研究发现，当数字化转型改变其商业模式时企业会采取不同的途径来提高其绩效[58]。

数字技术方面：德贝和阿维森（Al-Debei & Avison，2010）认为，数字技术已经成为商业模式创新的主要驱动力，通过改变价值创新和价值获取方式、更新交易机制和交易架构以及形成新的跨组织形式来进行商业模式创新[92]。希里洛等（Ciriello et al.，2018）认为，数字技术的嵌入改变原有商业模式即为数字商业模式创新，这里数字技术是信息、计算和连接技术的组合[93]。考赫塔马奇等（Kohtamäki et al.，2019）认为，数字技术不仅会影响单个公司的商业模式，而且要求其所在生态系统内其他公司的商业模式共同改变和调整[94]。李（Li，2020）通过构建整体的商业模式框架探讨数字技术如何促进创意产业的商业模式创新，研究发现商业模式创新主要体现在使用数字技术来部署[95]。拉蒂拉等（Latilla et al.，2020）采用单案例研究方法探索数字技术与商业模式创新的关系，发现专有数字技术和工业能力不仅能够维持新的业务创新活动，还能够提升企业业绩和商业模式原型的转变和更新[96]。

1.2.2　国内研究现状

1.2.2.1　数字经济的相关研究

1. 数字经济的发展研究

数字经济是我国经济发展中最为活跃的领域，在增加消费需求、激发投资、创新创业等方面均发挥了重要作用[97-98]。从总体水平来看，我国数字经济发展迅猛，信息技术创新能力不断增强，信息资源系统构建逐步完善。然而，目前我国数字经济水平与发达国家仍存在加大差距，杨东和任俊强（2017）、钟春平等（2017）指出，与美国等发达国家相比，我国在数字技术创新能力、数字产品总量及数字产业发展等方面仍较为落后[99-100]。在区域发展方面，王彬燕等（2018）基于数字经济指数对中国数字经济发展的空间分异特征进行分析，发现中国数字经济发展空间分异明显[101]。吴晓怡和张雅静（2020）利用省级面板数据研究我国数字经济发展现状及其国际竞争力，发现我国东部地区的数字经济发展显著高于中西部地区[102]。此外，尽管我国工业化发展迅猛，但仍处于工业化发展中期，由数字化引领的数字经济仍面临着追赶工业化发展进程、实现同步数字化的挑战，这也使数字鸿沟日趋严重[103]。

2. 数字经济环境的特征研究

相较于传统工业环境，数字经济环境下企业所处的外部环境特点发生巨大变化，使企业与外部环境的互动、价值创造等方式都发生改变[104]。刘根荣（2017）认为，数字经济破坏了传统产业的生态环境，对传统经济模式造成了一定冲击，并提出应从政府规制的角度去规范数字经济的边界[105]。严若森和钱向阳（2018）指出，数字经济改变了传统行业逻辑和运行方式，并通过构建中国运营商数字化转型的 PEST-SWOT 模型提出了中国运营商进行数字化转型的战略选择[106]。陈剑等（2020）提出，数字经济背景下所开展的各类商务活动与以往的经营环境大相径庭，企业商务活动的行为特征、产品属性及创造过程都会相应改变[107]。刘莎莎等（2020）运用案例分析的方法探究互联网独角兽公司的创业路径，发现数字化情境下数据是影响企业创业情境的核心要素[108]。

3. 数字经济的影响研究

新冠肺炎疫情暴发以来，数字经济展现了其独特且无可替代的优势。随着数字经济的高速发展及其新产生的巨大活力，数字经济作为推动经济发展的新动力、新引擎，对于推动国家经济社会发展的重要作用和意义[109]。国内学者对于数字经济的影响研究分别聚焦于数字经济对宏观层面的影响、数字经济对企业层面的影响等方面。

数字经济对宏观层面的影响：张勋等（2019）通过分析数字经济对包容性增长的影响，发现农村低收入群体受到数字金融发展的影响相较于城镇居民更为显著[110]。苏治等（2018）指出，数字经济进入市场并占据市场份额之后，市场外的潜在进入者很难与市场中的在位者进行竞争[111]。

李飞等（2019）对中国制造业上市公司海外并购样本的实证分析，发现数字经济下内外网络均衡能够提升企业海外并购的创新质量[112]。赵涛等（2020）基于中国城市层面的数据，分析数字经济综合发展水平对高质量发展的影响，研究发现，数字经济能够明显提升城市数字经济发展的质量，东部地区相较于中西部地区享受的数字经济红利更大[113]。姜松和孙玉鑫（2020）基于我国城市截面数据探究数字经济对实体经济的影响，发现数字经济对东部实体经济的影响为"挤出效应"，对中西部地区的实体经济影响为"促进效应"[114]。韩璐等（2021）基于286个主要地级市的样本数据，实证研究发现数字经济对城市创新能力具有显著的正向影响[115]。

数字经济对企业层面的影响：罗珉和李亮宇（2015）指出，数字经济的虚拟性和高附加值提高了不同企业与行业间的联动，为企业跨界融合提供基础条件[116]。郭家堂和骆品亮（2016）指出，数字经济使产品供给从单向输出流动转变为双向交换流动[117]。周广肃和樊纲（2018）指出，数字经济的发展为信息交流提供了更加便捷的平台，在为创业决策和创业过程提供信息基础的同时更加促进了信息和资源的沟通[118]。郭海等（2019）通过对数字化新创企业的大样本数据实证研究发现，在数字化情境下，创新开放深度与新创企业成长绩效呈正相关关系[119]。焦勇（2020）分析了数字经济对制造业转型的影响，发现数字经济分别通过数字驱动、创新驱动、需求驱动和供给驱动为制造业转型提供动能[120]。戚聿东和肖旭（2020）认为，数字经济背景下驱动企业管理变革的根本力量是用户价值主导和替代式竞争[121]。

1.2.2.2　商业模式创新的相关研究

1. 商业模式创新的内涵研究

国内学者对于商业模式创新的研究起步较晚，多数研究是基于国外成熟研究并结合我国企业的基本情况而发展起来的，国内学者对于商业模式创新的概念莫衷一是。荆浩和贾建锋（2011）认为，商业模式创新是企业价值创造逻辑的变化[122]。王雪冬和董大海（2013）认为，商业模式创新是企业为获取更高价值而进行的一系列价值创造、传递和获取的组织活动，是一种为顾客传递和创造新价值的创新活动[123]。李永发和李东（2015）指出，商业模式创新与产品创新、过程创新有所不同，是对组织结构、运作模式、商业流程等的重新设计[124]。张金艳（2019）基于资源基础观，认为商业模式创新是企业通过获取外部资源，将其与企业内部能力进行整合，并对复杂资源进行重新整合、优化和设计的过程，旨在通过资源与能力的新颖组合以获取新的价值[125]。

2. 商业模式创新的后效研究

国内学者对于商业模式创新影响的研究大多聚焦于商业模式创新为企业带来的积极影响，包括提升企业绩效、构建企业核心竞争力、促进企业成长等方面。胡保亮（2012）以 58 家创业板上市企业为样本进行实证研究，发现商业模式创新与企业营业收入增长呈正相关关系，而商业模式创新与技术创新的交互作用能够正向促进企业营业收入增长和利润增长[126]。姚明明等（2014）认为，商业模式创新能够使后发企业更加快速地吸收既有知识和技术，从而使商业模式创新可以帮助后发企业克服自身劣势，使其能够加快速地吸收已有的技术和知识而实现后发赶超[127]。杨雪等（2019）基于动态能力的视角，通过对制造业上市公司财务数据的实证研究发现，商业模式创新正向促进企业绩效[128]。迟考勋和邵月婷（2020）研究发现，商业模式创新能够提升新创企业绩效，而资源整合方式在这一过程中起到促进或抑制的作用[129]。全自强等（2021）发现，商业模式创新正向促进后发企业绩效，同时商业模式创新与技术创新的平衡性也能够正向影响后发企业绩效[130]。杨林等（2021）结合商业模式的要素创新和价值创新，采用多案例比较分析法进行分析，发现商业模式创新能够驱动企业跨界成长[131]。

3. 商业模式创新的影响因素研究

通过对国内学者有关商业模式创新影响因素的相关研究，国内学者也从商业模式创新的内部影响因素和外部影响因素两个研究视角开展相关研究。

（1）企业内部因素。

从企业资源的视角来讲：杨特等（2018）基于人力资本理论对创业者经验与商业模式创新的关系进行研究，发现创业者不同经验类别对商业模式创新的影响关系不同[132]。刘贵文等（2019）实证分析了 227 个在位企业的数据，发现企业原资源基础对于商业模式创新的影响没有二元动态能力的影响显著[133]。周飞等（2019）认为，资源拼凑是商业模式创新的重要内容，能够正向促进商业模式创新[134]。吴晓波等（2020）基于互补性资产理论的视角，揭示疫情期间当合作关系不确定时，共同专用互补性资源与商业模式设计的内在机制[135]。王炳成等（2021）从商业模式创新主体的视角，运用跨层次分析方法研究创新者幸福感与商业模式创新的关系，发现创业者幸福感能够显著影响商业模式创意与应用[136]。

从企业能力的视角来讲：曾萍和宋铁波（2014）指出，企业技术创新能力的增强能够加速企业商业模式创新过程[137]。朱益霞等（2016）基于吸收能力的视角，发现技术知识及市场知识的跨界搜寻通过吸收能力影响商业模式创新[138]。曾萍等（2016）通过实证研究发现，动态能力能够正向促进商业模式创新，且动态能力在政府支持与商业模式创新间起到部分中介作用[139]。易朝辉等（2018）通过对科技型小微企业样本的实证研究发现，资源整合能力与效率型商业模式创新、创新型商业模式创新均呈正相关关系[140]。谢卫红等（2018）以动态能力理论和制度理论为基础，通过实证研究发现资源获取能力、分析能力以及大数据应用能力均能够正向促进商业模式创新[141]。刘贵文等（2019）发现，商业模式创新能力和新兴技术机会能力在资源聚合效应及内锁效应间起中介作用[133]。杨刚等（2020）通过对创业企业调查数据的实证研究发现，内外部网络能力正向影响企业的商业模式创新[142]。

从管理认知的视角来讲：魏泽龙等（2017）从战略认知的视角，发现认知整体倾向与商业模式新颖性呈倒"U"形关系，而认知组合水平则正向促进商业模式新颖性[143]。王金凤等（2019）基于高阶理论和动态能力理论，通过回归分析发现管理者创新认知能够正向影响商业模式创新[144]。薛鸿博等（2019）基于战略认知理论的视角，发现行业内先前工作经验的创业者与新创企业商业模式创新负相关，行业外先前工作经验创业者则与新创企业商业模式创新正相关[145]。张洁等（2020）基于认知适应理论和商业模式创新理论，通过案例分析发现，认知适应性是商业模式创新的前提，且不同维度认知适用性的理解和应用会影响商业模式创新的维度[146]。

（2）企业外部因素。

从技术创新的视角来讲：吴菲菲等（2010）指出，新技术变革是商业模式创新的直接影响因素[147]。阳双梅和孙锐（2013）认为，技术创新始终贯穿于商业创新的整个过程，技术创新与商业模式创新是互为因果的关系[148]。吴晓波等（2013）认为，技术创新与商业模式创新是共同演进的关系，基于企业内部视角可以发现，技术创新能力能够有效支撑企业的商业模式创新和演化[149]。童心和于丽英（2014）认为，技术创新为企业带来了新的市场机会，进而促进企业及其利益相关者会思考如何有效利用新机会而提升相应的收益，从而推动企业开展商业模式创新[150]。喻登科和严影（2019）通过实证研究分析发现，商业模式创新与技术创新紧密相关，当技术创新达到一定门槛值时能够正向影响商业模式创新[151]。朱晓武（2019）基于商业模式"冰山理论"的隐性知识，通过对 DIPNET 的案例研究发现区块链技术能够驱动商业模式创新[152]。

从市场的视角来讲：郭海和沈春（2012）探索了市场环境对商业模式创新的影响，发现高环境包容性能够促进商业模式创新[153]。彭虎锋和黄漫宇（2014）运用案例分析的方法探索新技术环境下商业模式创新的机理和路径，发现零售商业模式创新的路径主要是通过价值获取和价值创新进行[154]。翟淑萍等（2015）指出，环境不确定性能够增强企业创新投资强度和商业模式的转变[155]。臧树伟等（2018）认为，竞争环境的改变使后发企业需要不断地调整和修正其既有商业模式，进而使企业适应新环境的需求[156]。

从制度环境的视角来讲：王炳成和张士强（2016）运用跨层次分析实证研究商业模式创新与创新合法性的关系，研究结果发现，实用合法性、规制合法性和认知合法性能够影响商业模式创业和应用[157]。罗兴武等（2017）探讨了制度情境下商业模式创新与新创企业成长间的关系，发现商业模式创新与组织合法性、新创企业绩效均呈正相关关系[158]。进一步的研究结果发现，罗兴武等（2018）整合商业模式理论和制度理论提出商业模式创新的主题维度结构，弥补了商业模式创新情景化研究的不足[159]。

1.2.2.3　创业企业商业模式创新的相关研究

对于创业企业而言，培育新业态和新商业模式能够突破企业的发展"瓶颈"，对企业成长和发展提供新的方向和思路。国内学者关于创业企业商业模式创新的研究主要聚焦于资源基础观、建构主义、演化学习观、新制度主义等视角。

资源基础观视角下，张璐等（2019）基于资源行动视角研究探索新创企业商业模式的形成和创新路径，发现新创企业商业模式创新路径表现为"市场需求型—技术创新型—共享开放型"的价值创造过程[160]。陈婕和苏中锋（2020）探索了组织层面的顾客导向和战略柔性对创业企业商业模式创新的影响，并分析了竞争环境对商业模式创新主观能动性的约束作用[161]。建构主义视角下，国内学者都从创业者特征方面探究其对于创业企业商业模式创新的影响。李颖等（2021）基于管理认知的视角探索创业者先前经验与创业企业商业模式创新的关系，通过386家创业企业的实证分析发现，先前经验能够正向促进商业模式创新[162]。演化学习观视角下，张秀娥和徐雪娇（2019）从组织学习理论的视角探究新创企业的成长，发现创业学习通过商业模式创新能够影响新创企业成长[163]。陈寒松等（2020）以创业学习理论和商业模式创新理论为基础，探索经验学习、认知学习、新颖型及效率型商业模式创新与创业企业创新绩效间的作用机制[164]。新制度主义视角下，郭韬等（2020）基于系统管理的视角探究价值网络对科技型创业企业商业模式创新的影响，发现价值网络制度环境、网络结构特征和资源条件均能够影响商业模式创新[165]。蒋兵等（2021）基于创业制度理论和创业拼凑理论，探讨了创业制度环境对新创企业商业模式创新的影响，发现不同维度的制度环境能够正向促进商业模式创新[166]。

有关技术创业企业商业模式创新的研究中，部分学者探究了技术创业企业商业模式创新的对于企业成长及绩效的影响。如：李炎炜等（2013）认为，商业模式设计的新颖导向影响技术创业企业的成长性绩效，而商业模式设计的效率导向会影响企业的效率性绩效[167]。吕东（2015）认为，科技型创业企业的商业模式主要是以机会开发为核心的价值创造模式，在不确定性的动态环境，基于交易内容和结构变革的商业模式创新更能促进科技型创业企业的适应性成长[7]。郭韬等（2017）认为，商业模式创新是技术创业企业在互联网经济时代提升企业绩效的有效手段之一，企业家背景特征能够对技术创业企业商业模式创新产生积极影响并促进企业绩效[168]。也有部分学者探究了技术创业企业商业模式创新的前因。例如，云乐鑫等（2014）认为创业企业创新型商业模式应分为创新型和效率型两种，指出海归科技型创业企业创业者的海外经验积累和海外网络嵌入是诱发创新型商业模式原型的重要前置因素[169]。后士香和王翔（2014）认为，在新技术市场化的过程中，技术创业企业不同的独占性会对商业模式设计产生不同影响[170]。郭韬等（2021）运用模糊集定性比较分析方法对技术创业企业商业模式创新多重前因开展研究，指出技术创业企业商业模式创新具有"多重并发"和"殊途同归"的特点[171]。

1.2.2.4 数字经济对商业模式创新的影响研究

在数字经济情境方面：韩继超等（2019）通过剖析数字经济为创业型企业带来的机遇和风险，发现创业型企业获取数据、整合数据是转变其商业模式的关键[172]。肖静华等（2020）发现，产品适应性创新不仅能够形成具有自适应特征的新商业模式，也能够促进数字化创新产业体系的构建，进而推动数字经济增长[173]。史亚雅和杨德明（2021）探究了数字经济背景下商业模式创新对盈余管理影响的内在机制，发现定位创新、盈利模式创新及现金流结构创新均能够影响盈余管理[174]。

在数字化转型方面：荆浩等（2017）认为，信息化和智能化能使企业价值创造平台发生改变、运营模式得以再造，对商业模式转型具有重要作用[175]。詹晓宁等（2018）认为，数字经济的兴起和发展在催生大量新业态、新型商业模式的同时，进一步推动了全球价值链数字化及智能化的进程，并深刻影响传统产业及传统商业模式[176]。张振刚等（2021）从组织变革理论和知识基础管理的视角探究企业数字化转型对商业模式创新的影响，实证分析结果显示数字化转型正向影响商业模式创新[177]。

数字技术方面：李文博（2016）通过对 100 个案例的话语分析研究了大数据驱动的商业模式创新的发生机理[178]。齐严等（2017）发现，在数字技术革命背景下，样本零售组织商业模式创新的主要驱动力量来源于数字技术催生的零售业新技术基础[179]。李飞和乔晗（2019）以中国风力发电行业为背景，对于数字技术进步对商业模式创新驱动的演进进行了研究，建立了数字技术进步对商业模式创新驱动的概念模型[180]。邢小强等（2019）指出，数字技术能够支撑 BOP 商业模式的新价值主张，支持并影响 BOP 商业模式创新的各个方面[181]。

1.2.3 国内外研究述评

综上所述，国内外学者分别从不同的视角对数字经济、商业模式创新及创业企业商业模式创新开展相关研究，并取得了明显进展。国内外学者在有关数字经济对技术创业企业商业模式创新具有深刻影响、商业模式创新对技术创业企业生存及成长具有重要意义、数字经济背景下商业模式创新研究的必要性等问题上，均已取得共识。为本书的研究提供了重要的参考和借鉴，但仍存在以下不足。

（1）商业模式创新的研究已成为学术界共同关注的热点，但面向数字经济新情境的商业模式创新研究仍不充分。已有研究对企业商业模式创新的内涵、类型、前因与后效等问题的研究日益丰富，但数字经济背景下企业商业模式创新正面临着一系列全新的机遇与挑战。虽然有学者开始关注数字经济背景下商业模式的新特点和新趋势，但已有的研究并不充分，仅有少量研究也多限于数字经济对商业模式创新影响的定性分析，面向数字经济背景开展的商业模式创新针对性研究远远不够。

（2）数字经济背景下技术创业企业商业模式创新的关键影响因素研究欠缺。创业企业商业模式创新前因的研究已取得一定进展，但数字经济对技术创业和企业商业模式正在产生颠覆性影响。目前，有关数字经济背景下技术创业企业商业模式创新的关键影响因素研究尚未得到进一步挖掘和系统梳理，基于数字经济情境的技术创业企业商业模式创新关键影响因素的系统研究仍然欠缺。

（3）数字经济背景下技术创业企业商业模式创新关键影响因素的作用机制尚不清晰。虽然既有少量研究已初步探索了数字化转型、数字技术等因素对商业模式创新的驱动机制及影响机理，但多集中于单一视角探索商业模式创新的前因。而数字经济背景下技术创业企业商业模式创新影响因素间的作用关系尚未进一步挖掘，企业内部、外部不同关键影响因素对商业模式创新的作用关系仍不清晰，而这些关键影响因素的动态作用路径也鲜有涉及，缺少完整的理论分析框架去揭示商业模式创新各关键影响因素的作用机制。

（4）基于动态视角的企业商业模式创新研究仍然薄弱。既有研究主要采用理论推演、统计分析或案例研究等方法开展商业模式创新的前因、过程与后效研究。统计分析方法多局限于从静态的视角开展研究，难以深入揭示商业模式创新的动态作用过程；而扎根理论、案例研究等质性研究方法，虽然部分采用此类研究方法的成果能够在一定程度上对商业模式创新的动态过程开展定性分析，但无法对诸多影响因素对于商业模式创新的作用路径及策略选择进行全面、系统和动态的描述。

综上所述，本书认为，目前数字经济背景下技术创业企业商业模式创新影响因素及其作用机制的研究尚处于起步阶段，有必要从关键影响因素识别、不同关键影响因素对商业模式创新的作用关系和作用路径以及商业模式创新策略选择等方面，对数字经济背景下技术创业企业商业模式创新的实践开展深入研究，探索促进技术创业企业商业模式创新并实现企业快速成长的有效途径。

1.3 研究思路与主要内容

1.3.1 研究思路

本书基于资源基础观、动态能力理论、商业模式理论、演化博弈理论、权变理论和复杂系统理论，按照"理论分析—实证研究—仿真模拟—对策分析"的研究思路，采用文献研究、扎根理论、多元统计分析、系统动力学仿真和演化博弈分析等方法，静态分析与动态分析相结合开展研究。具体研究思路如下。

（1）本书在对数字经济、商业模式以及商业模式创新的基本概念及相关内容深入分析的基础上，结合资源基础观、动态能力理论、商业模式理论、演化博弈理论、权变理论和复杂系统理论，透彻剖析数字经济与技术创业企业商业模式创新的关联，从而构建数字经济背景下技术创业企业商业模式创新研究的理论分析框架。

（2）通过对传统经济环境与数字经济环境的比较分析，进一步从数字经济背景下技术创业企业商业模式的构成要素、商业模式创新的动因、不同经济背景下技术创业企业商业模式创新的特征、技术创业企业商业模式自主创新和模仿创新等方面，深入解析数字经济背景下技术创业企业的商业模式创新。

（3）运用扎根理论对数字经济背景下技术创业企业商业模式创新的影

响因素进行分析，并筛选出关键影响因素，挖掘数字经济背景下技术创业企业商业模式创新的前因。

（4）根据扎根理论所识别出的关键影响因素，从企业内、外部的视角构建不同关键影响因素对技术创业企业商业模式创新影响的概念模型，并对其进行实证检验，探讨不同关键影响因素对技术创业企业商业模式创新的作用关系。

（5）构建相应的系统动力学模型，进一步对数字经济背景下技术创业企业商业模式创新关键影响因素的作用路径进行动态仿真分析。

（6）基于不同层次的关键影响因素，构建技术创业企业商业模式创新策略选择的演化博弈模型，分析数字经济背景下技术创业企业商业模式不同创新策略的选择问题。

（7）根据理论研究、质化分析、扎根理论分析、实证研究和仿真分析的研究结果，分别从企业资源、能力和企业外部环境层面提出数字经济背景下技术创业企业商业模式创新的相关对策。

本书的技术路线图如图 1.1 所示。

1.3.2 主要内容

本书内容包括 9 章，具体如下。

第 1 章，绪论。本章首先提出了本书的选题背景、目的及意义；归纳、梳理了国内外对数字经济、商业模式创新及技术创业企业的相关研究，并进行评述。在此基础上，总括了本书的研究思路、框架以及研究内容，提出了本书的研究方法，最后指出了本书的创新之处。

第 2 章，理论基础与研究框架。本章论述了数字经济背景下技术创业企业商业模式创新的理论分析框架。在相关文献研究的基础上，首先，对数字经济、商业模式及商业模式创新、技术创业企业的概念及特征进行解析；其次，分别从资源基础观、动态能力理论、商业模式理论、演化博弈理论、权变理论和复杂系统理论对数字经济背景下技术创业企业商业模式创新进行理论解析，为本书研究奠定理论基础；最后，构建数字经济背景下技术创业企业商业模式创新影响因素、作用机制及策略选择的研究分析框架。

第 3 章，数字经济背景下技术创业企业商业模式创新的理论分析。首

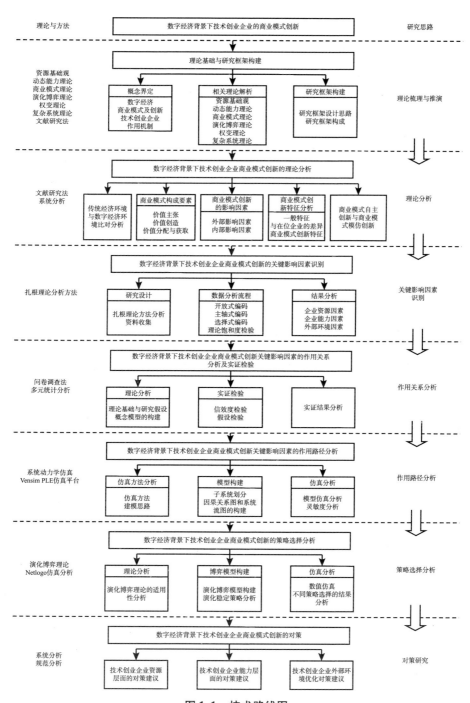

图 1.1 技术路线图

先，对比分析传统经济背景与数字经济背景的区别；其次，对数字经济背景下技术创业企业商业模式的构成要素进行分析，并剖析数字经济背景下技术创业企业商业模式创新的动因；再次，分析技术创业企业与在位企业商业模式的区别、传统商业背景和数字经济背景下技术创业企业商业模式创新的特征；最后，分析数字经济背景下技术创业企业商业模式自主创新与模仿创新。

第 4 章，数字经济背景下技术创业企业商业模式创新的关键影响因素识别。本章主要对数字经济背景下技术创业企业商业模式创新的关键影响因素进行筛选和识别。首先，通过开放式编码对访谈记录和案例资料进行整理和分析，得出数字经济背景下技术创业企业商业模式创新影响因素的初始概念；其次，通过主轴式编码将初始概念进行面分析，归纳并确定主范畴；最后，通过对主范畴的深入剖析确定数字经济背景下技术创业企业商业模式创新的关键影响因素，初步构建数字经济背景下技术创业企业商业模式创新影响因素的关系模型。

第 5 章，数字经济背景下各关键影响因素对商业模式创新作用关系的研究假设。根据扎根理论所识别出的关键影响因素，基于资源基础观、商业模式创新理论，提出各个关键影响因素对商业模式创新影响的研究假设，构建以资源禀赋为自变量、商业模式自主创新和商业模式模仿创新为因变量、数字技术创新能力为中介变量、数字经济环境行业动荡性和制度压力为调节变量的概念模型，剖析数字经济背景下技术创业企业商业模式创新关键影响因素的作用关系。

第 6 章，数字经济背景下各关键影响因素对商业模式创新作用关系的实证检验。首先，借鉴和改进既有成熟量表，对资源禀赋、数字技术创新能力、商业模式创新、数字经济环境行业动荡性以及制度压力进行测量；其次，从变量选取与衡量、样本选取与数据来源以及信度效度分析三个部分对理论模型的设计思路和研究流程进行详细论述；最后，运用 SPSS 20.0 对回归模型进行了实证检验，通过实证检验的研究结果，分析数字经济背景下不同关键影响因素对技术创业企业商业模式创新的作用关系。

第 7 章，数字经济背景下各关键影响因素的作用路径分析。本章结合上述影响因素及其作用关系的研究结果，构建数字经济背景技术创业企业内部、外部关键影响因素对商业模式创新作用路径的系统动力学模型，进而选取典型技术创业企业开展了实例仿真；根据系统动力学仿真分析的结果，进一步对主要政策性变量进行灵敏度分析；通过对仿真结果的分析，探索数字经济背景下各影响因素对商业模式创新的动态作用路径。

第8章，数字经济背景下技术创业企业商业模式创新的策略选择分析。本章主要分析数字经济背景下技术创业企业商业模式创新策略的选择问题。首先，以技术创业为研究对象，基于演化博弈理论，构建技术创业企业商业模式模仿和自主创新两种策略选择的演化博弈模型。其次，对数字经济背景下技术创业企业商业模式创新策略选择进行演化博弈分析，对技术创业企业商业模式创新不同策略的演化稳定状态进行分析。最后，通过分析支付矩阵各参数变化对商业模式策略选择结果的影响，运用 Netlogo 进行数值仿真模拟，探讨企业内部、外部不同因素对技术创业企业商业模式创新策略选择的影响，剖析数字经济背景下技术创业企业商业模式创新策略的选择问题。

第9章，数字经济背景下技术创业企业商业模式创新的对策。基于理论研究、扎根理论分析、实证研究和仿真分析的研究结论，分别从技术创业企业资源层面、企业能力层面、企业外部环境层面，提出数字经济背景下技术创业企业商业模式创新的对策。

1.4 研究方法

1. 文献研究法

在理论梳理与解析部分采用文献研究法。在提出研究问题之前，首先对数字经济、商业模式创新、技术创业企业等国内外已有文献资料进行收集、整理和分析。通过对文献的阅读和梳理，对数字经济、商业模式创新及技术创业企业商业模式的研究脉络、主要观点和最新研究成果进行总结和归纳。在回顾资源基础观、动态能力理论以及商业模式理论等相关研究成果的基础上，厘清本书的研究思路，设计本书的研究方案。

2. 扎根理论分析方法

利用扎根理论分析方法研究数字经济背景下技术创业企业商业模式创新的影响因素。通过对案例原始资源的开放式编码、主轴式编码、选择性编码，并进行理论模型的饱和度检验，经过上述过程的循环反复，得出数字经济背景下技术创业企业商业模式创新的影响因素，并构建各影响因素间的关系模型，为开展理论分析、实证分析和仿真分析奠定研究基础。

3. 多元统计分析法

在回归模型实证检验部分采用多元统计分析法。以直接效应及中介效应研究假设和回归模型研究设计为基础，采用 SPSS 20.0 软件对数字经济背景下不同关键影响因素对技术创业企业商业模式创新影响的直接效应、中介及调节效应进行实证检验。借助相关性分析、信效度分析和验证性因子分析等方法对研究数据的质量进行评估，通过多层线性回归分析进行实证检验。

4. 系统动力学仿真分析

采用系统动力学理论与方法，构建数字经济背景下技术创业企业商业模式创新关键影响因素作用路径的系统动力学模型，分析各关键影响因素对技术创业企业商业模式创新的动态作用路径，运用 Vensim PLE 进行仿真模拟，通过分析关键影响因素作用路径的仿真结果，探索数字经济背景下技术创业企业商业模式创新关键影响因素不同的动态作用路径结果。

5. 演化博弈仿真分析法

构建数字经济背景下技术创业企业商业模式创新策略选择的演化博弈模型，运用基于"有限理性"假设的演化博弈，分析了技术创业企业商业模式创新策略选择的演化稳定点。采用 Netlogo 仿真方法对技术创业企业商业模式创新策略选择进行仿真模拟，深入分析数字经济背景下技术创业企业商业模式创新策略选择的互动机制，剖析数字经济背景下技术创业企业商业模式创新策略的选择问题。

1.5　创　新　之　处

（1）构建了数字经济背景下技术创业商业模式创新的整合研究框架。以资源基础观、动态能力理论、商业模式理论、演化博弈理论、权变理论和复杂系统理论为基础，对数字经济背景下技术创业企业商业模式创新进行系统性分析，并构建整体的研究框架，逐层地开展数字经济背景下技术创业企业商业模式创新的影响因素、作用关系、策略选择及作用路径的系统研究，完整回答了数字经济背景下技术创业企业商业模式创新受何影响、如何影响、怎样选择的问题。

（2）聚焦于"数字经济"新情境，识别了数字经济背景下技术创业企业商业模式创新的关键影响因素。既有研究多探索传统经济背景下创业企业商业模式创新的相关研究，关注商业模式创新前因及其作用结果。然而，数字经济背景下的商业模式创新有别于传统经济环境，数字技术的广泛应用极大程度上改变了技术创业企业所面临的外部环境，也改变了企业生存、发展和创新方式，使技术创业企业商业模式创新呈现出有别于传统经济环境的新特征。本书聚焦于数字经济背景，在总结技术创业企业商业模式创新特征的基础上，挖掘技术创业企业商业模式创新的关键影响因素，进一步丰富了数字经济在创新领域的研究成果。

（3）将数字经济环境和资源与能力等企业内部、外部因素纳入同一分析框架，揭示数字经济背景下各关键影响因素对商业模式创新的作用关系。本书在综合考察技术创业企业内外部环境因素的基础上，建立了各关键影响因素对不同模式创新作用的多层次回归模型，并通过实证研究验证了企业内部资源与能力、企业外部数字经济环境与商业模式创新之间的直接效应、中介效应及调节效应影响机制。通过探讨微观层面的企业资源及能力因素、宏观层面的企业外部数字经济环境因素及商业模式创新间的作用关系和作用效果，为进一步深入探索各关键影响因素的作用关系提供理论依据和实践范畴。

（4）引入系统动力学仿真分析方法，从动态的视角剖析了数字经济背景下技术创业企业商业模式创新关键影响因素的作用路径。有别于传统静态研究大多从大样本实证或案例分析方法探究商业模式创新的作用路径。本书从动态视角切入，运用系统动力学的理论与方法，通过仿真分析与灵敏度分析检验了各关键影响因素对不同商业模式创新的动态作用过程，模拟和量化技术创业企业商业模式创新的动态作用路径。本书对于分析和诠释数字经济背景下技术创业企业商业模式创新具有一定价值，进一步丰富和完善了商业模式创新的研究视角和研究方法体系。

（5）构建了数字经济背景下技术创业企业商业模式创新策略选择的演化博弈模型并进行了仿真分析。既有研究往往将商业模式作为一种事后分析，观察其作为前因或中间机制为企业带来的积极影响。然而在数字经济环境中，往往存在着较多的不确定性，技术创业企业如何在成长初期就得以探索正确的商业模式创新策略显得尤为重要。本书运用演化博弈理论方法，构建数字经济背景下技术创业企业商业模式创新策略选择的演化博弈模型，揭示数字经济背景下技术创业企业商业模式创新策略选择的内在规律，对于分析和诠释商业模式创新动态选择过程具有一定理论价值。

第2章

理论基础与研究框架

2.1　相关概念界定

2.1.1　数字经济

2.1.1.1　数字经济的起源

信息和通信技术（information and communications technology，ICT）的飞速发展催生了数字经济的崛起，使其日益成为推动全球经济发展的重要引擎。数字经济是农业经济和工业经济后发展出的一种新经济形态，是数字化要素和传统产业的深度融合。数字经济起源于20世纪60年代，微电子技术、集成电路等半导体产业逐渐兴起，使数字信息和知识的存储能力大幅度提升，为数字经济提供了新的物质载体，是数字经济的萌芽期。到了20世纪七八十年代，以计算机产业和半导体微电子为基础的现代信息技术开始发展，数字化浪潮涌现并扩散至其他产业，直接影响产业结构和经济社会的发展。自20世纪90年代以来，社会经济的发展变化开始与互联网的出现相关联，是数字经济增长的基础。数字经济之父唐·塔斯考特（Don Tapscott）在1996年撰写的《数字经济：网络智能时代的希望与威胁》一书中并没有给数字经济直接定义[182]，但最早提出了"数字经济"这个术语，称为"网络智能时代"。他指出，在这个时代中，人们通过技术网络化将智能、知识和创造力结合起来能够突破社会发展的局限，为人类社会创造更多的财富和资源，这也预示着即将到来的数字经济时代。1998~2000 年，美国商务部接连出版了《新兴的数字经济》和《数字经济》的研究报告。其中，1999 年马格里奥（Margherio）等的研究报告中进一步明确了数字经济的细分[183]，确定了数字经济的四个驱动因素：搭建互联网、企业间电子商务、商品和服务数字化传递、实体商品零售。2000 年布林约尔弗森（Brynjolfsson）等在麻省理工学院出版社出版的《理解数字经济：数据、工具和研究》一书中强调，要从宏观经济学、竞争、劳动力、组织变革等不同视角去理解数字经济。随着物联网、移动终端设备（智能手机、笔记本电脑、平板电脑、3D 打印机）、数字模型（云计算、数字信息服务、数字平台）等一系列新信息和新通信技术的扩散，支撑起了数字经济的广泛变革，通过大数据、数据分析及算法决策的不断深入使数字技术的使用强度不断增加，进而促进了全新的自动化和信息化技术的产生。

进入 21 世纪，"数字经济"被广泛接受、传播和使用，经济合作组织（Organization for Economic Co-operation and Development，OECD）的研究报告中，从前的"互联网经济展望""信息和通信技术展望"被"数字经济展望"所取代。从"信息经济"到"数字经济"的概念变化，体现了数字经济的演化历程。随着数字经济的不断渗透，大数据、云计算、AI 区块链、移动互联网、5G 等新一代信息技术迅猛发展，使社会生活方式发生颠覆性的变化，数字经济引领的驱动数据信息及资源呈指数增长趋势将进一步对经济社会的发展产生深刻影响。

2.1.1.2 数字经济的概念

数字经济的概念提出后，受到学术界、企业及政府的广泛关注。在党的十九大报告中明确提出"建设网络强国、数字中国、智慧社会"以来，党中央、国务院围绕数字中国建设制定了一系列战略规划，相关部门扎实有力推动各项规划实施落地，数字中国建设取得新的重大进展。2019 年，习近平主席在"G20 大阪峰会"上又强调"要促进数字经济和实体经济融合发展"，2019 年的中央经济工作会议也明确指出，"要大力发展数字经济"，使数字经济领域更加成为理论界和实业界关注的重点。

学术界基于不同的理论视角对数字经济的内涵作出了阐释。最初，莱恩等（Lane et al.，1999）、科灵等（Kling et al.，2000）基于技术融合的视角定义数字经济，认为数字经济是以互联网设施为基础，将计算机技术、信息及通信技术相融合的一种经济范式，而在此融合过程中会导致广泛的社会变革并推动经济社会进步[184-185]。随后，基于经济形态的视角，金范秀（Beomsoo，2002）、齐斯曼（Zysman，2006）、阿特金森等（Atkinson et al.，2007）认为，数字经济是有别于数字技术和电子商务的一种新经济形态，数字信息技术既能在经济社会产生经济效应也能产生非经济效应的作用[11][186-187]。目前具有广泛共识的关于数字经济的定义是在 2016 年"G20 杭州峰会"上通过的《二十国集团数字经济发展与合作倡议》对数字经济的定义，即"数字经济包括数字产业化（信息通信产业）和产业数字化两大部分，是以数字化的知识和信息作为关键生产要素，以数字技术为核心驱动力，以现代信息网络为重要载体，通过数字技术与实体经济深度融合，不断提高数字化、网络化、智能化水平，加速重构经济发展与治理模式的新型经济形态"[188]。

数字经济对于社会经济发展起到了重要的推动作用。首先，数字技术的不断发展进步使信息通信产业迅速发展，成为当前经济社会中最为活跃、收益增长最快的新兴产业。大数据、人工智能、物联网、云计算等数字技术的广泛应用，使数字技术渗透经济社会的各个领域，与企业、政府和消费者间建立起一个信息化经济系统，特别是新冠肺炎疫情暴发之后使数字技术成为各行各业的通行技术，使数字经济不仅仅局限于信息通信产业。其次，数字经济是当前经济增长的重要驱动力，极大地降低了交易成本，大幅度促进经济增长、提高社会资本和劳动生产率。数字经济通过不同产业间的交叉融合，结合数字技术的广泛应用，大幅度促进了各经济生产部门的生产效率，从而对当前经济的基本生产要素、基础设施、产业变革、经济体制完善等方面产生重大影响。最后，数字经济环境下，企业创新活动不单是以企业内部资源和能力为基础的技术创新，更多的是多元创新主体与数字经济环境的互动和联系，其创新过程既是新产品开发、新技术创造及产业化应用，也是对与新技术范式相关的资源配置、生产方式及制度规范的广泛变革。因此，数字经济对商业模式创新的影响也有别于传统的经济形态，会通过丰富的数字信息和数字资源影响商业模式创新形式，并提供丰富的物质基础而促进商业模式创新效率。而数字经济的发展和演化体现在从信息经济概念到数字经济概念的变化过程。随着数字技术在经济社会各领域中不断渗透和融合，数字经济正以更广泛和深入的方式推动经济社会的发展、推动经济社会变革。

基于上述分析并结合本书的研究主旨，本书采纳 2016 年 G20 峰会《二十国集团数字经济发展与合作倡议》对数字经济的定义。

2.1.1.3　数字经济的特征。

1. 数据成为驱动经济发展的新要素

随着移动互联网和物联网的蓬勃发展，人与人的互通互联使数据量呈爆发式增长。如此庞大的数据量使大数据这个概念应运而生，并逐渐成为国家及企业的重要战略资产。数字经济背景下，数据驱动型创新正渗透在经济社会、科技研发等各个领域，相较于传统的经济形态，数字经济给数据信息的产生、传递提供了丰富的条件；而经济社会活动的各相关主体在参与数字经济活动的同时，也成为了创造和使用数据的主体，使各项经济社会活动所创造的成果逐渐数字化，数据成为经济社会活动的新要素。此外，数字经济背景下的数据增长遵循大数据摩尔定律，每两年都会翻一倍，是经济活动的重要战略资源。数据有别于传统经济要素，具有易共享、易复制、无限供给的特点，为推动经济发展奠基资源基础，是数字经济最为关键的生产要素。

2. 数字经济基础产业成为新兴基础产业

有别于农业经济时代和工业经济时代，以实体经济为基础和主导产业。数字经济背景下，数据成为驱动经济发展的关键生产要素，改变了基础产业和基础设施的形态，使数据产业成为新的基础产业。一方面，在数字经济背景下，不同新经济范式的涌现推动产业革命升级和经济体制改革，催生了大量新的主导产业，成为经济活动中最为活跃和最为盈利的利益主体。其中，以无线网络、云计算为代表的新兴产业，通过开发新技术、提供新产品及服务等方式推动技术进步和创新积累，推动旧产业结构转型升级、促进新兴产业迅猛发展。另一方面，数字化技术的应用和实施，使传统产业为迎合市场需求而不得不进行数字化改造，在改进传统基础设施的基础上实现数字化转型升级，促进不同产业和部门提升工作和生产效率、丰富产品类型、提高服务质量，推动工业经济时代以"砖和水泥"为代表的基础产业转向以"数据和信息"为代表的基础产业。目前，我国数字产业化发展趋势迅猛，根据中国通信院发布的《中国数字经济发展报告》显示，2021 年我国数字产业化规模为 8.35 万亿元，同比名义增长 11.9%，占数字经济比重为 18.3%，占 GDP 比重为 7.3%。2021 年产业数字化规模大 37.18 万亿元，同比名义增长 17.2%，占数字经济比重为 81.7%，占 GDP 比重为 32.5%，占数字经济比重由 2016 年的 77% 提升至 2021 年的 81.7%，为数字经济健康快速发展输出强劲动能，具体如图 2.1 和图 2.2 所示。

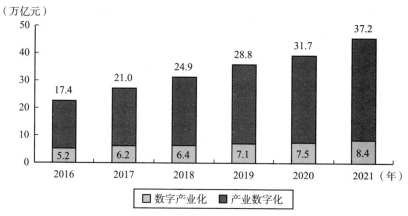

图 2.1 2016～2021 年中国数字经济内部结构数据

资料来源：中国信通院整理。

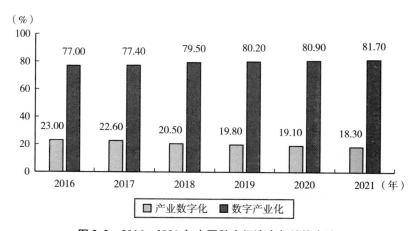

图 2.2 2016～2021 年中国数字经济内部结构占比

资料来源：中国信通院整理。

3. 供需界限日渐模糊

农业经济形态和工业经济形态对于供给侧和需求侧的划分十分严格，使供给和需求界限分明。数字经济的发展融合了供给侧和需求侧，转变了供给方和需求方的角色而成为"产消者"。传统经济形态遵循"萨伊定律"，即需求完全由供给方决定，供给方所提供的产品即是需求。而数字经济时代，随着各行业中新产品和新技术的不断涌现，供给方都是在重复考虑消费者需求基础上而提供相应的产品及服务，在满足消费者现有需求的同时也使行业价值链发生改变，使市场需求和经济需求相互转化。例如，各行业通过数据挖掘了解自身产业发展、产业生态链等方式进行供给裂变，提供符合消费者需求的产品及服务；政府通过数据平台了解社会数据，进而有的放矢、精准施策。

4. 数字技术成为助推社会经济发展的新动能

数字技术引发数字革命，推进数字经济不断发展。近年来，随着物联网、移动互联网及云计算等数字信息技术的指数级增长及不断突破、交叉融合，形成了多种技术的整体演进及突破。首先，大数据和人工智能技术的发展使物联网设备间的不兼容问题得到有效解决，降低数据存储、传输及分析成本而使物联网技术实现从量变到质变的跃迁，推动物联网持续健康发展；其次，移动互联网的发展突破了既有互联网技术的禁锢和约束，使移动互联网的应用领域更加广泛，而云计算的普及降低了信息技术的基建和运维成本，大幅度缩短信息技术的建设周期，加快了数字技术的系统部署；最后，数字技术的广泛应用改进了传统产业产出效率低迷的现状，促进传统产业的生产效率和产出水平的大幅度提升，变革出大量促进经济发展的新业态和新模式，成为经济社会发展的新动力而推动经济的可持续增长。

2.1.2　商业模式

2.1.2.1　商业模式的内涵

随着互联网技术、电子商务的出现以及新兴市场的快速发展，商业模式逐渐受到学术界和实业界的广泛关注并成为研究热点。随着商业模式在战略管理和信息系统的研究中逐渐受到关注。蒂默斯（Timmers，1998）是最早开展商业模式研究的学者之一[189]，尽管其并没有具体地对商业模式进行定义，但将商业模式看作是一个包含各方面不同内容的有机系统，主要包括的内容是：①是一种包括产品、服务及信息的体系结构，能够描述商业活动及其参与者的不同角色；②描述各商业活动不同参与者获取的潜在收益；③描述企业的收入来源。随着对商业模式研究的不断深入，不同学者基于不同的视角给出了商业模式的内涵，但现有关于商业模式的定义尚未得到学者们的普遍共识。既有研究关于商业模式的定义主要基于价值创造、交易结构、组织结构、系统论及管理认知五个视角开展。

基于价值创造的视角：此类研究主要聚焦于企业价值创造、价值获取及价值传递等活动的系统结构，认为商业模式的核心内容是对企业组织架构、业务流程及利益相关者交易结构的描述和管理。林德尔和坎特里尔（Linder & Cantrell，2000）、佩特维克等（Petrovic et al.，2001）定义商业模式是表征组织和商业系统创造价值的一种核心逻辑[190-191]。原磊（2007）认为，商业模式是将企业经济逻辑、运营结构及战略方向等相关变量进行定位和整合的概念性工具，在为顾客创造价值的基础上也为合作伙伴、股东等利益相关者创造相应价值[192]。提斯（2010）定义商业模式是企业价值创造、传递及获取的过程，是对企业价值的核心逻辑描述和反映[193]。魏江等（2012）认为，商业模式描述的是企业如何创造价值、传递价值及获取价值的过程，反映企业不同价值活动连接的基本架构[194]。莫里斯等（2013）将商业模式划分为战略维度、运营维度和财务维度，其中战略维度主要用以分析企业成长的过程和结构，运营维度和财务维度则用来分析企业创造和获取价值的过程和结构[195]。

基于交易结构的视角：此类研究认为商业模式涉及企业交易活动，是交易的主体、内容、交方式及定价等一系列交易相关活动的集合。阿密特和佐特（2001）认为，商业模式是一种交易结构，用来解释企业、供应商及客户等运作的流程和方式[196]。魏炜等（2012）基于资源能力理论及利益相关者理论，从利益相关者的视角将商业模式定义为是企业与其利益相关者的交易结构[197]。阿密特和佐特（2015）基于交易成本理论，理解商业模式是企业跨组织边界与其合作伙伴进行交易活动的系统及交易系统后的互动机理[198]。

基于组织结构的视角：此类研究主要从企业内部结构的角度对商业模式的内涵进行诠释，认为商业模式是对企业组织结构的一种设计，能够反映企业基于自身架构、资源能力和经营目标。阿密特和佐特（2008）认为，商业模式是企业用来分析产品市场战略和业务活动的一种系统，反映企业的治理结构[199]。马萨内尔和里卡特（Casadesus-Masanell & Ricart，2010）认为，商业模式能够反映企业对组织结构和运作方式的一种选择，是企业的管理逻辑[200]。麦格拉思（Mcgrath，2010）和塔瓦德罗斯（Tawadros，2011）将商业模式定义为根据企业类型的不同，整合企业核心价值活动、设计企业内部运营流程的一种模式[201-202]。威鲁（Velu，2015）认为，商业模式能够描述企业组织结构，是企业内部体系和价值分配的表征[203]。

基于系统论的视角：此类研究将商业模式看作是各不同要素组成的系统，而各要素间是通过相互影响、相互作用而共同形成的统一整体。从系统论的视角对商业模式进行定义，在强调企业战略方向、运营结构及利润模式的同时，也将商业模式视为这三方面相关要素的不同组合。阿尔特和齐默曼（Alt & Zimmermann，2001）认为，商业模式具有体系化特征，是多维的系统结构[204]。莫里斯（2013）等描述商业模式是企业架构、战略及运营等决策变量间互相影响、互相作用所构成的有机整体[195]。德米尔和莱科克（Demil & Lecocq，2010）基于企业投出产出视角，将商业模式定义为企业在生产过程中所获得的产出大于其实施的投入而获取相应利润的一个系统[205]。

基于管理认知的视角：商业模式的概念化与战略管理研究中的认知观点一致，侧重于探究管理者的心理表征。持此类观点的学者们认为商业模式反映的是管理者的管理心智模式或图式。加韦蒂和里夫金（Gavetti & Rivkin，2007）认为，高度理性的管理者通过对既定环境的调查和逻辑演绎，选择能够为企业获取或创造价值的不同组件而组成商业模式[206]。索斯纳等（2010）认为，商业模式是企业所有者及管理者的认知、感知和企业战略构想的外在体现[79]。乔治和波克（George & Bock，2011）认为，商业模式体现的是管理者基于他们所在的行业，进行创造价值、获取利润的战略规划和独特愿景[44]。马丁斯等（2015）基于战略认知的视角，认为商业模式是组织对企业价值创造活动和交流设计管理理解的模式[207]。

具体如表2.1所示。

表2.1 商业模式的概念

研究视角	概念	学者
价值创造视角	表征组织和商业系统创造价值的一种核心逻辑	Linder & Cantrell（2000）；Petrovic et al.（2001）
	是整合企业的经济逻辑、运营结构等变量的概念性工具，在为顾客创造价值的基础上也为合作伙伴、股东等利益相关者创造相应价值	原磊（2007）
	是企业价值创造、传递及获取的过程，反映和描述企业价值的核心逻辑	Teece（2010）
	描述企业如何创造价值、传递价值及获取价值的过程，反映企业不同价值活动连接的基本架构	魏江等（2012）
	商业模式划分为战略维度、运营维度和财务维度，其中战略维度主要用以分析企业成长的过程和结构，运营维度和财务维度则来分析企业创造和获取价值的过程和结构	Morris et al.（2013）
交易结构视角	一种交易结构，用来解释企业、供应商及客户等运作的流程和方式	Amit & Zott（2001）
	是企业与其利益相关者的交易结构	魏炜等（2012）
	是企业跨组织边界与其合作伙伴进行交易活动的系统及交易系统后的互动机理	Amit & Zott（2015）
组织结构视角	是企业用来分析产品市场战略和业务活动的一种系统，反映企业的治理结构	Zott & Amit（2008）
	能够反映企业对组织结构和运作方式的选择，是企业的管理逻辑	Casadesus-Masanell & Ricart（2010）
	整合企业核心价值活动、设计企业内部运营流程的一种模式	Mcgrath（2010）& Tawadros（2011）
	描述企业组织结构，表征企业内部体系和价值分配	Velu（2015）
系统论视角	具有体系化特征，是多维的系统结构	Alt & Zimmermann（2001）
	是企业架构、战略及运营等决策变量间互相影响、互相作用所构成的有机整体	Morris（2005）
	企业在生产过程中所获得的产出大于其实施的投入而获取相应利润的一个系统	Demil & Lecocq（2010）

研究视角	概念	学者
管理认知视角	高度理性的管理者通过对既定环境的调查和逻辑演绎，选择能够为企业获取或创造价值的不同组件	Gavetti & Rivkin（2007）
	企业管理者认知和感知对企业战略构想的外在体现	Sosna et al.（2010）
	体现管理者基于他们所在的行业，进行创造价值、获取利润的战略规划和独特愿景	George & Bock（2011）
	商业模式是组织对企业价值创造活动和交流设计管理理解的模式	Martins et al.（2015）

注：作者根据文献资料整理。

　　数字经济的迅猛发展加剧了企业所面临环境的动态变化，通过单一维度的视角难以描述和解释技术创业企业在数字经济环境中的战略方向和生存发展，通过多维度、多视角去定义商业模式能够为探索和挖掘技术创业企业在数字经济环境中的战略部署和创新决策提供方向。

　　综上所述，借鉴切斯布洛（2010）和提斯（2010）等的研究成果[32][193]，本书将商业模式定义为：企业立足于所处的外部环境、基于既有的资源和能力，进行价值获取、价值创造及价值实现等一系列价值活动并获取竞争优势、实现快速成长的经营逻辑架构和系统。在数字经济背景下，技术创业企业商业模式创新不仅有赖于自身的资源和能力，而且更多的是有赖于外部数字环境中不同要素变化对商业模式要素、结构的影响。因此，对于技术创业企业而言，想要实现企业生存并健康成长，其设计商业模式时必然要综合将企业内部条件和外部环境因素进行有机整合。

2.1.2.2　商业模式的构成要素

　　国内外学者对于商业模式的构成要素提出了不同的观点。蒂默斯（1998）作为最早研究商业模式构成要素的学者，认为商业模式的构成要素包括产品服务、信息流、盈利和收入四个方面[189]。随着研究进程的不断深入，哈梅尔（Hamel，2000）通过对商业模式要素间的关系分析，构建了利益驱动下的商业模式四要素构成图，四个要素是客户界面、核心战略、战略资源及价值网络[208]。切斯布洛和罗森布鲁姆（Chesbrough & Rosenbloom，2002）认为商业模式由七个基本要素构成：目标市场、价值主张、价值链、支付方式、成本/边际收益、价值网络、竞争战略[209]。奥斯特瓦尔德等（Osterwalder et al.，2005）以商业模式构思和商业模式创新为导向提出商业模式画布，认为商业模式主要包括：目标客户、价值主张、分销渠道、客户关系、收入结构、核心资源和能力、内部流程、供应商伙伴关系和成本结构九个模块[31]。马格里塔（Magretta，2002）将商业模式构成要素划分为定义客户、客户价值、收入逻辑和经济效益逻辑[210]。约翰逊等（Johnson et al.，2008）将商业模式的构成要素划分为客户价值主张、关键资源、关键流程和盈利公式[211]。魏炜和朱武祥（2009）认为商业模式由定位、业务系统、关键资源能力、盈利模式、自由现金流结构、企业价值等构成[212]。张敬伟和王迎军（2010）基于价值三角形逻辑提出商业模式的要素包括市场定位、经营过程与利润模式[213]。魏江等（2012）认为，商业模式构成要素包括客户价值、创造价值、价值获取、价值网及战略决策[194]。王雪冬和董大海（2013）认为，商业模式核心要素包含价值模式、运营模式、营销模式、盈利模式[123]。商业模式构成要素的主要观点如表 2.2 所示。

表 2.2 商业模式的构成要素

学者	构成要素	要素个数
Timmers （1998）	产品服务、信息流、盈利、收入	4
Hamel （2000）	客户界面、核心战略、战略资源、价值网络	4
Chesbrough & Rosenbloom （2002）	目标市场、价值主张、价值链、支付方式、成本/边际收益、价值网络、竞争战略	7
Magretta （2002）	定义客户、客户价值、收入逻辑、经济效益逻辑	4
Osterwalder et al. （2005）	目标客户、价值主张、分销渠道、客户关系、收入结构、核心资源和能力、内部流程、供应商伙伴关系、成本结构	9
Johnson et al. （2008）	客户价值主张、关键资源、关键流程、盈利公式	4
魏炜和朱武祥（2009）	定位、业务系统、关键资源能力、盈利模式、自由现金流结构、企业价值	6
张敬伟和王迎军（2010）	市场定位、经营过程、利润模式	3
魏江等（2012）	客户价值、创造价值、价值获取、价值网、战略决策	5
王雪冬和董大海（2013）	价值模式、运营模式、营销模式、盈利模式	4

注：作者根据文献资料整理。

2.1.3 商业模式创新

2.1.3.1 商业模式创新的内涵

商业模式创新研究源自商业模式与创新领域研究的交叉，融合了交易成本经济学、资源基础观、系统论和战略网络理论等理论的思想[169][196][201]。米切尔和考洛斯（Mitchell & Coles）在 2003 年首次明确提出，企业管理者可以完全有目的地对其商业模式进行创新的想法[214]。自此，越来越多的研究集中于商业模式创新方面，并从多种角度对商业模式创新进行探讨。尽管商业模式创新是商业模式的延伸，但商业模式创新所包含的内涵已经远远超出了商业模式的研究范畴。传统研究将商业模式创新归因于企业应对制度环境变化及新兴技术产生的回应，是产业变革的结果。商业模式创新在产业重塑、提高企业价值、创造新的价值增长点等方面均具有重要作用[53][215]。随着商业模式创新研究的不断深入，学者们对于商业模式创新的理解和内涵有了更为深入的洞见。商业模式创新不仅是对企业工作流程及交易过程的根本性转变，其实质是重新将企业和产业的分界线给予界定，从根本上改变和构建企业交易本身。基于学者们对商业模式理解和研究的不同视角及差异，导致学术界对商业模式创新的理解存在不同。

基于价值定义的视角：此类研究观点认为，商业模式创新的意义在于创造新价值，主要是通过新理念、新逻辑来推动企业进行有价值的活动。谢德荪（2012）认为，商业模式创新的起源在于顾客价值主张，是通过对顾客需求的深入探究来重新对企业的价值理论进行定义，是一种有别于技术创新的商业模式创新[216]。阿斯帕拉等（Aspara et al.，2013）定义商业模式创新是企业在对商业模式相关业务组合进行价值创造时，企业对如何创造价值的认知逻辑变化[217]。克拉苏斯（Clasuss，2017）将商业模式创新看作企业在价值获取、创造及定位等价值相关要素方面的系统变化，是企业所构建自身独有的价值创造方式[218]。

基于技术创新的视角：此类研究观点通常基于商业模式创新与技术创新共演的视角来定义商业模式创新，更为强调商业模式创新是实现企业新产品、新技术商业化的重要手段和工具。切斯布洛（Chesbrough，2006）认为，企业新发明及新技术必须依赖商业模式创新实现，并基于开放式创新理论将商业模式定义为企业将新技术及其所包含的潜在商业价值关联的过程，是企业所建立起来的启发式逻辑[219]。加姆巴德拉和麦克加汗（Gambardella & Mc Gahan，2010）认为，商业模式创新是将企业新技术和新想法商业化的可行性工具，能够帮助企业新技术探寻新的市场机会、挖掘新的利润增长点[220]。马萨等（Massa et al.，2017）认为商业模式是一种不同类型的创新，是基于潜在创新的整体视角来进行产品、技术及流程创新[221]。

基于战略管理的视角：此类研究观点侧重于从战略变革的视角来认识商业模式创新，认为商业模式创新是企业的一种战略变革，主要研究企业如何设计、改变商业模式及通过商业模式创新为企业带来的系列后效。奥斯特瓦尔德和皮尼厄（Osterwalder & Pigneur，2010）、德米尔和莱科克（Demil & Lecocq，2010）认为，商业模式创新是企业为了满足新的、潜在顾客需求，通过改变企业的战略决策或方向从而对企业外部或内部（如技术进步、管理决策、核心要素）变化的反应[31][204]。布乔达赫尔和马格努斯（Björkdahl & Magnus，2013）指出，商业模式创新既可能是对新旧产品或服务重新组合的结果，也可能是对企业市场地位、战略方针及过程管理的变化结果[222]。曾萍等（2015）强调，商业模式创新是指企业对其系统架构的改变，包括战略认知及方向、管理系统和组织惯例的改进及创新[223]。

基于过程的视角。此类研究观点倾向于将商业模式创新与组织变革过程联系起来，认为商业模式创新作为组织变革的一个动态过程。麦格拉思（Mcgrath，2010）将商业模式创新定义为"尝试—试错—调整"的结果，是企业通过不断试错、改进而被动改变的过程[200]。弗斯和塞比（Foss & Saebi，2016）通过对商业模式创新及动态演变过程的因果分析，认为商业模式创新是对企业商业模式和商业模式关键要素的改变和重新设计[224]。吴晓波和赵子溢（2017）认为，商业模式创新是对商业模式相关元素创新设计的过程，是提出的新价值主张[225]。商业模式创新的概念具体如表 2.3 所示。

表 2.3 商业模式创新的概念

研究视角	概念	学者
价值定义视角	是通过对顾客需求的深入探究来重新对企业价值进行定义	谢德荪（2012）
	是企业在对商业模式相关业务组合进行价值创造时，企业对如何创造价值的认知逻辑变化	Aspara et al.（2013）
	是企业在价值获取、创造及定位等价值相关要素方面的系统变化，是企业所构建自身独有的价值创造方式	Clasuss（2017）
技术创新视角	企业将新技术及其所包含的潜在商业价值关联的过程，是企业所建立起来的启发式逻辑	Chesbrough（2006）
	是将企业新技术和新想法商业化的可行性工具，能够帮助企业新技术探寻新的市场机会、挖掘新的利润增长点	Gambardella & Mc Gahan（2010）
	是基于潜在创新的整体视角来进行产品、技术及流程创新	Massa et al.（2017）
战略管理视角	企业通过改变战略决策或方向从而对企业外部或内部（如技术进步、管理决策、核心要素）变化的反应	Osterwalder & Pigneur（2010）、Demil & Lecocq（2010）
	是对新旧产品或服务重新组合的结果，也可能是对企业市场地位、战略方针及过程管理的变化结果	Björkdahl & Magnus（2013）
	是指企业对其系统架构的改变，包括战略认知及方向、管理系统和组织惯例的改进及创新	曾萍等（2015）
过程视角	是企业"尝试—试错—调整"的结果，企业通过不断试错、改进而被动改变的过程	McGrath（2010）
	通过对商业模式创新及动态演变过程的因果分析，认为商业模式创新是对企业商业模式和商业模式关键要素的改变和重新设计	Foss & Saebi（2016）
	是对商业模式相关元素创新设计的过程而提出新的价值主张	吴晓波和赵子溢（2017）

注：作者根据文献资料整理。

　　尽管基于不同的研究视角对商业模式创新内涵的探索取得了许多进展，但商业模式创新的系统研究仍处于探索阶段，对商业模式创新内涵的理解也存在不同观点。企业商业模式创新通常有以下表现形式：①组成商业模式的各要素发生改变而引发商业模式创新。商业模式创新并非是企业商业模式组成要素的单一改变或创新，而是商业模式的多个要素共同变化，引致商业模式主要模块发生改变而使企业商业模式系统性地变革；

②静态视角的商业模式创新能够给出商业模式不同构成要素的版图，阐明这些要素如何组成和作用，而动态视角的商业模式创新能够描述企业商业模式构成要素的互动作用及演化过程，而在这个过程中导致了企业价值逻辑的改变使其商业模式发生根本性变革。数字经济环境下，数字技术和信息技术的快速发展和持续创新，使产业融合速度加快，推动企业战略变革和策略调整。

结合数字经济的研究情境及技术创业企业所秉持资源和技术的特征，通过对既有文献的梳理，综合借鉴海德等（Heider，2020）、弗斯和塞比（Foss & Saebi，2016）的研究结论[36][224]，本书将商业模式创新定义为：企业基于对外部环境和自身资源及能力的综合考量，运用新逻辑、新方法对企业价值获取、价值创造及价值实现方式进行重新设计，并不断优化企业价值获取、价值创造及价值实现方式的动态过程。

2.1.3.2　商业模式创新的过程

部分学者参照创新过程的相关研究，按照时间顺序将商业模式创新过程进行不同阶段的划分，并对商业模式创新各阶段进行系统性描述。例如，奥斯特瓦尔和皮尼厄（Osterwalder & Pigneur，2010）指出，商业模式创新的不同阶段不存在时间先后顺序的问题，某些阶段具有交互性和非线性的特征，由此他们将商业模式创新划分为商业模式创新动员、商业模式创新理解、新商业模式设计、新商业模式执行和新商业模式管理五个阶段[31]。施特格等（Schaltegger et al.，2012）将商业模式创新划分为商业模式调整、采纳、改善以及再完善四个阶段[226]。董悦等（2017）提出了"互联网＋"时代下商业模式创新的演变过程，主要有"平台＋免费"商业模式、社群商业模式、"互联网＋产业链O2O"商业模式到"互联网＋跨产业生态网络"商业模式[227]。王炳成等（2020）通过对典型商业模式创新企业的案例分析，将商业模式创新过程分为商业模式创意期、商业模式应用期和商业模式精益期三个阶段[228]。

学者们在既有研究基础上对商业模式创新过程的相关研究进行划分，分为理性定位学派、演化学习学派和认知学派[206][225]。理性定位学派按照生命周期顺序将商业模式创新分为发展/研发、执行/筛选、商业化三个阶段，认为商业模式创新是建立在商业模式原型的基础上[229]。这一学派的研究认为，企业商业模式原型会随着外部环境的变化而发生调整和改变，并通过计划、设计、测试、重新设计来将原有的商业模式变量进行替代，直至商业模式与外部环境达到最优匹配而实现商业模式创新[230]。演化学习学派认为，环境的不确定性使商业模式需要不断地进行测试和调整，商业模式创新的过程就是通过不断地设计、改进和测试商业模式原型的过程。认知学派认为，商业模式创新是管理者的先前感知，在外部环境不变的情况下，管理者通过从既有概念中借鉴、吸取知识并整合到现有商业模式中，从而实现商业模式创新。

根据本书对于商业模式创新的内涵界定，借鉴施特格等（Schaltegger et al.，2012）[226]、福勒和哈弗里格（Baden-Fuller & Haefliger，2013）[230] 的研究结论，本书认为，商业模式创新的过程分为商业模式采纳、商业模式调整、商业模式再设计、商业模式改善四个阶段。

2.1.3.3 商业模式创新的类型

基于不同研究视角，已有研究对于商业模式创新的类型存在多种划分方式，如商业模式价值主题的视角、商业模式创新程度的视角、商业模式创新策略视角等。

基于商业模式价值主题的视角对商业模式创新分类的研究相对丰富。佐特和阿密特（Zott & Amit，2007）基于交易成本理论，将商业模式创新分为新颖型商业模式创新和效率型商业模式创新。其中，新颖型商业模式创新主要是指对现有商业模式的颠覆性改变，是通过对创新活动和系统运用创造性的内容、架构和管理方式；效率型商业模式创新则是企业通对创新活动和系统的内容、结构及相关要素的重新设计，以使企业提高效率并降低相应成本[38]。奥斯耶弗斯基和德瓦尔德（Osiyevskyy & Dewald，2015）基于决策理论诠释企业商业模式的变革创新，通过利用式创新和探索式创新来描述不同的商业模式创新，认为企业的商业模式创新可以通过对现有商业模式进行开发式强化和探索性地采用颠覆性商业模式两种方式[231]。罗兴武等（2018）基于商业模式理论与制度理论将商业模式创新分为开拓性商业模式创新和完善性商业模式创新。其中，开拓性商业模式创新主要关注的是顾客的隐性需求，以创新的手段创建或重构新的规制和结构进行商业模式革新；完善性商业模式创新关注的则是顾客的显性需求，通过优化、调整现有的交易规制和结构进行商业模式适应性调整[159]。迟考勋（2020）以平台企业为例，以创造独特顾客价值为标准将商业模式创新分为需求创新型、综合创新型、模仿创新型和价格创新型[232]。

布彻尔等（Bucherer et al.，2012）提出，可以按照创新程度对商业模式创新进行分类[233]。此后，施奈德等（Schneider et al.，2013）将商业模式创新区分为渐进性商业模式创新和颠覆性商业模式创新。前者认为是商业模式单一要素的改变，是一种适应性调整；后者认为是完全取代现有的商业模式，重新架构企业的商业模式[234]。威鲁和斯蒂尔斯（Velu & Stiles，2013）将商业模式创新分为渐进式创新和突破式创新。渐进式商业模式创新是企业逐渐改变既有商业模式的过程，是对价值创造、价值获取和传递的细微调整；而突破式商业模式创新是彻底改变上述三个要素，通常初创企业会选择突破式商业模式创新来建立竞争优势[235]。

也有研究从商业模式创新策略视角对商业模式创新的类型进行了划分。马萨内尔等（Casadesus-Masanell et al.，2013）、福勒（Baden-Fuller，2013）等的研究表明，新创企业通过"模仿""复制"或"复制"现有商业模式能够促进企业快速成长[51][230]，尤其是新公司的创始人会广泛地寻找其他成功商业模式并从中复制元素[198]。莫里斯等（Morris et al.，2013）认为，企业为应对外部环境变化需要不断对商业模式进行调整，而创新和模仿则是其商业模式调整的两个重要渠道[195]。阿密特和佐特（Amit & Zott，2015）认为，尽管"借鉴"现有商业模式在许多企业中普遍存在，但创业企业比在位企业会更加广泛地寻找适合企业成长的现有商业模式[198]。刘志迎等（2018）基于企业生命周期的视角考察了不确定条件下商业模式创新策略选择问题，认为商业模式有创新和模仿两种选择[236]。

数字经济环境下，企业间的组织边界逐渐模糊，信息和技术的沟通和交流实现了双向互动，企业所面对的环境更加复杂多变、也更加开放和透明，企业间的竞争也日趋激烈。在此情境下，部分具有一定资源和能力的技术创业企业，往往会希望通过自主创新的方式设计新的商业模式，从而避开在位企业的竞争而获取市场份额；但同时，企业也面临着新的商业模式无法适应新市场、获取制度合法性等方面的限制。商业模式创新的属性决定其无法获取如技术创新一样的专利保护，容易被其他企业复制、抄袭或模仿[192]，数字经济的复杂多变更使部分技术创业企业将模仿其他在位企业盈利模式视为规避生存风险的最优方式，通过对成功商业模式要素的复刻和模仿来实现企业生存。

综上所述，本书聚焦于商业模式自主创新和商业模式模仿创新，以期探索数字经济背景下技术创业企业各关键影响因素对不同商业模式创新的作用机制问题。

2.1.4 技术创业企业

2.1.4.1 创业企业的内涵

创业企业通常是指处于企业发展初期，其盈利水平和未来发展趋势尚不清晰，但在实际发展过程中会表现出高预期、高成长和高风险并存等现象的一类企业[237]。创业企业是数字经济背景下最为活跃的经济主体，对推动经济发展与社会进步具有重要作用。由于研究情境和研究目的的不同，学术界对创业企业的定义存在一定差异。文献研究表明，国内外学者对创业企业的定义主要依据企业生命周期和企业成立时间两个标准。

基于企业生命周期视角，创业企业被认为是处于企业成长前期的企业。张玉利等（2006）认为，创业企业是尚处于企业生命周期初级阶段、成立时间较短的企业，并随着企业成长而逐渐摆脱企业困境并向专业化、规范化发展[238]。哈伯和雷切尔（Haber & Reichel，2007）认为，创业企业在成熟之前会经历创意阶段、概念论证阶段、企业创立阶段及运营阶段[239]。克里斯曼等（Chrisman et al.，2012）认为，企业在进入稳定发展阶段之前，经历企业创建前阶段、创建阶段及早期成长阶段[240]。巴加格尔（Batjargal et al.，2013）以企业生命周期理论为基础，认为创业企业从生存期、生长期到成熟期的过渡时间平均需要 8 年，并将成立时间在 8 年内的企业定义为创业企业[241]。李宏贵等（2017）认为，创业企业的生存和发展存在不同的阶段，通过对创业过程的分析可以分为三个阶段，分别是创建、生存、发展，而不同的创业阶段会采用不同的创新和战略方式[242]。

　　基于企业成立年限视角，创业企业通常是指成立时间较短、主营业务尚不成熟和完善的企业。巴克尔和辛库拉（Baker & Sinkula，1999）和全球创业观察组织（Global Entrepreneurship Monitor，GEM）在《全球创业观察》的报告都对新创企业的创业时间进行界定，认为新创企业的创业时间应该在 42 个月之内[243]。进一步，GEM 在 2017～2018 年的《全球创业观察》报告中将企业成立年限界定在三年半以内。李和吉玛（Li & Gima，2001）将定义创业企业为成立时间在 8 年以内且盈利能力较弱、发展趋势尚不清晰的企业[244]。拉拉内塔等（Larrañeta et al.，2012）通过研究外部知识获取和新创企业竞争优势的关系，以成立时间界定创业企业是成立 8 年内的企业[245]。王强（2012）认为，界定国外创业企业成立时间的标准来界定中国创业企业不够合理，中国的创业大环境与国外有很大区别，对餐饮服务行业的创业企业以 5 年为时间界限，企业成立时间无法对制造业创业企业进行界定[246]。

　　尽管学术界对创业企业的界定的侧重点和标准不同，但几乎认为创业企业具备以下特点：①成立年限较短，例如成立 3 年或 5 年，最多在 8 年以内；②处于企业生命周期的早期阶段；③资源相对匮乏，面临较大的风险和成长潜力。综上所述，本书主要借鉴李和吉玛（2001）和拉拉内塔等（2012）的观点[244-245]，将创业企业界定为"成立时间在 8 年内，且尚处于发展初始阶段，资源相对匮乏、风险与回报并存的创业企业"。

2.1.4.2　技术创业企业的内涵

　　技术创业企业是推动我国科技创新的重要力量，通过不断提高技术创新能力、开发技术创新产品、持续培育技术创新机制而在复杂多变的外部环境中建立竞争优势、实现企业健康成长[247]。国外学者一般以研发人员占企业总员工的比例、研发投入占企业总支出、总收入的比重等作为判定一个创业企业是否为技术创业企业的标准。如阿伯特（Abbott，1991）分别从技术创业企业中科研人员在企业员工总数的比例和研发投入占企业利润的比例来衡量技术创业企业，认为具有专业学位的科研人员占比企业总员工不低于 40% 且研发投入不低于企业总收入的 5%[248]。

　　2016 年，科技部、财政部、国家税务总局对《高新技术企业认定管理办法》进行重新修订，认为高技术企业是指在企业所属领域在《国家重点支持的高新技术领域》内，能够持续进行研究开发和技术成果转化，形成企业核心自主知识产权，并以此为基础开展经营活动，在中国境内（不包括港、澳、台地区）注册的居民企业[249]。我国学者在清晰认知技术型企业的基础上对技术创业企业进行定义，部分学者基于相应的研究情境和研究要求对技术创业企业予以界定。其中，迟建新（2010）认为，科技创业企业是建立在原创性技术基础上、以技术成果商品化为经营目标，进行技术研发、技术咨询、服务和转让及生产销售技术创新的中小型新创企业[250]。惠祥等（2016）从企业人员构成的角度定义技术创业企业，这类企业是由拥有创新技术的创业者及其团队与希望实现技术产品转化为资本价值的投资团队所组成的创业型企业[251]。黄昊等（2020）通过对企业生命周期的分析，认为科技新创企业均处于初创成长期，且这个时期可以分为业务初设、摸索及成长三个阶段[252]。

目前，国内外学者对于技术创业企业的界定已初步达成共识，认为技术创业企业综合了技术型企业和创业型企业的特点，是从事高科技产品研发、生产、销售及技术服务等环境的创业型企业。本书认为，技术创业企业有别于"生存型"或"获利型"的创业企业，其对于创业团队或创业者本身具有更高的技术和知识。技术创业企业在开发新技术、新产品试验、技术产品商业化等过程中会消耗更多的资源，使技术创业企业对于企业资源方面的需求和依赖相较于在位企业更为敏感。因此，对于技术创业企业而言，克服其"新生弱小"并解决其资源不足及可得匮乏等问题是其生存和成长的关键。

综上所述，本书认为技术创业企业兼具"技术企业"和"创业企业"的定义和特征，通常是指成立时间较短或处于成长初期的技术型企业。因此，可将技术创业企业定义为：企业成立年限在8年以内，以高科技创新为经营内容，以提供高技术产品及服务为主的创业型企业。此外，尽管技术创业企业拥有科技创新的能力的先天优势，但由于会受到新生弱小及资源匮乏的限制，企业既有资源及其吸收、整合以及有效利用外部资源的能力成为技术创业企业生存和成长的重要途径。而在面对数字经济的高动态性和高不确定性时，技术创业企业所面临的创业风险相较于一般创业企业也会更高。

2.1.4.3 技术创业企业的特征

技术创业企业由于其成立时间相对较短,资源和能力相较于在位企业都相对匮乏。此外,此类企业创新活动比重更大,更加依赖技术和产品研发。技术创业企业的成长进程有别于在位企业,而其产业划分也有别于其他创业企业。因此,技术创业企业的特征需要结合在位企业和创业企业的特征进行分析,也呈现出有别于两者特征的复杂性。其所呈现的主要特征如下。

(1)技术创业企业拥有的技术资源相对充足而财务资源相对匮乏。大部分技术创业企业主要是依托开发新技术、新产品而成立并发展,这类技术资源主要包括技术研发资源、产品制造技能、产品生产工艺等。技术创业企业依靠其技术资源研发新产品并获取技术领先优势而实现企业价值,其所拥有的技术资源可能会相对突出。然而,技术创业企业所拥有的设备、场所及资金等资源相对匮乏,在企业初创和成长阶段的突出问题是产品与服务市场的缺失以及财务资本的稀缺。因此,资源匮乏和资源获取能力不足是技术创业企业成长的主要短板之一。

(2)技术创业企业具有高成长性、高风险性及高投资性的特征。技术创业企业所提供的产品及服务通常具有较高的技术含量及较强的竞争力,使企业的经营及获取价值的方式更加灵活,而企业的创业者也通常具有较高的创新意愿和创新精神,这就使企业的成长性较高。然而,由于技术创业企业的创业者缺乏企业经营及管理经营,可能会对企业所开展的各类创新活动存在误判而导致产品无法顺利打开市场,其对于技术、产品及服务创新的投入可能无法获取盈利,从而导致企业存在较高的经营和生存风险。此外,技术创业企业是以技术创新为核心竞争力,因此其在研发新技术、开发新产品的过程中都需要持续投入大量资金,而这部分资金的高投入会给企业带来巨大压力。

(3)技术创业企业的研发活动是企业生存发展的关键。技术创新产品及服务的研发是技术创业企业的重要业务内容。企业开展的各类研发活动能够利于企业技术创新产品及服务的不断提升,因此其相应投入的研发经费会相对较高,研发人员在企业员工中所占的比例也更大。然而,随着数字经济的不断发展,数字技术不断创新和突破,技术创业企业对于技术产品的开发及生产也会随之改变。技术创业企业作为知识密集型企业，企业中技术专利、知识储备及技术资源等占总资产比重较高，而此类无形资本储备的比例会更高。

（4）技术创业企业的商业模式更具有灵活性和风险性。相较于在位企业，技术创业企业的商业模式是从无到有、从初设到成熟的过程，企业会结合自身的资源与外部环境的情况不断调整商业模式原型。此外，技术创业企业不存在成熟的商业模式原型与新商业模式冲突，并不需要考虑原有商业模式的障碍，因此技术创业企业商业模式的灵活性更高。同时，由于技术创业企业应对外部数字经济环境动荡的能力不足，其在进行商业模式创新时不仅要处理外部环境的风险，还要应对各类同质企业的动态竞争，其在进行商业模式创新时要重视是否会其他企业模仿等问题，商业模式风险程度更高。

2.1.5　作用机制

"机制"一词最早源于希腊文，原是指机器的构造和动作原理。《现代汉语词典》将"机制"解释为有机体的构造、功能和相互关系，泛指工作系统的组织或部分之间相互作用的过程和方式。"机制"在社会学中的内涵可以表述为"在正视事物各个部分存在的前提下，协调各部分之间的相互关系以更好地发挥作用的具体运行方式"。目前，通常对机制有两种解释：一是系统的结构关系或组成；二是系统内各要素或构成部分间的相互影响及作用方式。"作用机制"采用后一种含义，是指为实现某一特定功能，一定的系统结构中各要素的内在工作方式及诸要素在一定环境条件下相互联系、相互作用的具体运行规制、运行方式及运行原理。

本书研究对象为数字经济背景下若干关键影响因素对技术创业企业商业模式创新的作用机制，且重点关注"数字经济"这一特定环境下，影响技术创业企业商业模式创新的若干关键影响因素对技术创业企业商业模式创新的具体作用关系、作用路径与策略选择等，以求更为全面和深入地探究各关键影响因素对商业模式创新的作用机制的本质。

2.2 理论基础

2.2.1 资源基础观

企业竞争战略主要研究企业通过竞争性产品获取市场竞争优势、提升企业绩效的手段和方式。而企业对于竞争战略的选择既取决于对外部竞争环境中关键要素的细分和剖析，也取决于企业的资源禀赋和创新能力等。然而，外部环境的不确定性及竞争市场的不完善，使企业通过对环境要素的分析不能准确评估和反映企业竞争势态。相反，通过对企业各类资源、技术和能力的深入分析能够更为准确地定位企业竞争优势，促进企业快速成长。因此，在考虑战略选择理论中有关对外部环境不确定性的分析的基础上，学者们更多地将研究焦点集中于从企业内部较为稳定的资源禀赋和创新能力等方面来探讨企业战略决策的内容及选择。为进一步弥补战略选择理论的部分缺陷而提出资源基础观（resource-based view），突出强调企业在战略选择和决策分析中资源的重要作用。

20 世纪 80 年代，韦内菲尔特（Wernerfelt，1984）提出了资源基础观，通过对企业资源产品和资源壁垒的分析认为企业分析应聚焦于资源而非产品，而企业自身的资源、能力及知识是其获取竞争优势和获取超额绩效的关键要素[253]。巴尔尼（Barney，1991）进一步发展了资源基础观，提出了资源基础观的具体定义和核心构念，对构成企业核心竞争力资源的特点进行了详尽分析[254]。布罗米雷等（Bromiley et al.，2016）基于巴尔尼的观点对资源基础观进行归纳，认为资源基础观能够对企业所具有不可替代的稀缺资源进行阐述，认为资源是企业获取持续竞争优势的重要来源[255]。目前，资源基础观被广泛应用于创新创业领域，是战略管理领域的重要理论之一。资源基础观的核心是企业资源和价值，认为企业不但是管理集合更是企业内部各不同类型资源的集合，主要是通过获取战略要素和资源来提升绩效[256]。

在数字经济背景下，人工智能、大数据、移动互联网等数字技术的广泛应用，使企业的生存环境呈现出复杂性、模糊性和不确定性的特点[257]，因此企业的资源会呈现出有别于传统经济环境的新特征，具体如下：首先，数字经济时代，数据作为关键生产要素渗透经济生产生活的各个方面，使交易环境透明和对称，使不同类型的资源的联系更加紧密。同时，基于数字技术研发平台、资源云平台、大数据平台等引入更加先进的创新资源，丰富技术创业企业资源的种类和数量。其次，数字经济环境打破了传统环境的边界，资源的分布不再受地域、国别及行业等的局限，同时加快了资源信息的传播速度，也打破了资源间信息不对称、资源垄断的局面。最后，数字资源由于其可重复编辑和利用的特征，使数字资源的属性与产品属性无关，企业在数字经济环境下想要竞争优势主要取决于对资源的充分利用和挖掘，因此数字资源成为非竞争性资源。

基于此，对于技术创业企业而言，需要与数字经济环境进行资源交换来摆脱企业自身的资源束缚，使企业自身的资源禀赋和技术创新能力不断提升，从而有利于企业进行商业模式创新。而数字经济背景下所引发的数字技术革命也在倒逼技术创业企业进行商业模式创新，技术创业企业则通过进行不同的商业模式创新来适应数字经济的动态变化。根据资源基础观，技术创业企业进行商业模式创新是为了避免数字经济环境的不确定性、高竞争性及制度压力等方面，使企业资源禀赋、技术创新能力等方面受到影响，实现了企业内外资源互通。资源基础观认为，在不确定环境下企业进行资源管理是对资源进行结构化组合、捆绑并与企业发展相协调。因此，资源基础观对解释技术创业企业如何有效管理和协调资源、实施战略决策，使技术创业企业在数字经济环境中获取竞争优势、进行商业模式创新具有重要作用。

2.2.2 动态能力理论

动态能力理论的基本逻辑是尝试对于企业在动态环境中通过哪些路径和作用机制来创造价值并获取竞争优势进行理论阐述和解释[258]。目前对于动态能力的研究主要有两种代表性观点：一种是以提斯（Teece，1997）为代表，认为动态能力是在资源基础观基础上发展而来，是组织为适应动态环境而进行资源协调的组织能力[259]。此种观点认为，动态能力主要用于探究组织与外部环境的相关系，通过对资源的配置、协调，使企业内部资源与外部环境需求相契合进而获取竞争优势的能力；另一种则是以埃森哈特（Eisenhardt，2000）为代表，认为动态能力是通过协调和优化组织流程而应对环境动态的变化机制[258]。此种观点将动态能力解释为嵌入组织流程内部，并通过对资源的重组和整合以适应外部环境变化的能力，倾向于认为动态能力是一种流程协调机制。

动态能力有别于企业其他常规能力，能够实现企业对既有知识、资源与外部动态环境中的新资源和知识的有效整合，从而形成创新产品、新服务的价值转化[260]。基于提斯（Teece，2007）提出的动态能力框架，认为企业需要对外部环境进行不间断持续的扫描，从而探索和挖掘外部环境中可能存在的新技术、新需求等知识和资源，从而为企业生存发展创造机会[261]。进一步地，对新机会加以定义之后，企业通过对组织结构重组、商业模式设计等一系列组织内部活动，对从外部环境中获取的新知识和新资源进行有效编排整合，进而使新知识和新资源实现价值获取和价值创造。而商业模式创新的本质就是对一系列价值活动和价值结构的设计，从而挖掘新知识、新资源潜在的商业价值[208]。而提斯又突出强调商业模式创新是动态能力的重要组成部分，是企业发展其动态能力的重要手段之一。可见，商业模式创新能够反映企业通过一系列价值创造活动而挖掘新机会、开发新资源的动态能力。

数字经济环境的动态性、强互动性及无边界性，使企业所面临的环境相较于传统经济环境更为复杂。而随着大数据、物联网、3D 打印等数字技术的爆发也使企业的创新决策和商业模式创新等创新活动发生改变[262]。在数字经济环境下，技术创业企业需要通过与外部环境共同协作获取知识和竞争性资源，探寻有利于企业发展的商业模式创新才能推动企业高质量发展。动态能力理论作为战略管理领域的研究框架之一，能够将企业资源、能力及外部环境进行整合研究，综合表征组织的内部行动力和外部感知力。在数字经济背景下，技术创业企业基于动态能力对外部环境进行识别和感知来挖掘机会的同时，又进一步通过合理有效的配置资源将机会进行转化。因此，本书基于动态能力理论的视角，深入探究数字经济背景下技术创业企业资源禀赋、技术创新能力等因素在与外部环境互动作用下如何影响商业模式创新的问题。

2.2.3 商业模式理论

2.2.3.1 商业模式理论的代表性观点

商业模式理论作为企业管理理论的分支，它的起源、发展与信息经济时代的迅速发展密不可分，是伴随着数字经济理论共生的一种理论[263]。商业模式理论是能够用来分析和描述企业生存和运营的管理理论，是实践管理决策和创新的基础理论工具，为企业战略决策、运营和创新提供了技术路线[264]。商业模式理论作为中间层面的一种理论工具，在企业发展规划和运作中起到概念上的连接作用，即能够将企业战略和企业运营进行连接作用，将企业战略转换为企业技术和资源转化、价值增值等具体运作方式，描述的是组织商业系统的内在逻辑和运营流程。基于商业模式理论在企业理论中的位置可以发现，企业的商业模式取决于企业战略，能够将抽象的企业战略转为企业具体的运营模式和组织架构，商业模式作为基础体系，进而决定了企业的盈利方式和价值创造等。商业模式理论的逻辑起点是顾客价值主张，企业要优先考虑顾客需要何种价值，进一步从企业自身资源禀赋和能力出发而提出相应的价值主张和价值定位[265-266]。

相较于战略管理理论，商业模式理论有利于不同理论视角的整合，更适合分析和研究创业企业的成长和战略选择等相关问题[267]。一方面，传统的组织管理和战略管理理论强调的是组织边界和企业的竞争优势。在数字经济背景下，数字技术的迅猛发展增强了企业间的信息互通，使企业间的沟通和联系日益紧密，但同时也模糊了组织边界。因此，企业的价值创造、价值传递、价值实现及价值获取无法通过单一的上下游企业完成整个循环流程。这就使商业模式理论成为分析跨边界组织交易活动的有力理论工具。另一方面，商业模式理论更加强调企业的价值获取。对于创业企业而言，企业的生存是首要议题。传统的企业管理和战略管理多考虑的是企业的价值创造和竞争优势，相对弱化了价值获取对于初创企业的重要作用，从而导致创业企业缺少固定收益。商业模式理论能够包含企业的整个价值逻辑，通过对创业企业价值获取、传递及创造的流程能够深入分析企业的战略决策和运营模式的选择。

综上所述，商业模式理论是企业发展的规划工具，能够预测和解释企业管理行为，并对企业未来发展的价值逻辑进行设计和规划[72]。商业模式理论能够提供一个系统视角，将企业战略、运营模式及盈利方式纳入一个统一的理论框架，深入探究和挖掘企业如何在复杂多变的数字经济环境中选择适合适应企业成长的战略行为和运营模式。在商业模式理论框架下，技术创业企业的创业者所获取的知识和信息有别于企业战略的抽象和企业运营的具体，能够帮助企业有效地提升管理效率并实现快速发展[268]。而在数字经济背景下，技术创业企业想要生存和实现快速成长，需要综合考虑企业战略、商业模式和运营流程且三者要与数字经济环境匹配。

2.2.3.2 商业模式"冰山理论"

商业模式"冰山理论"是汪寿阳等（2015）基于知识管理和系统工程的思想，以心理学中"冰山理论"为基础而提出的，适用于分析商业模式的一种理论[269]。商业模式"冰山理论"认为，商业模式是一个复杂系统，包含易于分析的显性知识和难以分析的隐性知识，如冰山中的水下部分（隐性知识）的体积远大于冰山的水上部分（显性知识），具体如图 2.3 所示。其中，商业模式的显性知识可以通过商业模式画布等研究框架进行研究，商业模式的隐性知识则需要通过新的方法进行研究和分析[270]。

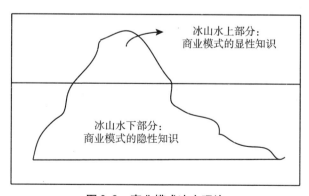

图 2.3　商业模式冰山理论

　　通过对既有关于商业模式"冰山理论"文献的分析发现，学者们对于商业模式"冰山理论"的认识和研究主要集中在以下方面：①商业模式"冰山理论"界定并分离了商业模式相关的要素概念，能够全面地从不同角度探究和分析商业模式不可复制的原因；②避免了企业管理者和研究者在对特定商业模式所存在的主观感知和差异，并突出强调环境是影响商业模式形成、演化和改变的重要因素。乔晗等（2017）基于商业模式"冰山理论"，探讨了外部环境和商业模式对银行绩效的影响，发现外部环境能够正向影响银行的商业模式和短期绩效[271]。饶佳艺等（2017）从商业模式冰山的视角对视频网站行业的商业模式进行分析，发现商业模式显性知识和隐性知识间存在动态反馈机制[272]。闫冰倩等（2018）结合商业模式"冰山理论"和魏朱六要素模型，基于商业流程变革模型提出了商业模式变革的分析框架，并通过对万达集团案例分析发现，外部宏观环境和企业自身规划等隐性知识能够驱动商业模式演变[273]。郭韬等（2020）从商业模式"冰山理论"和价值网络理论的视角，探讨了数字经济时代下价值网络作为重要的外部环境，对科技型创业企业商业模式的动态影响机制[165]。王立夏（2020）基于商业模式"冰山理论"，分别从情境、竞争环境、内部环境、价值主张、业务系统和盈利模式六个方面提出了商业模式创新情境运用模型，并通过案例分析对商业模式创新的情境运用进行深入研究[274]。

　　商业模式"冰山理论"认为，企业在从商业模式显性知识中探寻创新和突破的同时，更应该关注商业模式隐性知识。CET@I方法论基于商业模式"冰山理论"，是在将商业模式作为一个复杂系统的基础上而提出，将商业模式的隐性知识分解为行业类别（category）、地域知识（environment）和科技水平（technology）三个维度，然后将以上三个维度的分析结果与商业模式显性知识的分析结果进行合成（@ Integration），从而得到完整的商业模式[270]。CET@I方法论作为TEI@I方法论在商业模式研究领域的延伸，是以集成思想为基础，并将企业内外商业模式的多种影响因素进行综合的一种分析框架，具体如图2.4所示。

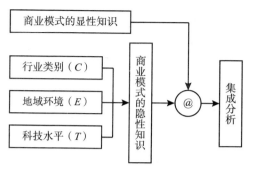

图 2.4 CET@I 方法论

其中，C 是属性维度，代表行业类别。通常运用产业经济学中的最优化方法、博弈论方法和投入产出法等对商业模式中的行业类别进行研究[275]；E 是空间维度，代表地域环境，主要包括法律政治环境、经济环境和文化环境；T 是时间维度，代表科技水平，主要是指行业层面共享的知识科技；@I 是指将商业模式隐性知识和显性知识的分析结果进行合成。基于"冰山理论"的研究框架，CET@I 方法论用于分析商业模式的隐性知识，阐明了隐性知识与集成分析对商业模式研究的重要性。李超等（2018）基于商业模式"冰山理论"，在 CET@I 分析框架的基础上，在综合环境因素的基础上提出了商业模式 PNMP-CET@I 反馈调节分析模型，并应用该模型对"蚂蚁金服"商业模式的显性知识和隐性知识进行分析[276]。贾晓菁等（2019）依据商业模式"冰山理论"和 CET@I 方法论，运用系统动力学的方法剖析了我国"二手车"电子商务企业的商业模式[277]。

数字经济环境作为技术创业企业商业模式的重要影响因素，包括数字技术创新趋势、宏观政府监管、竞争市场需求、产业结构等。而技术创业企业的商业模式不是静态不变的，而是随着外部数字经济环境的动态变化不断调整和改变。因此，数字经济环境的短期变化和长期发展趋势都会都技术创业企业商业模式设计、商业模式演化及商业模式创新产生直接或间接影响，技术创业企业需要根据数字经济环境的变化对其商业模式进行调整，从而能够使技术创业企业在激烈的数字经济环境竞争中生存和成长。商业模式"冰山理论"拓展了已有商业模式的研究和分析框架，用以适应企业外部环境的变化。基于商业模式"冰山理论"和 CET@I 方法论对数字经济背景下技术创业企业商业模式创新关键影响因素的作用路径开展研究，不仅能够全面地、多角度地为技术创业企业商业模式创新的动因提供理论框架；也能够从隐性知识的角度，深入探究技术创业企业商业模式创新关键影响因素作用于商业模式创新的路径问题。

2.2.4 演化博弈理论

演化博弈理论（evolutionary game theory）作为经济管理学的核心内容，是将博弈的分析思想与动态演变过程相结合，取代了传统博弈理论中的"完全理性"假设，由于现实中的博弈主体无法完全符合完全理性的假设，也因此限制了传统博弈理论研究的实际意义。演化博弈论是基于"有限理论"的假设，能够结合现实经济管理现象更加科学合理地进行博弈解析和预测[278]。有别于传统古典博弈理论的静态均衡分析，演化博弈理论作为一种动态演化方法论，不仅突出强调博弈主体间的动态均衡，也更强调集体行为，认为集体行为的导向主要来源于各成员间的相互学习、相互合作和冲突[279]。在复杂问题面前，决策者通常凭借直觉、本能或者效仿来进行相应的决策活动，而由于决策者的理性局限，往往会发生缺乏远见的偏差和错误。20世纪70年代，生物学家史密斯（Smith）基于达尔文进化理论的"适者生存"和传统博弈理论[280]，提出了演化博弈理论的重要概念——演化稳定策略（EES）是演化博弈理论的起源，而泰勒等（Taylor et al.，1978）在其生物进化研究的基础上提出的复制动态方程推进了演化博弈理论的重大进步，随后演化博弈理论开始逐渐兴起并迅速发展[281]。

演化博弈理论作为研究行为规律的理论工具，是一种研究有限理性的博弈理论。其核心观点是"有限理性假说"，此观点认为参与博弈的主体均具有不完全理性行为[282]。演化博弈模型的构建主要基于"选择"和"突变"两个方面[283]，其中"选择"的核心思想是优胜劣汰，即博弈主体选择收益相对较高的策略并生存到最后；"突变"的核心思想是随机选择，即博弈主体采取随机的方式选择收益较高的策略或收益较低的策略，"突变"是另一种策略的选择。任何个体和组织都是出于一个动态变化的外部环境，在这个环境中多种主体相互交织、相互影响，使博弈主体在这个复杂多变的环境中存在有限理性。另外，由于个体和组织对所处环境的了解和认知存在局限，在博弈主体的博弈过程中存在信息不对称的情况，各主体无法了解到全面的信息。因此，参与博弈的双方也是有限理性。有限理性博弈分析的关键是参与博弈主体调整策略，而博弈主体在学习能力和理性方面均存在差异，从而他们相关行为的动态演变过程需要通过不同的选择机制进行，而演化博弈理论中研究动态选择机制广泛采用的复制动态方程。

演化博弈策略会包含许多关键因素：①博弈主体。演化博弈的参与主体均是以自身利益最大化为目的进行决策的群体，演化博弈的博弈主体都是有限理性且都以互利互惠、平等公正为基本原则而开展博弈。本书研究的博弈主体是存在实力差距的技术创业企业，主要考虑是由于技术创业企业在创业初期不同企业间由于技术、资源和能力、规模等方面的差异，会选择商业模式创新策略时也会基于企业自身情况而有所不同。②演化博弈的策略集合。参与演化博弈的博弈主体都会采取相关的策略，数字经济背景下的技术创业企业，在进行商业模式创新策略的博弈过程中，主要包括商业模式自主创新、商业模式模仿创新，且博弈双方都博弈过程中会选择有利于企业成长的商业模式创新策略。③博弈主体收益。博弈主体在博弈过程中会付出成本并获取相应收益，这部分成本和收益均用相应的函数表达，而博弈主体也会以收益最大化为主要目的而选择最优策略。④博弈结果。博弈主体针对演化博弈的分析结果而获取关键要素集合，通过分析关键要素与策略间的关系来实现企业策略最优和收益最大。⑤博弈均衡。演化博弈模型的构建过程中，"纳什均衡"是最为常见的一种形式，即博弈主体会通过分析和权衡不同博弈策略的优劣而做出最优选择。

2.2.5 权变理论

权变理论自 20 世纪 60 年代被提出以来，受到了学术界的广泛关注。劳伦斯和洛尔施（Lawrence & Lorsch，1967）作为挑战古典管理理论"唯一最佳管理方式"的权威学者[284]，曾经通过实证研究发现，在同一产业环境中的不同企业，每个企业的组织结构、生产结构及成员目标存在差异，这些差异及分化程度与环境的不确定性呈正相关关系，揭示了外部环境对组织结构及其内在管理系统存在匹配和调试作用。管理权变思想是权变理论的研究基础，强调单一或一成不变的管理方法都不能适用于任何组织，最适宜于企业发展的组织结构是随着环境、技术、规模及战略等因素的变化而调整，这也是组织权变理论构建时最重要的研究基础。卡斯特和罗泽维格（Kast & Rozenzweig，1972）认为，权变观点突出强调的是组织形式的多元化，通过了解组织在特定情境及不同情境下的运作方式来制定相应的管理系统和组织架构，这一思想深刻地阐释了权变理论的核心[285]。路桑斯等（Luthans et al.，1976）进一步系统和深化了权变管理思想，构建了权变管理最初的概念框架，阐释了管理变量和环境变量间的权变关系，标志着权变理论正式形成[286]。

在权变理论的发展初期，学者们多集中于静态观的视角分析环境与企业战略决策及管理行为的关系。外部环境的复杂多变在给企业带来发展机遇的同时也带来了极大的挑战，企业为适应环境的动态变化应采取灵活的管理方式。这部分观点的核心就是组织适应性，当组织结构、战略及目标与环境匹配一致时才能促进企业绩效的提升。具体而言，当外部环境动态程度较高时，企业应采用柔性方式进行管理决策；而当外部环境相对稳定时，企业只需采用固定化机械化的管理方式即可。随着对权变理论研究的不断深入，学者们开始转向动态观的视角开展系列研究。权变理论动态观阐述的是组织对环境的主动响应，组织角色从环境的被动承受者转变为主动接受者，会通过主动改变企业结构、战略目标去塑造和改变环境，突出强调企业的战略决策是不断改变和调整的动态过程。威廉姆斯等（Williams et al.，2017）认为，企业所制定的战略决策是为了应对外部环境的反馈，企业采取主动的方式不断调整战略决策来迎合外部环境的需求，而企业所获得的绩效就是战略决策与环境匹配的反馈效果[287]。

综上所述，权变理论动态观的核心思想是权宜应变，认为企业战略方向和决策应与外部环境和内部结构共同协调，企业应进行相应的调整和配合。基于权变理论的思想，企业组织是一个通过不断与外部环境进行交互、相互影响而实现发展的开放系统，企业经营决策、战略方向、管理模式和商业模式创新策略想要发挥效力、提升企业绩效，就必须要与外部环境相协调和匹配，因此外部环境是企业发展进程中的重要权变因素。德拉辛和文（Drazin & Ven，1985）的研究也强调环境因素作为战略管理研究中重要的情境因素，对组织行为决策和战略管理至关重要[288]。

鉴于此，权变理论为本书提供了理论依据。一方面，数字经济环境的动态性、强互动性及无边界性，使企业所面临的环境相较于传统经济环境更为复杂。而随着大数据、物联网、3D 打印等数字技术的爆发也使企业的创新决策和商业模式创新等创新活动发生改变。对于技术创业企业而言，在其通过商业模式进行技术商业化的过程中必然会受到来自数字经济环境中各不确定因素的影响。另一方面，权变理论认为组织是一个复杂的开放系统，组织所开展的一系列活动都与外部环境息息相关。数字经济环境下，技术创业企业面临的环境更加动态开放，企业实现了与外部环境中利益相关者间连续、双向的信息互动，改变了企业价值创造的方式从而催生了不同的商业模式创新方式。而面对数字经济环境下的高不确定性，技术创业企业需要通过与外部环境共同协作获取知识和竞争性资源，探寻有利于企业发展的商业模式创新策略才能推动企业高质量发展。本书考察了数字经济背景下技术创业企业商业模式创新的选择问题，深入探究技术创业企业资源禀赋及数字技术创新能力等因素在数字经济环境相关因素互动作用下共同影响商业模式创新选择、实现路径等问题，进一步深化对商业模式创新驱动机制及路径实现的具体认知，厘清数字经济背景下商业模式创新的前因及实现机理。

2.2.6 复杂系统理论

复杂系统理论作为系统科学的前沿研究方向之一，强调的是结合还原论和整体论的思想及方法来分析复杂系统中不同组织部分间的相互关系及相互作用时所涌现的特征。复杂系统理论研究起始于 19 世纪初期，认为尽管系统科学的研究主要是针对简单系统，但其可作为复杂系统理论的研究基础。20 世纪 40 年代，贝塔朗菲在对生物有机系统进行描述时提到的"一般系统论"是复杂系统理论最初的标志。贝塔朗菲认为一般系统论的既有研究背景下，当代社会和技术发展更加复杂，而传统的手段、研究理论及方法已无法满足发展的需求，需要在现有知识领域中搜寻更为系统且整体的概念来处理和研究更加复杂的现实问题，继而产生了复杂系统的概念。在 20 世纪 70 年代，哈肯提出的协同学、普利高津提出的耗散结构、艾根提出的超循环理论进一步丰富了一般系统理论。而后学者们从结构和行为特征的角度发展探索复杂系统理论，认为复杂或极其复杂行为表现是复杂系统理论进化的关键动力之一。随着研究的不断深入，众多学者基于前人研究基础开展更深入的探索，相继产生了运筹学、系统论及复杂适应系统理论等。21世纪初以来，复杂系统科学的发展为深入探索复杂系统内在演进规律提供了全新的视角和方法论，也是用来分析创新系统规律及演化的全新方法论，为研究不同创新系统提供了普适性的研究框架。

复杂系统理论是针对复杂系统并以复杂系统思想为核心而提出的研究理论，主要用于阐释复杂系统中无法用现有理论或方法揭示的系统演化行为。该理论认为，世界上所有事物及要素都是一个独立系统但其属于能够包含且高于其结构的更大系统，系统中各要素间、要素与系统间相互关联且相互作用[289]。要素根据其所属结构、关系或范围的不同而将其视为不同性质。而当要素处于同一系统不同层次或不同系统中时，当要素所属组织外延出系统外且超出一定阈值或边界时，外延部分则可能是该系统生存和发展所依赖的外部环境，或更大的宏观系统。处于复杂系统中的各要素间相互制约、相互作用等关系是各类要素存在的基层。而理解复杂系统理论的基本要求是超越简单二元结构思维去理解事物的存在、发展及运动机理等。此外，复杂系统理论能够在分析问题的同时将系统内各要素间的相互作用关系进行模拟，因此，学者们逐渐聚焦于应用复杂系统理论开展网络组织分析、系统分析及生态系统等方面的相关研究，潘松挺和姚春序（2011）基于复杂系统理论的相关研究成果开展企业网络组织的演化分析，认为企业网络组织间具有非线性的协同作用[290]。叶伟巍等（2014）基于复杂系统理论的视角探究产学研协同创新的动态演进机制，发现企业吸收能力和高校知识转移能力是影响产学研协同创新的关键主导因素[291]。梅莉（2015）基于复杂系统理论、传统组织理论进行网络组织分析，对网络组织的逻辑起点、特征、形成机理等方面进行理论总结和归纳[292]。李军辉（2018）基于复杂系统思想的生态位理论，并结合系统协调理论和区域经济相互依赖理论开展我国区域经济协调发展的相关研究，并提出相关的对策建议[293]。韩进等（2022）基于生命周期视角和复杂系统理论构建了生态系统理论框架，认为企业管理情境下的生态系统具有自组织、相互依赖、基础设施和竞合过程四个特征[294]。

由此可见，复杂系统理论的发展为解释复杂系统的内在演进规律提供了全新的视角和方法论，也为进一步开展商业模式创新的相关研究提供了全新的方向[165]。既有研究已经论证商业模式是由多个要素构成的复杂系统，是协同和整合不同要素的集合或体系。商业模式创新是对商业模式中不同要素的重新设计和重新组合，蕴含的内在机理是系统内不同要素间的相互作用。数字经济背景下，技术创业企业所面临的外部环境更加动荡、不确定性更高，进而会引致企业系统内的不稳定性并出现波动，使企业整体系统的运行发生变化而触发商业模式创新。

2.3 研究框架的构建

2.3.1 研究框架的设计思路

资源基础观认为，具有价值性、稀缺性或不可替代性的资源是促进企业快速成长、提升绩效并获取竞争优势的重要来源和基础[235]。同时，资源基础观也指出，企业的竞争优势源自企业内部资源及从外部获取的资源，主要强调的是资源获取、资源占有等[256]。然而，此理论忽略了企业能力对企业成长、企业绩效及商业模式创新等的影响，尚未回答在动态变化的外部环境中，企业如何实现成长及发展等问题。因此，动态能力理论认为资源通常具有静态属性，仅依靠资源无法使企业持续开展创新活动，需要不断提升企业能力并充分利用好资源，是企业实现成长、维持竞争优势的关键[261]。动态能力理论指出，在动态变化的外部环境中，企业克服"能力依赖"和"能力陷阱"束缚，通过突破能力壁垒、发展技术创新能力等，基于企业既有资源及其获取的外部资源进行整合、配置等，并通过路径重塑等活动促进企业绩效的提升、创新活动的开展等。

当前，数字经济背景催生的新业态、新模式是学术界和实业界共同关注的重点领域。与传统经济环境相比，数字经济环境中新的生产要素、新业态和新模式能够彻底激活创业资源和创业机会，驱动创业企业创业资源、创业能力及不同商业模式的生成。此外，数字经济环境具有开放性、无边界性及不确定性等特征会驱动技术创业企业开展数字技术创新、重构和创新商业模式，是技术创业企业适应数字经济发展、实现企业快速成长的重要途径。特别是技术创业企业在进行商业模式创新时，需要企业内外的不同资源给予支撑。此外，数字经济背景下，企业基于数字经济的新契机、新发展以及动态变化的外部环境。技术创业企业想要快速进入市场并实现健康成长，就需要基于既有资源，从数字经济的视角构建数字化战略思维，利用大数据以及数字创新技术赋能的数字技术创新能力，并基于数字技术创新能力重构、创新动态优化、泛在感知的商业模式，以推动企业快速成长并建立竞争优势。

技术创业企业在开展商业模式创新的过程中，一方面受到企业内部来自企业组织架构、财务资源、技术资源及创业者资源的影响；另一方面商业模式创新的推进会受到企业外部制度环境约束、市场环境动态变化及竞争态势的影响。进一步地，技术创新企业对于数字经济环境中数字技术的吸收、整合技术创新等方面的动态能力，也影响商业模式创新的进程。基于上述研究发现，技术创业企业将其既有资源与数字技术创新能力相结合，才能推进技术创业企业数字技术创新和商业模式创新，从而利于企业健康成长。然而，既有关于资源基础观、动态能力理论、商业模式创新理论、演化博弈理论及复杂系统理论的相关研究虽然较多，但将这些理论融合于一个研究框架的研究相对较少，且都忽略了企业内外不同资源对企业创新能力、商业模式创新的影响，缺少对资源禀赋、数字技术创新能力与商业模式创新不同作用关系的系统研究。

综上所述，为探究数字经济背景下技术创业企业商业模式创新的相关问题，本书将资源基础观、动态能力理论、商业模式理论、演化博弈理论、权变理论和复杂系统理论统一于理论框架内，深入挖掘数字经济背景下技术创业企业商业模式创新的关键影响因素，探索不同关键影响的作用机制和作用路径，并进一步挖掘技术创业企业对商业模式创新策略的选择，具体将按照如下思路开展相关研究。

（1）首先，厘清数字经济背景下技术创业企业商业模式创新主要受到企业内外部哪些因素的影响。企业外部因素方面，在数字经济背景下技术创业企业所处的行业环境和技术环境更加开放动荡、变化速度也逐渐加快。与此同时，技术创业企业的创新行为会受到来自政府方面的规制压力，也会受到来自同行企业的技术学习及模仿的压力等，而这些外部环境因素会在一定程度上促进或抑制商业模式创新。内部影响因素方面，根据资源基础观和动态能力理论，技术创业企业的新生弱性使其在价值创造的过程中会受到资源及技术创新能力匮乏、组织结构不够完善、对外部环境的认知不够充分等因素的制约。因此，通过扎根理论质化方法从现实案例企业中提取商业模式创新的影响因素，不仅能够使筛选出的关键影响因素具有一定的现实意义，也能更为全面地从企业内外视角揭示商业模式创新的动因。

（2）其次，揭示各关键影响因素对技术创业企业商业模式创新的作用关系。根据扎根理论质化研究所识别出的数字经济背景下技术创业企业商业模式创新的关键影响因素，构建各关键影响因素对商业模式创新作用的概念模型，运用多元统计分析方法进行实证检验，进一步明晰各个关键影响因素间的相互作用，以及这些因素对于技术创业企业商业模式创新的作用结果，从而揭示出各关键影响因素对技术创业企业商业模式创新的作用关系。

（3）进一步地剖析各关键影响因素对商业模式创新的作用路径。作用关系的研究揭示了各个关键影响因素共同对技术创业企业商业模式创新的作用关系和作用结果，但难以充分反映这些因素的动态作用过程。因此，本书基于商业模式"冰山理论"，构建了数字经济背景下技术创业企业商业模式创新关键影响因素作用路径的因果关系图和系统流图，并选取典型企业开展实例仿真，系统全面地反映关键影响因素的作用路径。

（4）再次，在分析出不同关键因素对商业模式创新策略的影响基础上，需要更深层次挖掘这些不同层次的关键因素如何影响技术创业企业商业模式创新策略的选择，面对这些不同影响因素的内在变化应如何进行相应的商业模式创新策略，挖掘探究商业模式创新系统内各主体与环境相互影响、相互适应和作用的过程。

（5）最后，根据上述研究结论，从技术创业企业商业模式创新内外部的关键影响因素出发，分别从企业内部的资源及能力、企业外部的数字经济环境，提出数字经济背景下技术创业企业商业模式创新的相关对策建议。

基于上述分析，为全面探索数字经济背景下技术创业企业商业模式创新的影响因素、作用关系、及作用路径策略选择。本书综合静态视角和动态视角，层层递进开展研究，并结合资源基础观、动态能力理论、商业模

式理论、演化博弈理论、权变理论和复杂系统理论构建"影响因素识别→
作用机理分析→作用路径研究→不同策略选择→对策建议"的研究分析框
架,如图2.5所示。

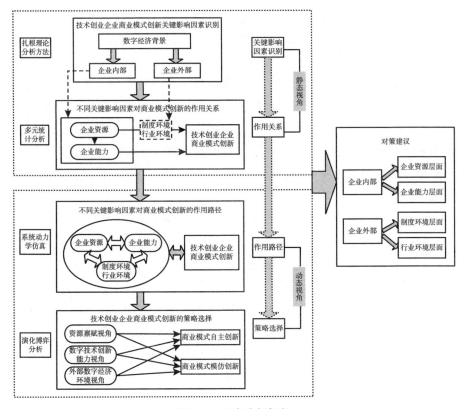

图2.5 研究分析框架

2.3.2 研究框架的构成

本书的分析框架包括以下主要内容。

(1) 数字经济背景下技术创业企业商业模式创新的关键影响因素识
别。运用扎根理论质化分析方法识别数字经济背景下技术创业企业商业模
式创新的关键影响因素,为进一步分析各关键影响因素的作用及作用路径
提供理论基础。①运用开放式编码、主轴式编码和选择式编码对研究资料

进行整理、归纳和整合，分别从企业内部资源、能力和企业外部环境三个方面提炼出数字经济背景下技术创业企业商业模式创新的关键影响因素，并构建相应的理论模型；②通过理论饱和度检验进一步对所构建的理论模型是否科学严谨进行分析和判断，形成各关键影响因素相互关系的概念化模型；③最终筛选出数字经济背景下技术创业企业商业模式创新的关键影响因素，其中，企业内部因素包括企业资源禀赋和数字技术创新能力两个方面；企业外部环境因素主要是对数字经济环境特征的分析，包括数字经济制度环境和数字经济行业环境。

（2）数字经济背景下各关键影响因素对商业模式创新的作用关系分析。根据已识别出的关键影响因素，分析不同关键影响因素对于技术创业企业商业模式创新的影响，目的是揭示不同层面的关键影响因素对商业模式创新的作用关系。具体分为以下步骤：①基于资源基础观从企业资源禀赋的角度分析财务资源、技术资源和企业家社会资源对商业模式创新的直接影响；②技术创业企业的技术创新能力促进企业技术创新产品及服务的研发，能够有效推进商业模式创新的开展。分为数字技术创新能力的吸收能力、整合能力及研发能力三个方面来分析其对商业模式创新的影响，进一步结合理论饱和度检验，分析数字技术创新能力在企业资源禀赋和商业模式创新间的中介作用；③从企业外部的数字经济环境行业层面及政府层面，考虑其对于商业模式创新的外部情境作用。对以上理论分析所提出的概念模型进行实证检验，进一步验证不同关键影响因素对商业模式创新的作用关系，得出相应实证研究结论。

（3）数字经济背景下技术创业企业商业模式创新关键影响因素的作用路径。在前文研究的基础上，对技术创业企业商业模式创新关键影响因素的作用路径进行仿真分析。基于商业模式创新互动的系统性、动态性和过程性的特点，基于商业模式"冰山理论"和复杂系统理论，构建商业模式创新关键影响因素作用路径的系统动力学模型并进行仿真分析：①结合关键影响因素的分析及技术创业企业商业模式创新的构成要素，构建相应的系统动力学模型，并将其划分为数字经济环境、资源禀赋和技术创新三个子系统；②根据商业模式创新关键影响因素的作用关系分析结果，构建相应的因果关系图和系统流图；③通过数值仿真分析研究数字经济环境、资源禀赋及技术创新作用于商业模式创新的过程，从而探索数字经济背景下技术创业企业商业模式创新关键影响因素的作用路径问题。

（4）数字经济背景下技术创业企业商业模式创新的策略选择分析。在上述研究的基础上，进一步深入剖析企业内部资源禀赋、数字技术创新能力及数字经济环境因素对不同商业模式创新策略选择的综合影响。以这些影响因素为基础并结合企业的利润模式及成本结构，剖析各因素作用下技术创业企业商业模式创新策略的选择问题。①基于动态能力理论和演化博弈论理论，结合上述理论分析中商业模式创新的不同策略类型，构建数字经济背景下技术创业企业商业模式创新策略的演化博弈模型和相应的支付矩阵；②通过对支付矩阵各参数变化进行博弈演化稳定状态分析，分析各参数变化对于商业模式策略选择结果的影响；③结合企业实际案例进行数值仿真，进一步验证演化博弈的分析结果，解析不同情境下技术创业企业商业模式创新策略的演化行为问题。

（5）对策研究。综合静态分析和动态分析的研究结论，分别基于企业资源层面、企业能力层面、企业外部环境层面，提出数字经济背景下技术创业企业商业模式创新的对策建议。

2.4　本章小结

本章是全书研究所涉及的概念界定及理论基础。本章首先对数字经济、商业模式及商业模式创新等关键变量的概念内涵进行了界定。其次，在既有研究基础上对资源基础观、动态能力理论、商业模式理论、演化博弈理论、权变理论和复杂系统理论进行了解析；最后，在解析研究框架设计思路的基础上构建了数字经济背景下技术创业企业商业模式创新的整体研究框架。

第3章
数字经济背景下技术创业企业商业模式创新的理论分析

在数字经济背景下，大数据、云计算、人工智能等新兴技术的迅猛发展，正在引发全球范围内新一轮的技术革命和数字经济浪潮，使企业的各项生产经营活动发生翻天覆地的变化。因此，有必要对传统商业环境与数字经济环境的差异开展对比分析，进一步明晰数字经济背景下技术创业企业所面临的组织环境。在此基础上，深入剖析数字经济背景下技术创业企业商业模式的构成要素、商业模式创新的特征以及动因，进而为构建本书的研究框架奠定分析基础。

3.1 传统经济环境与数字经济环境

随着数字经济的发展，以互联网、大数据和云计算等为代表的新兴数字技术不断改变技术创业企业所面临的外部环境，也改变了外部环境所影响技术创业企业的生存及发展方式，由此企业所面临的外部环境呈现出不同于传统经济环境的其他特征。德贝和阿维森（AI-Debei & Avision，2010）对传统商业环境和数字商业环境的差异进行了比较分析[92]，如图3.1所示。分析结果表明：传统商业环境下企业所面临的外部环境相对稳定、竞争程度相对较低，企业的创新创业活动相对受限，企业经营多以相对单一、静态的业务模型开展。而数字商业环境下所有企业所处的环境都面临三个新的特征：分别是环境的动态变化、高竞争性和高不确定性，企业的运营方式主要依赖新的数字技术、信息系统及网络，需要及时以多元动态的方式来匹配企业战略和企业运营。

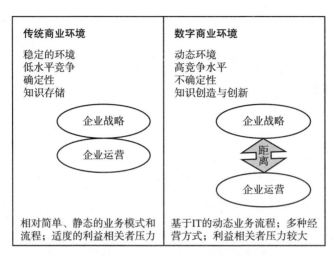

图 3.1　传统商业环境和数字商业环境的比较

1. 行业环境动荡程度

在传统商业背景下，外部市场环境相对稳定，行业发展具有空间线性和时间序列性的特征，企业间的竞争态势相对平稳，行业替代的情况也较为少见。在数字经济背景下，组织任务环境的动态性明显提高。一方面，数字经济环境下的技术环境，是对"大智移云"（大数据、人工智能、移动互联网、云计算）的广泛应用而影响的整体行业环境。数字技术的基本特征就是实时变化，因此数字经济环境下行业市场中技术的动态变化性极高。另一方面，数字技术的发展增强了消费者与企业、消费者之间的互动，同时增强了企业与外部市场的联系，使消费者需求更容易因外部环境的变化而持续改变。

2. 行业市场竞争程度

传统经济环境下，由于消费者需求的复杂性、隐秘性等因素，企业很难获取消费者的真实需求，从而无法准确提供精准化的产品及服务。而消费者对于市场中产品的选择大多是被动接受，顾客的个性化需求易被企业所忽略。从而使行业市场中的产品需求相对稳定，行业竞争程度不高。而数字经济背景下，大数据分析技术的广泛应用使技术创业企业能够实时了解消费者需求、把握市场机遇。因为消费者需求精准化地导致市场细分更加精细,从而加剧了市场竞争。因此,在数字经济背景下,技术创业企业通过提供差异化、个性化的产品和服务是商业模式创新的趋势所在。

3. 规制压力

传统经济环境下,各类政策和体系结构相对较为完善,政府在规范企业创新行为和创新活动的各个方面已经制定出相对成熟的规章制度。数字经济环境下,大数据、人工智能、移动互联网及云计算等新兴技术的广泛应用,使技术创新的速度不断加快。而新兴数字技术的不断涌现,深刻影响着社会和经济领域的各类活动执行,增加了政府决策和政策制定的难度。此外,数字技术深刻影响着组织进行决策制定和执行,各类数据在组织和环境间的转移及互动更加频繁。各类适用于一般技术创新的政策和规范未必适用于新兴的数字创新技术,使有关政策和规范的制度体系尚不完善,增加了政府的监管复杂程度和规制难度。

3.2 数字经济背景下技术创业企业商业模式的构成要素

学者们分别从不同的研究视角对企业商业模式创新的构成要素进行解析,但相较于在位企业而言,技术创业企业商业模式创新的特征存在差异。特别是数字经济背景下的技术创业企业,其价值确定、价值主张、价值创造及价值分配与获取等方面都呈现出与以往不同的特征。基于商业模式构成要素的抽象性和数字经济背景下商业模式的特征,本书参考奥斯特瓦尔德(Osterwalder,2003)和魏江(2012)的观点[295][194],结合商业模式动态性和系统的特征,从价值主张、价值创造、价值分配与获取三个方面剖析数字经济背景下技术创业企业商业模式构成要素,如图 3.2 所示。从技术创业企业的价值主张到价值创造再到价值分配与获取,能够完整地表达和诠释数字经济背景下技术创业企业的经营逻辑,数字经济能够创新和变革技术创业企业经营过程中涉及各不同环节的要素,通过整合和创新这些要素最终体现在企业在经营层面、战略规划等方面的创新,即为商业模式创新。

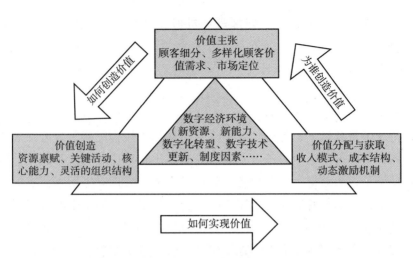

图 3.2 数字经济背景下技术创业企业商业模式的构成要素

3.2.1 数字经济背景下技术创业企业商业模式的价值主张

价值主张描述的是企业提供的产品和服务为目标顾客带来何种价值，具体而言描述的是企业如何满足顾客某种具体的需求，是顾客感知企业提供既得利益的总和，独特且清晰的价值主张是企业商业模式成功的关键[211]。数字经济的独特性质使供需界限日渐模糊，以顾客为中心、以顾客需求为导向成为价值主张的关键。在数字经济背景下，技术创业企业的快速成长有赖于应势而变、深入挖掘不同顾客需求、考虑顾客细分。此外，数字经济背景下技术创业企业的市场环境变迁为企业识别、挖掘和开发市场机会提供条件，需要企业结合自身发展特征并与市场协同发展、找准目标市场定位。

1. 顾客细分

数字经济在冲击传统商业模式的基础上，也为商业模式的发展和变革提供了大量的机遇。技术创业企业价值主张最核心的部分是顾客价值，因此需要企业细分顾客群体，清晰地界定主要顾客群体、辅助顾客群体及潜在顾客群体。技术创业企业的目标顾客主要来源对顾客群体的细分，通过根据不同顾客的需求将顾客划分为若干个不同的群体，并针对不同群体的需求开发和设计差异化的产品及服务。在创业初期的技术创业企业的主营业务相较于其他企业会更为单一，这也使其所定位的目标顾客更为聚焦。数字经济背景下，技术创业企业通过顾客细分寻找其相应产品及服务的目标顾客，从而为这部分顾客群体提供相应的个性化、差异化价值。

同时，以技术开发为主的创业企业还应该考虑潜在顾客群体的价值主张定位。技术创业企业在满足主要顾客群体需求、兼顾辅助顾客群体利益的基础上，容易忽视潜在的顾客群体，忽略这部分顾客群体为企业带来的价值。因此，一方面，当企业重新定位价值主张时要做好顾客细分，既要充分考虑目标顾客群体的需求，也要充分考虑其他顾客群体的反馈。另一方面，技术创业企业对于其价值主张要表达清晰，让不同顾客群体能够认可和识别，避免因错误定位产品和服务而导致顾客流失。同时，技术创业企业的所有创新活动都应该在数字经济背景的制度框架下开展，获取行业合法性和行业认同。

2. 顾客价值需求

数字经济的发展使顾客对于市场中产品的选择不再像传统经济环境下的被动接受，顾客的个性化需求被企业放在了首要位置。顾客价值需求主要体现在对新产品和新服务的关注、体验和信息的了解等。在数字经济背景下，顾客对产品及服务的便捷性、质量等方面的需求呈多样化趋势，技术创业企业应该通过提供个性化、差异化、有竞争力的产品及服务来满足不同顾客的需求。顾客价值需求会从显性需求和隐性需求两方面来体现，技术创业企业在敏锐捕捉顾客显性需求的同时，更应该深入挖掘顾客的隐性需求，只有这样才能提出独特的价值主张。

价值主张作为企业各项关键活动的最上层，价值主张的创新会使技术创业企业更加专注于企业自身产品及服务对顾客真正有价值的业务。在数字经济背景下，基于大数据、物联网、云计算等数字技术将消费者个体价值不断放大，不仅改变了技术创业企业服务和消费者服务体验，也为企业提供了更多创新机会。数字技术的飞速发展能够使技术创业企业多方位、多渠道地获取数据资源和信息，并对顾客需求进行全方位的分析和解读，而大数据分析和挖掘技术能够更为深入地了解顾客多样化需求。同时，技术创业企业可以利用数字技术使能手段进一步对企业价值主张再设计，深入挖掘和开发外部市场中顾客的潜在需求，从而有利于企业低成本高效率地对进行商业模式创新。当企业完全深入地了解顾客价值需求，就能够对战略资源和核心能力进行充足和提升，从而能够更加准确地对企业创新战略、管理模式及商业模式创新策略进行抉择，进一步将企业的核心价值观传达给顾客，为顾客创造更为持久的价值。

3. 市场定位

市场定位决定企业的目标顾客及具体提供的价值，市场定位既能界定企业提供产品和服务所涉及的顾客范围，也能界定企业目标市场的覆盖范围，是价值主张的具体体现[159]。企业构建合理的价值主张并准确和妥善地将价值主张传递给顾客，不仅能够为企业成长做出突出贡献，还能够提升企业价值。价值主张确认和区分了企业与其他竞争企业对于顾客的具体实用价值，揭示了顾客选择、购买和使用企业所提供产品和服务的原因。价值主张中不同的市场定位意味着企业不同获取收益的能力，数字经济时代下的市场动态变化速度快也更加活跃，使技术创业企业所面对的目标顾客市场更为广阔，技术创业企业根据不同顾客的需求制定差异化的解决方案、提供个性化的产品，从而获取更大的顾客价值、创造更多的企业收益。

3.2.2 数字经济背景下技术创业企业商业模式的价值创造

价值创造是指企业制定商业模式的目的及利润获取的方式，是企业创建和协调与顾客及利益相关者的关系，并进行资源转化的过程和一系列的业务活动[213]。在数字经济背景下，技术创业企业在进行商业模式创新时，首先要确定新商业模式下企业利益驱动发生了怎样的变化、利益驱动有哪些需求，从而决定企业进行组织结构变革和资源配置的方式。而企业进行结构变革、资源配置的基础是企业的资源禀赋。在数字经济时代下，数据和信息资源的挖掘、获取、分析和存储成为企业的关键活动，而技术创业企业的关键活动几乎都会受到数据和信息的驱动和指导，从而使其商业模式创新能够顺利进行。同时，技术创业企业进行商业模式创新需要有效利用企业资源和核心能力，发挥企业的独特竞争优势。最后，资源禀赋、关键活动和核心能力三个关键要素共同诠释了数字经济背景下技术创业企业的价值创造。

1. 资源禀赋

企业基于现有资源向顾客提供相应的产品及服务是价值创造的基本逻辑。价值创造的具体过程就是以企业的资源禀赋为基础，建立在相应价值网络上的一系列商业活动，即资源禀赋是企业价值创造的源泉[296]。在数字经济背景下，技术创业企业新产品的开发和创新活动的开展更多地基于资源配置方式和新的技术范式。而不同技术创业企业的资源禀赋存在差异，某些企业可能拥有某类不可替代的资源，从而使企业具有相应的竞争优势，这也是影响技术创业企业成长和发展的重要因素。技术创业企业内部资源禀赋价值的发挥与资源利用关系密切，特别是对资源的配置和灵活运用，因此企业如何合理的将有限资源投入价值创造活动中显得尤为重要，能够影响企业创新战略的制定和实施。

数字经济时代，互联网和信息技术缩小了企业和顾客间的距离，使技术创业企业在开发新产品、新技术的同时能更为及时和深入地探析顾客需求，在一定程度上提升了企业的创新水平和生产能力，抢占竞争市场的先机。同时，基于数字技术研发平台、资源云平台、大数据平台等引入更加先进的创新资源，丰富技术创业企业的资源禀赋，能够为技术创业企业商业模式创新的实现和推进提供更好的资源保障。

2. 关键活动

技术创业企业的关键活动涉及企业的营销模式、采购模式和管理流程等，这些活动与企业资源禀赋相辅相成进而开展价值创造活动。技术创业企业的商业模式涉及多个活动，不同活动的内容及关联顺序构成企业结构。这些活动是确保企业正常运营的基本保障，也是企业进入市场、传递价值主张、建立竞争优势的基础。技术创业企业的价值创造有赖于企业的资源利用和整合，有效合理的资源配置是企业关键活动开展的关键。

在数字经济背景下，技术创业企业的关键活动主要有以下三种：①开发、设计新技术和新产品。这类业务活动是技术创业企业商业模式的核心，主要设计企业多个部门的协调和配合，需要企业满足相应的产品数量和品质要求。具体包括技术和产品的开发、设计、生产和配送、营销等流程。②平台/网络的构建。数字经济时代，企业经营都会建立相应的互联网平台，而技术创业企业的关键活动也会较多地涉及平台或网络。技术创业企业的商业模式也会运用互联网构建以顾客价值实现、传递和创造为核心的综合交易网络，实现企业快速成长。③设计和完善解决方案。这类关键活动主要是帮助技术创业企业解决在与其顾客及利益相关者交易过程中遇到的问题，从而帮助企业顺利而高效地完成价值传递。

3. 核心能力

核心能力是企业在技术、资源、管理和经营等方面的综合体现，是随着企业成长而形成的一种竞争能力且难以被其他企业模仿。竞争激烈的数字经济环境，技术创业企业只有具备核心能力才能够确保企业短期内顺利发展。技术创业企业的价值创造主要是企业利用关键资源和核心能力生产出能符合顾客需求的提供物。技术创业企业的商业模式创新需要企业掌握其价值链中的核心能力，从而确保企业收益的提升。技术创业企业的核心能力主要来源于新技术、新产品以及资源等，通常这种核心能力具有不可替代性、难以复制性等特点。对于技术创业企业而言，企业的核心能力对其运营流程和生产效率等方面起到了决定性作用，越突出的核心能力越能提高企业效率，使企业在价值创造、成本结构等方面胜于竞争对手。数字经济时代下的技术创业企业，为了实现企业自身资源和能力的合理配置，就需要通过提升核心能力的识别、整合和利用，从而为商业模式价值创造提供条件。

4. 灵活性的组织结构

数字技术资源的可视化、时效性等特征与价值特性结合，能够替代和强化技术创业企业生产经营活动、流程监督等工作内容。即在数字经济新环境下，技术创业企业的组织结构会发生颠覆性变化。因此，技术创业企业灵活的组织结构对于其进行商业模式创新至关重要。一方面，由于数字技术资源的替代效应，企业组织中自上而下的结构不再适用于数字化情境，而是系统平台、节点平台结合的组织架构，企业内部的信息和资源调配均由节点平台服务，从而有效地协调组织内部各部门间的协同运营，从而推进企业商业模式创新而实现价值创造；另一方面，灵活的组织结构能够有效地解决组织内部资源传递效率低、信息不对称等问题，从而激发技术创业企业成员创新活力和价值创造的能力。此外，由于数字技术的复杂性、动态性等特征也使企业组织需要跨越边界进行知识和资源整合，也需要灵活的组织结构对其进行有效支撑，利用企业商业模式创新的开展。

3.2.3 数字经济背景下技术创业企业商业模式的价值分配与获取

价值分配与获取是企业将产品及服务传递给目标顾客，并从企业产出中获取相应收益的过程。如果说价值创造能够反映企业在相应价值链上的增值能力，那么价值分配与获取则是衡量企业价值输入及输出的能力。价值分配的前提是技术创业企业所提供的产品和服务符合目标顾客的要求且小于顾客价值获取。企业价值分配的范围受限于企业顾客群体，且与企业利润和顾客增值相关联，其本质是企业的利润通过相应的产品和服务分配给顾客。而价值获取是企业生存发展的基本保障，确保企业各项价值活动顺利进行。因此，收入模式和成本结构是商业模式价值分配与获取的基本构成要素。

1. 收入模式

收入模式描述的是企业获取利润的方式。技术创业企业的收入模式决定企业价值获取和分配的过程，也能够决定所获取价在利益相关者中的分配[127]。数字经济使技术创业企业现有的收入模式发生改变，在一定程度上会优化现有收入体系、提升盈利空间。数字经济环境的高竞争性和高动态性，会使拥有相同价值主张和业务流程的同行企业，其收入模式也不尽相同。技术创业企业商业模式创新的本质就是企业价值创造活动的集合，而企业想要做到这一点就需要构建具有竞争力的收入模式。数字经济的快速变化正在逐渐改变顾客的消费习惯，传统的收入模式已不能适应当前的市场变化。因此，技术创业企业在为顾客提供数字技术产品和服务的同时，也要充分考虑构建适应当前顾客消费习惯的收入模式，精准定位顾客需求。面对数字经济环境的激烈竞争，以及同行企业同质产品的推出、营销模式的复刻和模仿，技术创业企业应着重考虑合理的收入模式，精准定位当前顾客的消费需求。

2. 成本结构

成本结构作为技术创业企业收入模式的基础，主要是指企业价值获取的过程。进一步，成本结构是指企业在价值创造过程中针对不同活动所投入的成本，明确了各项不同价值活动的成本，如营业成本、期间费用等[297]。商业模式中良好的成本结构能够保障价值主张的落实和实施，使技术创业企业在数字经济环境中保持竞争优势。成本结构表征了技术创业企业对各项活动投入成本的布局，反映出企业的重点资源投资于哪些价值互动。技术创业企业在创业企业初期，其资源相对匮乏、投资资金尚不充足，合理的优化和构建成本结构是企业生存的关键。特别是数字经济背景下，企业间的竞争日趋激烈，技术创业企业只有通过合理配置成本和资源、构建竞争力强的成本结构，减少非必要的经营成本，就能使企业既有资源和资源发挥最大效用，从而促进企业成长。

3. 动态激励机制

在数字经济背景下，技术创业企业价值创造和获取的本质不单是获取收益，而是通过对价值交付机制和激励机制的设计来使利益相关者持续参与企业价值分配与获取活动的循环过程。对于技术创业企业而言，其对于激励机制的调整有利于价值分配和获取的实现十分重要，而企业对于激励机制的设计和调整都需要结合利益相关者的需求综合权衡，从而保证每个利益相关者获取的收益达到均衡，使企业与外部合作的关系持续发展。此外，在数字经济背景下技术创业企业各利益相关者间不是既定的利益关系，会随着时间的推移发生变化而产生分歧，极易导致价值共毁和商业模式创新失败。因此，技术创业企业对于其供应商、服务商及消费者均需要提供一个公平、公开、透明的激励规则，对不同利益相关者的收益、消费者产生的价值等界定清晰，从而有效衡量企业和利益相关者产生的实时价值。

3.3 数字经济背景下技术创业企业商业模式创新的影响因素

对于技术创业企业而言，其资源禀赋、技术能力及核心能力等都不及在位企业，但通过商业模式创新能够为其构建独特且容易被忽视的价值，商业模式创新对于技术创业企业核心竞争力的作用也比在位企业明显[199]。在数字经济背景下，技术创业企业可以打破空间的限制，与环境中的利益主体广泛互动，从而获取更多的外部创新知识，激活企业创新活动的新思路,从而为商业模式创新提供更好的资源并创造价值产出。技术创业企业的商业模式创新不仅是依靠企业内部资源、组织结构调整的创新行为,还是涉及多元主体与环境间相互作用的结果,其创新过程会受到技术创业企业的外部环境和内部组织的共同影响。因此,本部分从驱动技术创业企业商业模式创新的外部和内部因素出发,分析数字经济背景下技术创业企业商业模式创新的驱动因素。

3.3.1 数字经济背景下技术创业企业商业模式创新的外部影响因素

在数字经济背景下,技术创业企业的商业模式创新与外部市场创造过程协同演进。随着外部环境的不断变化,技术创业企业需要不断尝试、改进和调整,从而形成新的商业模式。从外部因素来看,数字经济环境中的驱动和制约因素会引导技术创业企业不断根据数字经济环境的变化做出适应性调整。其中,数字经济环境中的制度压力、环境动态变化、行业竞争及技术创新等都是技术创业企业商业模式创新的重要影响因素。

1. 制度压力

制度环境会对技术创业企业创新活动的开展产生制度压力,企业结合来自制度压力的机会或约束来调整自身的创新活动和创新战略,从而克服制度压力来获取相应的合法性[298]。数字经济作为信息技术革命发展的新形态,会推动制度环境的革新。而技术创业企业是所处行业的新进入者,由于新技术、新产品及数字技术创新等,可能会面临社会系统对其创新活动的普遍认知,从而受到数字经济环境中制度压力的束缚。新制度主义视角下商业模式的研究,主要强调合法化对商业模式设计和调整的作用,特别强调了制度压力对商业模式创新的影响。制度压力在规范技术创业企业商业模式的合法性在既有制度框架内的同时,也会影响其数字技术更新及商业化,从而影响技术创业企业商业模式创新的进程。

2. 环境的动态变化

数字经济通过扩大市场规模、影响知识溢出、促进要素组合等为技术创业企业创造更多资源和机会,但数字经济的迅猛发展也会为企业所处的市场环境带来不稳定的因素。商业模式创新是影响技术创业企业生存和竞争的关键，因此技术创业企业必须考虑其原有商业模式是否需要改变才能够适应外部的环境变化。环境的动态变化为技术创业企业成长带来风险的同时也会制约企业原有商业模式的有效性[299]。环境的不确定性、竞争环境的激烈、整体经济环境的动荡都会与企业原有的商业模式发生冲突。而技术创业企业为了实现在数字经济环境中的快速发展和可持续增长，需要进行商业模式创新来应对与环境的冲突。

3. 行业竞争

在数字经济环境下，技术范式的变革将数字化技术、知识及信息作为关键生产要素，从而凸显了智力资本在企业发展中的价值，重构了技术创业企业的商业逻辑，也在一定程度上加剧了技术创业企业行业内外的竞争态势。技术创业企业在进入行业之初，会受到行业内其他同质企业的竞争压力，而这种竞争程度的高低会影响企业是否做出相应的调整，并通过改变其价值创造及价值传递的方式来提升其竞争优势。随着行业竞争程度的提高，技术创业企业越容易被其他企业所替代，此时企业需要考虑其商业模式原型是否能提升企业竞争优势，所提供的产品及服务能否满足消费者的需求[52]。因此，技术创业企业需要通过重新设计、调整其商业模式，进行商业模式创新以获取竞争优势、提升企业创新收益。

4. 技术创新

技术创新作为技术创业企业的核心属性，会受到数字经济环境中技术革新及演变的影响，从而影响企业的创新活动。技术创业企业通过商业模式创新带来的收益，相较于在位企业更为突出。商业模式创新不仅能够将新技术、新产品资本化，也能够为技术创业企业在数字经济时代下的行业市场中探寻新的机会、激发新的需求。在数字经济背景下，技术范式的变革一方面将新的技术推向市场，为满足消费者和市场需求创造机会；另一方面会推动企业技术革新，从而影响企业的商业模式创新及其收入模式和成本结构。同时，为避免技术创新无法为企业带来相应的利润，需要相匹配的商业模式将新技术商业化，从而催生新的商业模式。因此，技术创新会对技术创业企业的商业模式创新具有重要的驱动作用。

3.3.2 数字经济背景下技术创业企业商业模式创新的内部影响因素

数字经济时代，技术创业企业在击破传统商业环境中企业获取资源和信息的方式下，利用数字经济的发展获取价值，并通过数据吸收、数据获取及数据整合不断进行技术革新。以新的技术范式及资源配置方式开展新技术、新产品的开发和创新活动，需要依托企业内部资源及结构的调整。从内部因素来看，企业资源禀赋、组织结构和活动及管理者特征等均是数字经济背景下技术创业企业商业模式创新的重要影响因素。

1. 企业资源禀赋

商业模式创新的本质就是对市场、技术及企业资源的有机整合和系统设计[35]。技术创业企业在成立之初由于资源不足会在一定程度上影响企业创新活动的开展。新的资源能够拓展企业交易边界，为商业模式创新提供有力支撑，企业的资源禀赋决定了企业能够顺利进行商业模式创新。为了适应数字经济环境的动荡不确定性，技术创业企业往往在商业模式创新的过程中，更倾向于选择消耗成本和资源较小的战略决策而牺牲交易效率，规避风险，从而为利益相关者赢得更多的利润和价值。

动态能力理论指出，企业需要不断地搜索外部环境以获取新的知识及感觉环境动态变化带来的创新机会[262]。面对数字经济环境的动态变化，技术创业企业相应的动态能力能够帮助企业进行商业模式创新，如识别外部环境变化的能力、吸收信息和知识的能力、整合资源能力等。此外，技术创业企业通过技术创新构建的核心能力能够帮助企业新技术探寻市场机会、激发市场需求，也进一步催生了新的商业模式。因此，技术创新能力支撑了商业模式创新及调整。

2. 组织结构和活动

技术创业企业的组织结构相较于在位企业，灵活性和适应性会相对较强，对既有的组织结构和流程依赖性较小[225]。在数字经济背景下，密集的技术更新和知识创新会推动创新资源的重新配置而影响组织结构。企业通过对组织结构重塑和调整来增强对外部环境的适应能力，从而增强企业的战略灵活性和战略灵敏性，使企业是否进行商业模式创新活动做出反应。

数字技术的发展增强了技术创业企业连接外部环境及整合外部资源和知识的能力，使企业发展的目标随之改变。组织的目标改变驱动其核心价值逻辑的发生变化，意味着企业需要开发新的技术、调整组织结构、设置合理的收入和成本结构等，从而影响了技术创业企业商业模式创新的形成和方向。

3. 管理者特征

技术创业企业的创业者和管理者在商业模式创新中发挥重要作用，因此他们的个人特征，如管理认知、先前经验、教育背景等都会影响商业模式创新。商业模式创新可以认为是管理认知、组织行为和环境互动作用的结果[79]。技术创业企业的创业者和管理者在进行外部信息和处理的过程中会形成自身独特的认知和决策方式，会直接决定企业是否会结合数字经济环境的变化而进行商业模式创新。同时，管理者也会结合自身认知和先前经验，有意识地对调整组织结构、开发新的利润模式、提升企业资源和能力、识别机会和威胁等，从而决定企业商业模式创新的进程。

综上所述，在数字经济背景下的技术创业企业，其商业模式创新活动既会受到数字经济环境中的制度压力、环境动态变化、行业竞争及技术创新等外部因素的影响，同时也会收到企业资源禀赋、企业组织结构和活动及管理者特征等内部因素的影响。随着数字经济的不断及环境的不断变化，技术创业企业的资源禀赋、技术水平和对商业模式原型的依赖会影响企业发展的进程，而数字经济环境中的制度压力、环境动态变化和激烈的行业竞争也使技术创业企业原有的商业模式无法与企业发展协同。因此，技术创业企业应审时度势，调整、重新设计其商业模式，通过选择有利于企业成长的商业模式创新策略来缓解不同内、外因素对企业发展的制约。

3.4 数字经济背景下技术创业企业
商业模式创新的特征

3.4.1 技术创业企业商业模式创新的一般特征

相较于其他创业企业，技术创业企业的主要特征是开发创新科技产品，并依托某种新产品来提供新的服务从而满足市场需求。因此，技术创业企业的商业模式需要围绕这个产品或服务进行设计、修正和完善。技术创业企业的商业模式创新具有商业模式创新的一般特征：

1. 商业模式创新是一个系统性活动

技术创业企业的商业模式是一个整体性活动，商业模式各构成要素相互影响、相互作用。商业模式创新是各要素间的系统变化，技术创业企业的商业模式创新会伴随着产品及服务、价值链、价值主张等，从而为顾客和利益相关者带来价值。尽管技术创业企业涉及的创新主体较为单一，但商业模式创新仍是不同组件间相互关系改变下的系统协调现象。顾客需求的满足过程不仅涉及一个产品或一种服务，而是一系列企业间相互合作的价值网络，此时商业模式创新就不仅局限于企业自身，而是寻求更为广泛的企业合作。

2. 资源整合能力不足

商业模式创新突出强调系统合作，企业通过协调合作，能够整合产业链、区域系统内的不同资源，从而使企业资源利用率大幅度提升。但相对于成熟的在位企业而言，技术创业企业的资源整合能力往往存在不足。一方面，技术创业企业在创业初期的资源禀赋有限，既有资源已经尽力在支撑企业完成主营业务、满足顾客需求，缺少足够的资源和能力同时去整合产业链或价值网络；另一方面，技术创业企业所面对的市场范围较小，若想整合资源势必须要扩展到其他行业领域的市场内，技术创业企业的新生弱性决定其首任务是解决生存问题，无法顾及范围更广的市场。

3. 商业模式创新具有时效性

在传统经济背景下，尽管技术创业企业通过商业模式创新获取相应的竞争优势、占据市场份额，但商业模式创新往往是一个不断尝试、动态演进的过程。有别于动态性高、不确定性强的数字经济环境，传统商业环境下外部市场环境相对较为稳定，企业间的竞争态势尚且平稳、动态变化程度相对较低，技术创业企业间的竞争不单是技术创新、产品及服务等由因而果的过程，也会随着外部环境的变化而呈现不确定趋势。在传统经济环境的动态变化下，技术创业企业通过产品、服务及技术创新所带来的优势时间会逐渐缩短。此外，技术创业企业所面对的经济市场和消费者需求也会逐渐变换，商业模式创新是一个逐步完善和不断调整的过程。因此，商业模式创新并非一蹴而就，是随着技术创业企业成长而逐步完善的动态过程。

3.4.2 数字经济背景下技术创业企业与在位企业商业模式创新的差异

在数字经济背景下，数字技术的迅猛发展改变了技术产品的创新方式、组织形态及价值获取方式。而数字经济环境的复杂多变，在改变企业外部环境的同时也改变了各利益相关者间、各创新主体间的交互方式，使企业的商业模式及其创新方式呈现出有别于传统经济环境的新特征。在对数字经济背景下技术创业企业商业模式创新特征分析之前，要明晰技术创业企业商业模式与在位企业商业模式的区别，挖掘技术创业企业商业模式的特征。进而才能更加清晰地对数字经济背景下技术创业企业商业模式创新的特征进行深入分析。创业企业具有新生弱性，其商业模式创新的关键影响因素与在位企业存在显著差别。创业企业与在位企业的商业模式创新过程中，企业资源与能力、路径依赖与组织惯性存在根本区别。因此，有必要以在位企业作为参照对象，剖析技术创业企业与在位企业商业模式创新的差异。

技术创业企业具有新生弱性，其技术创新能力、核心资源等方面均不及在位企业。相较于市场中的在位企业，商业模式创新对于技术创业企业核心能力提升的促进作用更加明显、更加突出。另一方面，由于新进入市场的技术创业企业会对市场竞争、行业发展等方面产生影响，在位企业往往会运用商业模式创新来提高行业进入门槛，从而劝退、驱赶新进入市场的创业企业，进而改变竞争格局。因此，有必要剖析数字经济背景下技术创业企业与在位企业之间商业模式创新的差异，为进一步解析技术创业企业商业模式创新的特征提供理论基础。

数字经济的快速发展，使在位企业的商业模式原型不能适应环境发展、无法为企业创造更多价值，可能会通过对商业模式原型的重组、再设计等方式来进行商业模式创新。但对于技术创业企业而言，其在进行商业模式创新的过程中，会面临与在位企业不同的问题。

第一，创新商业模式与商业模式原型的冲突方面。对于在位企业而言，在数字背景下的环境动荡程度加剧，企业想要实现创新突破就需要调整其商业模式。而其在进行商业模式创新时需要兼顾企业商业模式原型与新商业模式间的冲突与协调，要充分考虑新的商业模式与原有商业模式的兼容问题。吴晓波和赵子溢（2017）的研究表明，在位企业在进行商业模式创新时，既要考虑新的商业模式与原有商业模式的冲突，也要考虑新商业模式为企业带来的模式冲突等，而创业企业则不需要考虑这些问题[225]。在数字经济背景下，技术创业企业在进行商业模式创新时无须考虑商业模式原型冲突问题，需要考虑的是企业自身资源禀赋及创新能力能否支撑其顺利开展商业模式创新，能否利用商业模式实现价值创造并促进企业成长。

第二，创新惯性与企业家特征方面。在数字经济背景下，当在位企业以原商业模式继续在竞争市场中时，面对竞争复杂性、市场动态性等诸多挑战，其商业模式因无法与外部环境相契合而阻碍企业发展。在位企业进行商业模式创新过程中，会受到企业创新路径依赖及认知惯性的影响而对商业模式创新的进程造成阻碍或者促进。在数字经济背景下技术创业企业在进行商业模式创新时，不仅依赖于企业自身的技术创新能力，也同样取决于创业者的因素。索斯纳等（Sosna et al.，2010）的研究也发现，创业企业开展商业模式很大程度上取决于高管团队的特征，如高管的先前工作经验和学历背景等[79]。商业模式创新的设计、实施都主要取决于创业者的先前工作经验和教育背景，同时技术创业企业能否生存和发展取决于创业者实现商业模式创新的能力。

第三，创新风险方面。尽管数字经济环境的动态变化会影响在位企业的商业模式创新，但是在位企业可以基于企业自身的发展现状对是否进行商业模式创新进行评估和决策，因而在位企业进行商业模式创新的风险系数会相对较低；然而，技术创业企业由于对外部环境动态变化及制度压力的应对能力不足，其商业模式创新的风险系数则会相对较高，数字经济环境的高动态性和不确定性，影响技术创业企业的市场竞争地位及存活概率，从而使技术创业企业要充分思考其商业模式创新的适应性及持续性。

第四，环境动态变化与技术创新方面。数字经济环境的不断变化，使在位企业的商业模式创新会受到技术市场和环境变化的双重约束。随着数字技术的不断进步，在位企业会陷入自身核心能力的陷阱，当其盈利模式过于冗杂、无法满足消费者需求时，其商业模式创新能够替代技术创新的优势，改变竞争格局。而对于技术创业企业而言，技术创业企业由于对外部环境动态变化及制度压力的应对能力不足，无法预测数字经济环境中的各种机会，其商业模式创新也具有高风险的特征。创业企业的商业模式能够在一定程度上决定企业的生存方式和竞争优势，同时也关系到企业能否创业成功并实现可持续发展[47]。因此，使其在利用技术创新克服新生弱性的同时，要利用商业模式创新为其建立独特的竞争优势。

第五，行业竞争方面。对于在位企业而言，需要不断发现数字经济环境中给其原有商业模式带来的机会和威胁，从而进行重新调整其商业模式来应对环境和市场的威胁，其主要目的是克服行业竞争的负面影响，寻找在位企业新的利润增长点而实现企业可持续发展。在数字经济环境下企业边界逐渐模糊，技术创业企业需要对在位企业的商业模式进行评估，一方面考虑能否通过对在位企业商业模式的模仿、学习及适应性调整，来适应企业成长和价值创造的需要；另一方面，要评估在位企业是否会对自己的创新性商业模式进行模仿或抄袭，从而决定其商业模式创新策略。此外，创业企业同行间的动态竞争也会导致商业模式创新风险[51]，因此技术创业企业在开展商业模式自主创新的同时要避免来自同行间的竞争模仿。

3.4.3 数字经济背景下技术创业企业商业模式创新的特征

在数字经济环境下，企业所面临的外部环境具有高不确定性、高竞争性的特点，在给予技术创业企业制度和环境保障的同时，也必然带来新的风险。此外，数字经济背景的新技术、新产品开发都建立在新的经济环境之上，这些派生出的新数字技术和产品的主要应用之一就是创造新的管理规则、创造新的知识[300]。而数字技术的赋能和渗透给予技术创业企业更多的发展机会，也给技术创业企业创新系统带来了革命性变革，企业创新体系的制度规制、理念思路及路径方法均发生了系统性变化。由于数字经济背景在经济、制度等方面具有特殊性，使技术创业企业在进行商业模式设计、调整及商业模式创新等方面相较于传统商业环境具有不同的特征。传统经济环境与数字经济环境之间的巨大差异，使数字经济背景下技术创业企业商业模式创新产生以下主要特征。

1. 以顾客为中心的价值定位更加聚焦

数字经济改变了原有的经济形态和消费模式，顾客的选择不再局限于市场中既定的产品及服务，而是希望能够参与产品及服务的生产设计，从而满足其个性化的需求[301]。数字经济的独特性质使供需界限日渐模糊，以顾客为中心、以顾客需求为导向成为价值主张的关键。面对数字经济环境的激烈竞争，以及同行企业同质产品的推出、营销模式的复刻和模仿，技术创业企业想要快速成长就需要应势而变，深入挖掘不同顾客需求、考虑顾客细分。在数字经济背景下的组织模式改变均是由需求端和消费端拉动，因此，由数字经济驱动的新商业模式使企业的利益驱动发生变化，技术创业企业会通过大规模的定制化生产及智能化渠道业务来提升顾客的参与感和体验感，聚焦满足顾客需求的价值定位和价值主张，从而实现企业的成长和盈利。

2. 价值创造的参与者具有多重角色

在数字经济背景下，技术创业企业的价值创造逐渐向价值共创的逻辑转变，使价值创造的参与者都具有双重身份[302]。技术创业企业商业模式创新通过数字技术创新来释放不同领域市场的市场活力[303]。数字经济作为推动我国经济高质量发展的重要力量，正在改变企业组织结构和价值获取的方式[304]。数字经济环境下企业获取信息能力逐渐增强，数字信息技术借助商业模式创新和价值网络中各成员的互动关系，为技术创业企业获取资源提供市场机会。企业利用获取的资源识别新的机会，促进企业自身价值创造的实现推动企业成长。而企业价值网络中其他成员作为价值共创的参与者，也为技术创业企业重新塑造了相匹配的价值主张，企业同时也赋予了创业者进行创造价值的新方式。

3. 商业模式的变革创新更为频繁和迅速

数字经济的快速变化正逐渐改变顾客的消费习惯，传统的组织模式已经不能适应当前的市场变化。在数字经济背景下，数字技术的广泛应用不仅日益模糊了企业间的组织边界，同时也加速了创新产品及服务的开发及应用。一方面，技术创业企业所开发的创新产品和服务生命周期变短，其能够为企业所带来的优势时间也逐渐缩短；另一方面，外部市场、顾客及利益相关者的需求更加多变。技术创业企业的商业模式创新虽然可以为企业带来短暂的竞争优势，但无法追赶数字经济环境变化的要求。因此，数字经济环境下技术创业企业商业模式需要不断随外部环境变化而变化，是不断尝试和动态变化的过程，这个演进过程的速度相较于传统经济环境会更快。

4. 对资源配置有效性的要求进一步提高

根据资源基础观，拥有充足的资源是商业模式创新的关键要素之一。研究发现，数字经济时代下商业模式创新是最耗费资源的活动之一。在数字经济背景下，技术创业企业新产品的开发和创新活动的开展更多地基于资源配置方式和新的技术范式，技术创业企业通过资源重构、整合和再架构的过程来实现商业模式创新。然而，资源本身并不能确保技术创业企业商业模式创新成功，企业除了需要获取关键资源，还需要有效配置和编排资源。尤其是数字经济新形势下，作为生产资料的数字技术资源的独立性进一步提高，技术创业企业通过对数字技术资源的收集、加工和分析，会对既有组织模式产生冲击并对其进行重构。在数字经济背景下，技术创业企业开展商业模式创新需要的知识和资源会呈现出碎片化分布，企业需要通过对资源的有效编排来关联和整合碎片化的知识和资源来创造企业价值，从而为商业模式创新的顺利开展提供有效支撑。

5. 跨界融合成为商业模式创新的常态

在数字经济背景下，数字技术的广泛应用提高了技术创业企业研发活动的效率，在一定程度上缩短了价值创造的周期[305-306]。随着大数据、云计算、物联网等数字技术的广泛应用使技术创业企业的经营边界逐渐模糊。而互联网的虚拟性、高附加值等特征在提高产业关联性的同时，也提高了数字要素在不同企业与经营实体间流动，成为企业间跨界融合的基础条件。在传统经济环境下，技术创业企业的关键活动主要涉及营销模式、采购模式和管理流程等，这些活动都是与企业资源禀赋相辅相成进而开展价值创造。根据资源基础，当企业的核心资源变为数据或流量，数据资源和数字技术就能够决定企业经营边界。因此，在数字经济背景下，技术创业企业为降低企业生产经营成本和交易成本，实现资源规模经济，会在开展商业模式创新时更加致力于企业经营业务的跨界融合。

3.5 数字经济背景下技术创业企业商业模式的自主创新与模仿创新

在数字经济背景下，我国大多数技术创业企业仍存在资源禀赋不够充足、缺乏技术创新能力、自主创新能力弱等问题，同时具备商业技能的创业者仍相对较少，这些都是影响技术创业企业创新活动开展、提升价值创造潜力的"瓶颈"问题。技术创业意味着对新技术机会的识别、利用和开发，关键在于如何将新产品、新技术进行商业转化，从而推向市场提升企业的经济效益，而商业模式创新是技术创业成功以及实现商业价值的关键。企业的盈利模式容易被观察和理解，使商业模式成为企业是一种可以观察到的、可被模仿的企业属性。许多行业的新进入者通过创新的商业模式能够为企业可持续成功提供基础。特别是数字经济背景下，企业间的组织边界逐渐模糊，信息和技术的沟通和交流实现了双向互动。企业所面对的环境更加复杂多变、也更加开放和透明，企业间的竞争也日趋激烈。资源基础观的视角认为，企业资源向企业绩效的转化去决定资源如何部署和配置。商业模式创新侧重于对企业内部资源的有效编排以及对外部环境的适应，进而通过不同的商业模式要素组合创新形成核心竞争力，促进企业快速成长和发展。一部分技术创业企业往往会希望通过自主创新的方式重组或设计新的商业模式，为建立企业独一无二的竞争优势。另一部分企业可能会受既有资源和能力的限制，为了节约商业模式创新成本而进行商业模式模仿创新。

基于上述分析，数字经济环境的客观要求与技术创业企业的先天属性共同决定，商业模式自主创新与商业模式模仿创新均可成为数字经济背景下技术创业企业商业模式创新的现实选择。本书基于商业模式创新策略视角，系统剖析探索在数字经济背景下技术创业企业商业模式创新的各关键影响因素及其对商业模式自主创新或商业模式模仿创新创新的作用机制，具有重要的理论意义和实际意义。

具体而言，在数字经济背景下技术创业企业的商业模式自主创新作用于交易制度真空，通过对数字经济制度环境及行业市场环境的前瞻性预见，以全新的价值创造方式构建市场新的交易规则和结构，从而成为市场的开拓者。其表现如下：①数字经济持续释放的新动能增加了市场中的创新机会。技术创业企业能够主动地预见数字经济环境中的市场变化，通过非常规的方式挖掘和创造创新机会、拓展市场。目的在于进入全新的一个交易领域，抢先占据市场份额，从而快速建立竞争优势实现企业生存发展；②数字经济环境的开放性和互动性激发了更多的企业获利方式。技术创业企业希望打破传统的经营方式而引入全新的盈利模式，并以全新的交易方式开拓了企业的收入渠道和来源；③技术创业企业创造性地挖掘和探寻数字经济环境中先进数字技术、异质性资源等[217]，以期能够获取创新能力的资源和能力，从而实现企业快速成长；④技术创业企业更倾向开展风险高、回报大的创新产品及服务，并希望通过对新创产品的开发而获取更高收益。

技术创业企业商业模式模仿创新表现为：①技术创业企业被动感知数字经济环境的存在的机遇和挑战变化，更加关注市场中主要竞争对手的盈利模式调整，而不是主动进行全新的盈利模式；②技术创业企业更倾向于稳中求进，紧跟行业领先者的商业模式创新而做出本企业适应调整，希望拥有较为固定的收入来源以实现企业生存；③技术创业企业无法准确掌握数字经济行业市场的动荡变化，往往通过对在位企业占有市场的战略、行为及盈利方式进行有效的观察和分析之后，而进行相应的盈利模式设计或模仿；④技术创业企业认为企业自身就存在资源、能力及创新经验不足等缺陷，因此在进入市场后更多的是挑战既有在位企业的市场地位，而不是作为创新开拓者去占据市场份额。

综上所述，综合佐特和阿尔尼特（Zott & Amit，2007）[38]新颖型商业模式创新、奥西耶斯基和德瓦尔德（Osiyevskyy & Dewald，2015）[231]探索式商业模式变革以及罗兴武等（2018）[159]开拓性商业模式创新的研究思想，商业模式自主创新是"在企业既有资源和能力范围内，以非常规的方式挖掘市场机会、拓展市场，并通过主动寻找或开发全新盈利模式和价值创造方式以获取全新创意、促进企业成长的动态过程"。综合佐特和阿尔尼特（Zott & Amit，2007）[38]效率型商业模式创新、奥西耶斯基和德瓦尔德（Osiyevskyy & Dewald，2015）[231]利用式商业模式变革，商业模式模仿创新是"通过对同行或竞争对手盈利模式及价值创造方式的观察和分析后，学习、借鉴或复制现有的交易结构和规则而构建商业模式的动态过程"。

3.6　本 章 小 结

　　本章深入剖析数字经济背景下技术创业企业商业模式创新。首先，详细比对剖析了传统经济背景与数字经济背景的区别；其次，分析数字经济背景下技术创业企业商业模式创新的构成要素，并对数字经济技术创业企业商业模式创新的动因进行解析；再次，分别从技术创业企业与在位企业商业模式的区别、传统商业背景下技术创业企业商业模式创新的特征来总结数字经济背景下技术创业企业商业模式创新的特征；最后，进一步对数字经济背景下技术创业企业商业模式自主创新和模仿创新进行了分析。

|第 4 章|

数字经济背景下技术创业企业商业模式创新的
关键影响因素识别

4.1 研究设计

4.1.1 扎根理论分析方法

扎根理论（grounded theory）是格拉瑟和斯特拉乌斯（Glaser & Strauss）在 1968 年提出的能够处理质性资料的科学性方法论，是通过系统化、规范化的流程进行资料的搜集和整理，分析、探索、归纳某一现象成因的质化研究方法[307]。扎根理论弥补了以往质性研究中研究范式的不规范，更加关注理论框架构建的实际性和完整性。扎根理论的核心原则是研究问题和研究结论是研究过程中自然涌现，而不是研究前相关结论的主观印象和先入为主。扎根理论的研究过程是资料收集和资料分析的持续循环、交互及演绎，即获取资料和数据后对其进行编码分析，包括开放式编码、主轴式编码和选择性编码三级编码的系统化流程，从中产生新的范畴或概念，并进一步与既有范畴或概念进行比对，最后直到资料中不会产生新的范畴或概念而达到理论饱和为止。

本章采用扎根理论分析法对数字经济背景下技术创业企业商业模式创新的关键要素进行分析和筛选。运用扎根理论开展本章研究的主要出于以下 3 个方面考虑：第一，在商业模式创新的研究中，数字经济主题的相关研究相对较少、处于初期探索阶段，学术界对于相关概念、变量或要素均未进行明确且清晰的界定；第二，关于商业模式创新影响因素的理论框架中，有关数字经济背景下的商业模式创新活动尚未给予足够的解释和相应的识别；第三，运用扎根理论在理论构建方面的优势，以期构建数字经济背景下不同商业模式创新的作用路径的理论框架。按照扎根理论的研究流程，首先将收集来的资料进行揉碎和整理，通过开放式编码形成范畴和概念，其次经过主轴式编码将范畴和概念进行聚类、归纳成为主范畴，识别数字经济背景下商业模式创新的影响因素，最后通过选择性编码对主范畴进行提炼和整合，构建相应的理论模型来揭示影响商业模式创新的关键要素。扎根理论的研究流程如图 4.1 所示。

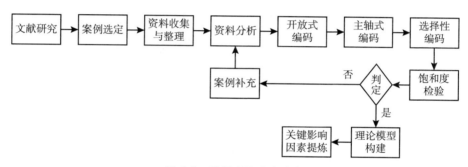

图 4.1　扎根理论研究流程

4.1.2　研究资料收集

4.1.2.1　样本选择

结合本书的研究背景和研究对象，有效识别数字经济背景下技术创业企业商业模式创新的关键影响因素。样本企业选择的基本要求是"以实现企业快速成长为目标，为适应数字经济环境下的新机遇与新挑战而进行商业模式创新的技术创业企业"，由此确定关键词"商业模式创新""技术创业""数字创新""数字技术"。选择样本应遵循以下原则：①样本案例企业均为成立时间小于 8 年，顺应数字经济发展趋势，以技术研发和产品创新为谋求持续健康成长的主要手段的创业型企业；②为方便后期编码，需要能够对样本案例企业进行相对详细的描述；③商业模式创新的案例描述中如果无法提炼有关数字技术、创新能力的概念，则剔除该样本案例；④备选案例应具备商业模式自主创新能力，能够结合企业自身资源和技术创新能力为企业开发出全新的盈利模式和价值创造方式。

样本选择主要分为粗选和精选两个阶段。首先，前期调研了学校所在地区科技园内的59家技术创业企业，涉及先进制造业、高技术服务业及电子信息业等多个行业，确保样本的多样性及普适性。其次，选取业内较为突出且商业模式创新具有一定特征的企业。进一步地，依据法辛格（Fassinger，2005）对扎根理论的研究分析认为，样本选择数量在20~30较为合适的研究结果[308]。本书在确保理论饱和度的前提下，为使样本案例能够尽可能全面地反映本书的问题，借鉴张霞和毛基业（2012）的研究方法[309]，遵循目的抽样原则，对59家案例企业进行筛选。①选择的技术创业企业均以数字技术创新为导向，以开发数字创新技术、数字产品为主营业务且处于不同行业；②案例的技术创业企业的成立年限至少5年，且已渡过企业生存危机且处于稳步成长阶段，其商业模式创新经历过从起步阶段到继续改进或调整的过程；③创始团队管理层有研发技术人员且企业员工构成中30%以上为技术人员，企业的5%以上的销售收入用于新技术商业化产出投入；④为了能够随时补充案例研究的素材和资料，确保证据链的完整和逻辑严谨，案例企业的公开信息要相对较多且资料获取较为容易。最终选取符合研究目的的28家典型技术创业企业作为扎根理论的研究样本。进一步结合扎根理论方法的基本书思想，通过持续比较和理论抽样的方式将案例企业资料进行分组，随机抽取22家案例企业的资料作为初始建模组，用来进行编码分析；其余6家案例企业作为理论饱和度检验组，用以验证理论依据。

4.1.2.2　样本基本信息

本书为确保样本理论饱和性的前提下，选取符合研究目的的28家典型技术创业企业。案例企业主要来源学校所在地区的科技园内的技术创业企业。样本基本特征分布情况统计如表4.1所示。

表4.1   样本基本特征分布情况统计

企业特征	测量项目	样本量	百分比（%）	个人特征	测量项目	样本量	百分比（%）
企业年龄	5 年	8	28.57	性别	男	21	75
	5～8 年	20	71.43		女	7	25
企业性质	国有/集体所有制	3	10.71	年龄	30 岁以下	1	3.57
	民营企业	15	53.58		31～40 岁	9	32.14
	三资企业	7	25		41～50 岁	11	39.29
	其他	3	10.71		50 岁以上	7	25
企业规模	小于20 人	3	10.71	教育程度	大专及以下	2	7.14
	20～50 人	8	28.57		本科	11	39.29
	50～100 人	15	53.57		硕士及以上	15	53.57
	100 人及以上	2	7.14				
行业分布	先进制造业	4	14.29	任职时间	1 年以内	1	3.57
	高技术服务业	10	35.71		1～3 年	6	21.43
	电子信息业	11	39.29		3～5 年	5	17.86
	其他	3	10.71		5～8 年	16	57.14
合计		28	100	合计		28	100

基于上述案例企业基本分布情看，从企业基本特征来看，企业年龄以5～8 年为主，占样本数的71.43%；企业性质主要以民营企业为主，占样本总数的53.58%，其次分别为三资企业、国有/集体所有制企业和其他类型企业，占样本总数比例分别为25%、10.71%、10.71%；企业规模主要为50～100 人，占样本总数的53.57%，其次是20～50 人的样本企业，占样本总数的28.57%；行业主要分布于高技术服务业和电子信息业，分别占样本总数的35.71%和39.29%。从受访者个人特征来看，受访者的性别主要以男性为主，占样本总数的75%；年龄主要分布在31～40 岁和41～50 岁，分别占样本总数的32.14%和39.29%；受教育程度大多为本科或硕士以上，占比分别为39.29%和53.57%；任职时间主要以5～8 年为主，占比为57.14%。

4.1.2.3　资料采集

首先，本书采用深度访谈的方法，与受访者一对一、面对面地进行深度交流。课题组与受访者应明确研究主题相关概念的含义，避免因概念歧义而导致所采集的资料与研究主题偏离。同时，围绕数字经济背景下技术创业企业商业模式创新所涉及的有关问题，设计初步访谈的提纲，并通过预访谈的方式获取相应的修改意见而形成最终的访谈提纲。主要涉及的问题包括："哪些因素能够促进数字经济背景下的技术创业企业进行商业模式创新？这些因素与传统背景下的商业模式创新因素有哪些区别"等。其次，由于商业模式创新涉及技术创业企业的战略方针和战略决策，因此受访者的职位应是商业模式创新的决策者或制定者，多以熟悉技术创业企业商业模式创新实践活动的管理者或总经理为主要采访对象。最后，资料采集过程中根据研究主题所设置的指导性问题要明确研究方向，避免理论模型的构建受到冗余资料的影响。此外，为确保理论构建不脱离现实企业的创新实践，避免一手资料中受访者的主观印象和臆断，本书进一步大量搜索与数字经济背景下相关的技术创业企业商业模式创新案例的相关事实描述以及相关领域学者专家对某个案例中商业模式创新的评述进行二手资料收集，对一手资料进行有效补充。同时为保证研究的信度和效度，本书利用"三角互证法"将可疑资料删除。

4.1.2.4　数据分析准备

在进行扎根理论分析的过程中，案例企业的资料数据较为丰富多样，为编码工作相对繁杂和困难。因此，本书为保证编码的效率和质量，将按照以下几个方面进行数据分析的准备工作：①借助 NVivo 12.0 软件进行初步的开放式编码，主要还是采用人工的方式完成全部编码过程；②为避免编码者主观臆断对案例资料编码分析结果的影响，编码过程由课题组 3 位成员共同完成。在统一编码要求的前提下每个成员各负责一部分案例的标签化工作，然后由课题组成员共同商榷和讨论每个案例资料的概念化、范畴化及后续的编码工作；③将每个案例资料分别构建相应的 Excel 记录表，用以记录每个案例的编码过程、编码结果及结果修改等；④资料收集和比较分析工作贯穿整个编码过程。已经初步形成的概念和范畴指导后续案例资料的编码工作，当新概念出现或难以归纳范畴时，需要返回到之前的案例中进行修订。从而循环往复、螺旋式地进行比较分析，使理论演绎和理论归纳更加准确和精细。

4.2　数据分析流程

4.2.1　开放式编码

开放式编码的过程可以定义为"定义现象—概念化—发掘范畴—为范畴取名"，即将访谈内容的原始资料以及全部"揉碎""打破"并逐句剖析进行整理、编码、标签和录入，将繁杂冗余的原始资料概念化和范畴化提炼，进而实现资料聚合收敛的过程[310]。在开放式编码阶段，通过对访谈记录和案例资料的挖掘、整理、持续比对和修正，得出数字经济背景下技术创业企业商业模式创新影响因素的 44 个初始概念。然而，由于初始概念存在意义重叠或表述重复的现象，因此进一步对这些概念进行提炼、剔除和重新整合，最终形成 16 个初始范畴，分别是自有资金、可支配资金、融资贷款、科技资源与成果、专利申请、研发条件、企业家社会结构、企业家社会关系、企业家认知、数字技术吸收能力、数字技术整合能力、数字技术研发能力、技术动荡性、市场动荡性、规制压力、行业竞争模仿压力。开放式编码形成的概念与范畴见表 4.2。

表 4.2	开放式编码形成的概念与范畴	
原始资料	概念化	范畴化
a01　我们公司自成立以来在全国拥有 6 家子公司和驻派机构，总市值超过 1.2 亿元。 a03　在数字经济的大背景下，技术快销产品这个行业的竞争日趋激烈，加剧了我们研究和推广数字技术产品的难度，企业既有的留存收益无法支撑企业大幅度改进和调整盈利模式和价值创造方式。	企业资产（A1） 留存收益（A2）	自有资金

续表

原始资料	概念化	范畴化
a02 2021 年公司在将新研发的数字无线网桥设备进行营销推广时，投入了近 30 万元的营销费用。 a05 受新冠肺炎疫情的影响，我公司增加了流动资金的总占比，以应对突发事件或公司应急事件。 a12 2020 年突其而来的新冠肺炎疫情使企业几乎处于停摆状态，多亏企业的留存资金用于支付租赁费用、员工工资等。	营销费用（A3） 流动资金（A4） 留存资金（A5）	可支配资金
a04 近 3 年以来，我们在数字技术研发及推广的时得到了银行贷款。 a07 企业推广全新研发的数字技术产品、拓展营销渠道时获得了金融机构融资。 a11 企业数字技术及数字产品的研发与创新得到了行业协会的大力支持，拓宽了企业的融资渠道。	银行贷款（A6） 融资支持（A7） 融资渠道（A8）	融资贷款
a17 公司的研发部主管与他原来就职的科研院所达成了合作协议，能够与其共享一部分技术资源，我们能够在第一时间了解当前本领域先进技术的发展趋势，在获取技术资源方面比其他企业更加容易。 a08 目前我公司已获得国家发明专利授权 20 余项，科技成果 100 余项，与高校及科院所在研合作项目 10 余项。 a09 我公司与 CB 公司共同建立了科技成果转化平台，通过这个平台的搭建能够很好地将研发产品进行商业转化，大幅度提升了企业绩效。	科技资源获取（A9） 专利成果（A10） 科技成果转化平台（A11）	科技资源与成果
a10 2021 年公司撰写技术交底书 17 项，已提交并受理的专利 12 项。目前在审核的专利申请项目为 20 余项。 a08 公司为我们研发部门提供了很好的激励政策，每成功申请下来一项专利，会按照团队贡献值给予相应奖励，并按照 1.5 倍奖金配比发放。	专利申请率（A12） 专利申请政策（A13）	专利申请
a02 我公司对数字技术的研发十分重视，为了建立相应的数字技术生产工艺系统和服务体系，投入了大量的资金进行传统技术模式的系统性技术改进。 a12 我公司 3 年前花费 200 多万美元引进了美国生产的最新设备，用以开发 5G 产品，从而来迎合市场上 5G 数字产品的需求。 a15 目前我公司均采用较为先进的生产工艺和技术来进行数字技术产品的开发，但由于相关数字技术研发人员较少，这些工艺和技术并没有得到充分的利用。 a17 我公司采用智能装备所研发的智慧创成技术，能够涵盖数字技术产品的销售、运营和技术服务等环节。 a20 企业成立了自己的技术研发中心，大量引入数字技术研发人员，并为其提供高薪待遇和家属福利等。	研发投入（A14） 新型设备（A15） 生产工艺与技术（A16） 智能研发装备（A17） 研发人员投入（A18）	研发条件

原始资料	概念化	范畴化
a09 我们公司新来的销售总监之前是一个创业失败者，还曾经跟我们分享过他创业失败的经验，让我们不要犯同样的错误。 a11 技术开发部新来的高级工程师是带着他原有的研发团队一起跳槽到我们公司的，公司专门为他们开设了全新的技术创新实验室供他们团队使用。 a20 我们的研发主管与高校的技术研发人员组成了研讨小组，并经常就合作研发数字技术创新项目。	企业家经验（A19） 企业家资源（A20） 企业家外部合作关系（A21）	企业家社会结构
a13 我们公司的总经理经常带着研发部门的同事参加全国各地举办的各种技术创新研讨会、学术年会等，也经常与不同地区、不同行业的企业管理者或管理人员交流和沟通。 a18 市场部经理经常与供应商和客户进行联系和沟通，也经常邀请他们参加公司定期举办的产品展销会。	企业家知识搜寻（A22） 外部联系与沟通（A23）	企业家社会关系
a04 新冠肺炎疫情缓解后，企业恢复了正常运营。但营销主管下意识地认为目前不应该大范围地将新开发的ToB推向市场，但研发主管则认为此时正是消费者和市场需求较大的时候，应该抓住时机适时推进产品营销。 a21 总经理认为目前企业各方面运营稳定，对于数字技术的开发和新产品的推广都要熟悉的套路，同时也有稳定的销路和固定客户，不适宜设计或开发新的商业模式。 a23 在上一季度的总结大会上，总经理和市场部经理关于是否削减运用成本进行了激烈探讨。	主观认知（A24） 认知惰性（A25） 认知结构差异（A26）	企业家认知
a15 企业在同客户合作过程中，能够在生产数据中发现大量合作方尚未表达清晰但仍是其对于产品的需求，研发部门通过不断摄入数据从中提取相关数字技术知识，从而满足客户需求。 a17 我们公司具有较强的市场敏锐度，能够抓住当前市场中对于哪方面的数字技术产品更感兴趣，同时积极地与科研院所进行沟通合作，并共同进行数字技术产品研发。	知识吸收（A27） 潜在技术吸收（A28）	数字技术吸收能力
a04 在数字技术产品的研发过程中，供应商、制造商和用户都参与其中，研发人员每次都会收集、整理和分析来自不同参与者、不同学科及不同专业的相关知识，并将已有数字创新技术加以集成，进一步结合产品及市场需求进行数字技术产品的研发和设计。 a08 企业在研发和设计符合客户需求的数字技术产品时，让客户进与技术部门进行互通互联，随时进行产品需求和技术需求的交流。	数字技术集成（A29） 数字技术实时互通（A30）	数字技术整合能力

原始资料	概念化	范畴化
a13 与2019年相比，我公司的科技成果转化率提高了11%，已经高达近80%。 a14 创新产品的收益较去年增长幅度不大，仅增加了12%，其中利用数字技术研发的新产品收益比重占总收益的47%。 a19 我公司对于市场上创新技术的响应速度较快，能够根据市场需求快速研发出创新产品。 a22 尽管目前企业所研发的大部分数字技术产品都是以合作形式完成的，但是我们企业始终掌握核心的知识产权，其他合作部门仅是技术辅助或设备支持。	新产品收益（A31） 科技成果转化率（A32） 核心知识产权（A33）	数字技术研发能力
a12 人工智能、5G和大数据等数字技术产品的发展，是客户的消费习惯和消费行为发生改变，使我们经营模式也间接发生了改变。 a13 物联网、人工智能、云计算的迅速发展，使开发智能终端成为当前我们企业进行市场营销、新产品推广等活动的必然选择。	数字技术驱动（A34） 数字技术发展（A35）	技术动荡性
a14 公司始终秉持着满足市场需求为经营目标的宗旨，认为我们研发产品和研发项目的起点都是在充分了解市场变化之后。 a17 新冠肺炎疫情的突发使市场结构发生了重大变化，之前没有我们发展好的企业现在已经赶超我们很多了。 a18 数字经济的发展催生了大量新兴数字技术，目前数字技术产品的市场规模十分庞大，增长也十分迅速。 a21 我们公司近年来成长速度很快，公司研发的数字化产品市场占有率不断攀升。	市场感知（A36） 市场格局变化（A37） 市场前景（A38） 市场占有率（A39）	市场动荡性
a09 2021年我们企业结合自身技术产品特征设计了一种全新的营销模式，但很快被对手企业复制，如果政府能够加强监管营销模式或盈利模式复制、抄袭的行为就好了。 a16 目前企业在开发数字创新产品时，尽管政府方面给予了很多政策支持，但同时也出台一系列相关政策进行监管。	政府强制性规定（A40） 政策监管（A41）	规制压力
a06 数字经济的发展为技术创业企业带来了发展契机。但由于数字技术尚处于不断开发的阶段，很多产品一经推广就会受到同行竞争者的抄袭，而如果同行竞争者具有一定的资金基础能够很快将产品推向市场，则会给其他企业带来一定的经济损失。 a14 现在企业产品推广很难做，不像前几年只要产品好销售就不成问题，现在市场上同类型的产品太多，销售模式都是你看我怎么推荐产品我也会跟着效仿。 a20 数字技术的兴起和发展催生了大量的技术创业企业，目前市场上进行数字技术产品研发的企业众多，行业竞争异常激烈。	竞争者模仿（A42） 替代品出现（A43） 竞争对手多（A44）	行业竞争模仿压力

4.2.2 主轴式编码

主轴式编码是基于开放式编码形成的初始范畴，利用聚类或整合的方式对初始范畴间的关系进行挖掘，进一步构建概括性强且更为严谨的主范畴，为后续理论模型构建垫底基础。通过比对分析表 4.2 中 15 个初始范畴的结构、内容及性质等方面，重新进行整理归类，确定了 6 个主范畴，分别是财务资源、技术资源、企业家社会资源、数字技术创新能力、数字经济环境行业动荡性及制度压力。其中，财务资源涵盖自由资金、可支配资金及融资贷款三个副范畴；技术资源涵盖科技资源与成果、专利申请、研发条件三个副范畴；企业家社会资源涵盖企业家社会结构、企业家社会关系、企业家认知三个副范畴；数字技术创新能力涵盖数字技术吸收能力、数字技术整合能力、数字技术研发能力三个副范畴；数字经济环境行业动荡性涵盖技术动荡性和市场动荡性二个副范畴；制度压力涵盖规制压力和行业竞争模仿压力二个副范畴。由主轴编码形成的主范畴、副范畴及其内涵如表 4.3 所示。

表 4.3　　　　　　　　主轴译码形成的主范畴及其内涵

主范畴	副范畴	主范畴内涵
财务资源	自有资金	企业固有的资产、在进行生产经营活动中所持有且能够支配及来自不同融资渠道的资金，用以企业技术研发、营销及产品推广的资金
	可支配资金	
	融资贷款	
技术资源	科技资源与成果	企业进行生产经营活动中既有的科技资源和成果，以及用于数字技术研发所涉生产设备、技术、研发资金及研发人员等资源
	专利申请	
企业家社会资源	企业家社会结构	企业家个人特质及其所拥有的关系网络及其通过这些网络关系所获取及衍生出的资源总和
	企业家社会关系	
	企业家认知	

续表

主范畴	副范畴	主范畴内涵
数字技术 创新能力	数字技术吸收能力	一方面是指企业通过利益相关者的价值网络或外部环境，识别、收集、整合环境中利于数字技术开发信息、知识和资源的能力。另一方面是指通过企业整合内外部资源，独立自主地进行数字技术及数字产品的设计、研发、创新和实质性改进的能力
	数字技术整合能力	
	数字技术研发能力	
数字经济环境 行业动荡性	技术动荡性	数字技术发展所导致的技术不确定性及客户需求变化所引致的行业不稳定等所带来的环境动态变化
	市场动荡性	
制度压力	规制压力	政府出台的相关有关数字技术创新及商业模式创新的法律法规、监管制度，以及来自行业内部的监督措施及认证标准等强制性规定。也包括来自同行企业技术、产品及服务的替代性和竞争性模仿
	行业竞争模仿压力	

4.2.3　选择性编码

选择性编码是将所有主范畴进行提炼，对各个范畴间的关系进行系统归纳，挖掘核心范畴与主范畴间的因果逻辑，采用"故事线"的方法将核心范畴、主范畴和副范畴纳入总体理论框架中[228]。通过对6个主范畴的深入剖析，本书确定"数字经济背景下技术创业企业商业模式创新影响因素"作为总概括的核心范畴。进一步围绕核心范畴的"故事线"发现财务资源、技术资源、企业家社会资源、数字技术创新能力、数字经济环境行业动荡性及制度压力6个主范畴均对数字经济背景下技术创业企业商业模式创新有显著影响。其中，财务资源、技术资源、企业家社会资源、数字技术创新能力是影响技术创业企业商业模式创新的关键内生因素，直接影响商业模式创新；而财务资源、技术资源和企业家社会资源也能够通过数字技术创新能力间接影响商业模式创新；财务资源、技术资源、企业家社会资源也能够影响数字技术创新能力；数字经济环境行业动荡性及制度压力是影响商业模式创新的关键外生因素，一般情况是作为情境变量去影响财务资源、技术资源及企业家社会资源和不同商业模式创新的关系。

从表4.3典型关系结构的内涵可以看出，各主范畴间存在相互影响的作用关系，技术创业企业在进行商业模式创新时要基于数字经济环境行业动荡性和制度压力，明确数字技术创新能力的需求，技术创业企业通过整合财务资源、技术资源和企业家社会资源来影响数字技术创新能力以进行商业模式创新。主范畴间的典型关系结构如表4.4所示。

表 4.4 主范畴间的典型关系结构

主范畴关系结构	关系结构内涵
财务资源→商业模式创新	财务资源是商业模式创新的直接影响因素，它能够直接影响技术创业企业的商业模式创新
技术资源→商业模式创新	技术资源是商业模式创新的直接影响因素，它能够直接影响技术创业企业的商业模式创新
企业家社会资源→商业模式创新	企业家社会资源是商业模式创新的直接影响因素，它能够直接影响技术创业企业的商业模式创新
财务资源→数字技术创新能力	财务资源能够直接影响技术创业企业数字技术创新能力
技术资源→数字技术创新能力	技术资源能够直接影响技术创业企业数字技术创新能力
企业家社会资源→数字技术创新能力	企业家社会资源能够直接影响技术创业企业的数字技术创新能力
财务资源→数字技术创新能力→商业模式创新	财务资源是商业模式创新的间接影响因素，通过影响数字技术创新能力间接影响技术创业企业的商业模式创新
技术资源→数字技术创新能力→商业模式创新	技术资源是商业模式创新的间接影响因素，通过影响数字技术创新能力间接影响技术创业企业的商业模式创新
企业家社会资源→数字技术创新能力→商业模式创新	企业家社会资源是商业模式创新的间接影响因素，通过影响数字技术创新能力间接影响技术创业企业的商业模式创新
财务资源 数字经济环境行业动荡性→↓←制度压力 商业模式创新	数字经济环境行业动荡性和制度压力是影响财务资源和技术创业企业商业模式创新关系的关键情境因素
技术资源 数字经济环境行业动荡性→↓←制度压力 商业模式创新	数字经济环境行业动荡性和制度压力是影响技术资源和技术创业企业商业模式创新关系的关键情境因素

续表

主范畴关系结构	关系结构内涵
企业家社会资源 数字经济环境行业动荡性→↓←制度压力 商业模式创新	数字经济环境行业动荡性和制度压力是影响企业家社会资源和技术创业企业商业模式创新关系的关键情境因素

4.2.4 理论饱和度检验

理论饱和度是指通过扎根理论的系统分析，案例分析者难以通过案例资料获取额外的数据而进一步形成新的概念、范畴或产生新的理论，是停止案例资料采样的标准[311]。通过理论饱和度检验用以保证所构建的理论模型是否科学严谨。本书通过对剩余 6 家技术创业企业案例资料一次进行了编码和分析，通过开放式编码、主轴式编码和选择性编码后发现，模型中的范畴类别已十分丰富，没有形成新的重要概念和范畴，也未产生新的关系结构。因此，研究得到的"数字经济背景下技术创业企业商业模式创新的影响因素"理论模型已达到饱和。

以 XB 科技开发有限公司为例。早期技术创业企业的竞争壁垒较为单一，主要靠企业技术创新能力和资金实力作为竞争壁垒。2019 年黑龙江省人民政府发布了《"数字龙江"发展规划（2019—2025）》后，该企业意识到开发数字技术创新产品的广阔前景，消费者越来越认可数字技术及数字技术创新产品为科技生活带来的便利。而此时资金和资源较为丰富的同行企业已经开始相继开发和推出数字技术创新产品，并获取了丰厚的收益，进一步提高了数字技术行业创新的行业门槛。因此，XB 公司作为具有一定研发实力的企业，更加明确了打造"数字技术创新"理论新产品的发展目标。一方面，企业通过既有的研发团队不断进行自主技术创新，并利用已有的资金和数字技术基础进行研发；另一方面，企业通过不断与高科技企业借鉴成功经验、与科研院所及高校开展技术学习和交流等方式来吸收外部数字技术创新知识等。2020 年末，XB 公司成功研发并推出了线上会议服务智能终端，充分利用局域网私密且稳定的优势避免了重要会议中外部网络不确定性强的问题。企业研发主管在访谈中多次强调，希望将数字技术创新产品融入客户的需求中，希望通过数字技术创新改变企业既有的价值创造方式和盈利模式，进一步为客户带来更大价值。然而，目前 XB 公司面临的问题是在开发数字技术并进行新产品推广和营销时需要投入大量人力、物力，但从企业自身的既有资源、技术创新能力来看目前仍有一定困难。

综上所述，XB 公司的访谈资料符合数字经济背景下财务资源、技术资源、企业家社会资源、数字技术创新能力、数字经济环境行业动荡性、制度压力 6 个主范畴对技术创业企业商业模式创新影响的故事线。依据上述方法逐一对其余五家企业进行检验分析，均未产生新的范畴和主范畴，说明本书得到的核心范畴和理论模型具有良好的饱和性，可以停止案例样本采样收集。

4.3 技术创业企业商业模式创新影响因素扎根理论研究结果分析

商业模式创新是技术创业企业成长和发展战略中的重要关注之一。在数字经济背景下，技术创业企业的创新是通过不断的调整和试错来验证企业各类资源组合能否满足外部数字经济环境的变化和行业市场的需求。通过对原始案例资料进行开放式编码、主轴式编码、选择性编码及理论饱和度检验等步骤的多次循环往复，得到数字经济背景下技术创业企业商业模式创新的影响因素模型。具体而言，技术创业企业商业模式创新影响因素主要分为 6 个主范畴，即财务资源、技术资源、企业家社会资源、数字技术创新能力、数字经济环境行业动荡性、制度压力。进一步结合不同主范畴的具体内涵，根据资源基础观，资源与能力均属于企业组织层面的因素，由于企业资源需要通过能力进行转化进而影响企业行为及成长，因此本书将企业组织层面资源中的财务资源、技术资源、企业家社会资源统称为"企业资源因素"；将数字技术创新能力称为"企业能力因素"；将制度压力、数字经济环境行业动荡性称为技术创业企业商业模式创新的"企业外部环境因素"，是一种外部情境因素。数字经济背景下技术创业企业商业模式创新影响因素扎根理论结果的概念模型如图 4.2 所示。

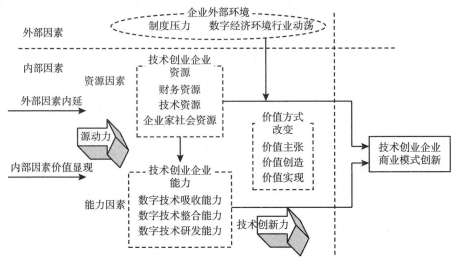

图4.2　数字经济背景下技术创业企业商业模式创新影响因素
扎根理论结果的概念化模型

4.3.1　企业外部数字经济环境因素

企业外部环境因素包括数字经济环境行业动荡性和制度压力两种类属。其中，数字经济环境行业动荡性包括技术动荡性和市场动荡性；制度压力包括规制压力和行业竞争模仿压力两个条目。数字经济环境行业动荡性和制度压力作为外部情境因素影响技术创业企业资源与商业模式创新的关系。

1. 数字经济环境行业动荡性

数字经济环境的动态变化在推动数字技术发展的同时，不仅能够引起数字技术创新的稳定性，也使客户需求随市场环境变化而变化。数字经济环境的动态性变化不仅能够激发企业内部资源的活力，使企业管理者能够充分利用、整合和组织企业既有资源并发挥其优势来进行商业模式创新，进而促进技术创业企业成长；也能够激发和充分调动企业家的创新精神，不断迭代和提升企业家探索、识别外部数字创新技术的能力，进一步对技术创业企业的盈利模式和组织架构进行相应的设计、调整和改变，从而影响商业模式创新。

2. 制度压力

制度压力一方面是来自政府层面，是指政府出台的相关有关数字技术创新及商业模式创新的法律法规、监管制度；政府通过制定一系列的政策法规来设置数字技术创新、数字技术研发等相关标准，为技术创业企业开展相关创新提供更为公平公正的竞争环境和平台，还会通过设立强制性法律法规对存在剽窃、抄袭等行为实施严厉惩罚。此外，政府通过税收优惠、政策鼓励、资金补贴等方式鼓励技术创业企业进行自主创新的技术创新，从而促进企业开展商业模式创新。另一方面则来自行业层面，既包括将行业内部的监督措施及认证标准等强制性规定，也包括同行企业的技术、产品及服务的替代性，以及战略方向、商业模式的竞争性模仿。

4.3.2 企业资源因素

企业资源因素包括财务资源、技术资源和企业家社会资源三种类属。其中，财务资源包括自有资金、可支配资金、融资贷款三个条目；技术资源包括科技资源与成果、专利申请和研发条件三个条目；企业家社会资源包括企业家社会结构、企业家社会关系和企业家认知三个条目。财务资源、技术资源和企业家社会资源是企业开展一系列创新活动的基础，不同技术创业企业的这些战略性经营资源存在差别，从而使企业间的价值主张、价值创造和价值实现等方式存在差别。

1. 财务资源

财务资源作为企业在生产经营活动中的资金，它不仅是技术创业企业进行技术研发、产品营销及推广的有效保障，也是对技术创业企业能够快速成长和市场价值增值的有效反映指标[312]。技术创业企业结合自身既有财务资源来决定其价值创造的方式，从而能够影响企业商业模式创新的进程及进行哪种方式的商业模式创新。此外，技术创业企业在成长初期的财务资源相对短缺，会通过不同渠道的外部融资来弥补自身资源的缺陷，从而影响商业模式创新的实施。

2. 技术资源

技术创业企业在进行生产经营活动时，用于进行数字技术研发所涉及企业既有的科技资源与成果、生产设备、技术、研发资金及研发人员等资源是企业内部资源的特征之一，也是企业最重要的生产要素之一。它与企业财务资源相似，都会影响技术创业企业在成长初期的战略方向及价值创造方式[313]。技术创业企业利用企业的技术资源进行技术变革、数字技术及产品的研发与制造等，从而使技术创业企业提升在创新方面的优势，进一步推动企业不同创新活动的开展而影响商业模式创新。

3. 企业家社会资源

对于技术创业企业而言，企业家个人特质、关系网络及其所衍生出的额外资源是企业重要的无形资产。在数字经济背景下，企业家认知、积累的经验及技能都为企业的成长和商业模式创新提供动力。技术创业企业通过企业家所构建的关系网络能够获取不同渠道的异质性知识和资源，激发技术创业企业的创新潜能，同时企业家的先前经验、知识及技能影响着企业创新知识的转移效率，从而能够影响技术创业企业商业模式创新。

4.3.3 企业能力因素

在数字经济背景下，技术创业企业的能力因素主要是数字技术创新能力，主要包括数字技术吸收能力、数字技术整合能力和数字技术研发能力三个条目。技术创业企业的数字技术创新能力决定了企业对于价值的传递和转移。技术创业企业的各类资源通过数字技术创新能力推动企业价值实现的过程，这些作用效果直接影响和决定商业模式创新的实现。一方面，技术创业企业通过利益相关者的价值网络或外部环境，识别、收集、整合环境中利于数字技术开发信息、知识和资源的能力，从而影响技术创业企业对于商业模式创新的选择；另一方面，技术创业企业通过对整合内外部资源进一步促进其自主研发能力，从而独立地进行数字技术及数字产品的设计、研发等，为企业提供了更具有竞争性的数字技术创新产品，增加了企业的市场份额而对商业模式创新产生影响。

4.3.4 影响因素作用关系的综合分析

基于资源基础观，商业模式创新活动风险较大、投入较高、收益具有时滞性，有赖于技术创业企业拥有的资源基础。在数字经济背景下，技术创业企业的资源禀赋是商业模式创新能否成功的基础和重要保障。技术创业企业拥有的各类资源是影响技术创业企业创新行为与企业成长的关键因素，不同的商业模式创新会产生不同的资源需求。此外，商业模式创新往往需要技术创业企业依托企业家社会资本，或改变既有的营销模式、销售方式、组织架构、供应链和资金链结构以及研究人员比例等，这些都与企业资源禀赋密切相关。资源基础观认为，资源获取能够确保技术创业企业顺利成长，商业模式创新会企业消耗大量的人力、物力、财力等相应资源。技术创业企业在开发新产品、拓展新市场的同时，会利用商业模式将新产品和新技术商业转化，从资源基础观的视角来看，资源构建和转化是资源从企业外部进入企业内部的关键一环，而通过数字技术创新能力的转化能够使企业内外部资源重新配置而形成新的资源组合，进一步激发各资源组合效应。企业通过对既有资源及外部吸收资源的传递、组合与匹配等方式，使技术创业企业的财务资源、技术资源和人力资源等从匮乏到得以丰富和改善，为技术创业企业核心技术的商品化、产品化及市场占有的形成、提升等构建了资源基础。进一步地，技术创业企业利用其数字技术创新能力，将这部分资源进行有效的吸收、整合与开发，形成利于企业商业模式创新的资源和能力，最终体现在技术创业企业核心竞争力的增长、价值实现及创造等方式的改善以及企业发展潜力的提升等。

此外，企业外部数字经济环境因素也是技术创业企业进行商业模式创新研究不可忽略的权变因素，企业受到外部数字经济环境中制度压力及行业动荡等因素的影响会其商业模式创新的选择和进程。当技术创业企业面临复杂多变和不确定性强的外部环境时，会通过改变其原有商业逻辑和战略方向来适应环境变化以推动企业成长。在外部数字经济环境的不同影响下，技术创业企业会基于既有资源和已吸收的外部资源结合不同外部情境的变化来抉择是否开展商业模式创新，以及开展何种方式的商业模式创新。

综上所述，考虑将技术创业企业资源因素、能力因素及外部数字经济环境因素的整体理论分析框架，进一步结合所构建的数字经济背景下技术创业企业商业模式创新影响因素的概念化模型，深入剖析数字经济背景下技术创业企业资源因素如何通过数字技术创新能力的连接作用而影响商业模式创新，同时探究环境动荡性和制度压力的权变作用效果，深入挖掘技术创业企业不同关键影响因素对商业模式创新的作用关系。

4.4 本 章 小 结

本章基于数字经济新情境，本章运用扎根理论研究方法对技术创业企业商业模式创新影响因素进行识别和探讨。通过对案例样本资料的开放式编码、主轴式编码、选择性编码和理论模型饱和度检验等步骤的不断分析和挖掘，得到影响数字经济背景下技术创业企业商业模式创新的关键影响因素及其关系模型，主要涵盖企业资源因素、企业能力因素和数字经济环境因素，其中，财务资源、技术资源、企业家社会资源属于企业资源因素；数字技术创新能力属于企业能力因素；数字经济环境行业动荡性、制度压力属于数字经济环境因素。在此基础上，对各影响因素对商业模式创新的作用关系进行了综合分析，进一步为后文中各关键影响因素对商业模式创新的作用关系奠定基础。

第 5 章

数字经济背景下各关键影响因素对商业模式创新作用关系的研究假设

5.1 资源禀赋对商业模式创新影响的研究假设

5.1.1 资源禀赋理论解析

企业拥有且能进行支配、控制，能够为企业创造收益和价值的资金、技术和知识、流程、人力等资源要素称为资源禀赋[314]。资源禀赋是企业进行价值创造的特定资源，也是企业成立和运营的必要基础条件，包含任何能够为企业带来竞争优势的有形资产和无形资产[315]。格兰德（Grande，2011）等认为创业企业秉持的资源是其确定战略定位、制定战略目标的基础，创业资源越丰富越能够提升产品竞争力、提高企业价值[316]。相较于成熟企业，技术创业企业的资源禀赋具有一定独特性：其一，技术创业企业的财务资源、生产性资源、经验资源及市场类资源相对匮乏。生产经营类资源对于处于成长初期的企业都是短缺类资源，使企业在进行新产品及新技术开发时由于资源短缺而受到限制。其二，技术创业企业的技术资源会相对丰富，使技术创业企业能够克服行业壁垒获取竞争优势的关键是其所拥有有别于其他竞争者的技术资源，技术创业企业通过此类资源能够研发新产品，从而获取的竞争优势[317]。

有关资源禀赋维度划分的研究中，巴尔尼（Barney，1997）划分企业资源分别是经济资本、人力资本和关系资本[254]。达斯和腾（Das & Teng, 2000）、维克鲁德（Wiklund et al., 2003）将创业资源划分为基于财产所有权的物质和财务资源以及基于知识和技术的无形资源两部分进行资源划分[318-319]。马里诺（Marino, 1996）将企业资源分为有形资源（如生产资料、设备和人力等）和无形资源（生产流程、组织程序和企业声誉等）[320]。阿迪齐维利（Ardichvili, 2003）将资源禀赋从物质资本、社会资本、经济资本和人力资本四个方面进行了分类[321]。田莉（2010）认为，新企业的资源禀赋主要是财务资源、人力资源、物质资源（主要是技术资源）和社会资本等要素[322]。余绍忠（2013）按照创业规划的参与程度将创业资源分为直接资源（人才、资金、管理等）和间接资源（政策、技术、信息等）两类[323]。

在数字经济背景下，信息资源和知识资源高度密集，技术创业企业需要在维持既有资源有效性的基础上不断吸收、搜寻外部资源，从而推动企业不断创新以实现快速成长。此外，在数字经济背景下的竞争环境更加动态开放，单纯的产品或技术创新并不能满足日益变化的消费者需求，企业需要通过商业模式创新来应对复杂多变的外部情况。而商业模式创新能否成功开展则是建立在企业既有资源的基础上，技术创业企业通过对资源和能力的整合而进行不同形式的商业模式创新。基于数字经济背景技术创业企业商业模式创新的关键影响因素，并综合考虑技术创业企业的基本特征和资源特点，结合第4章对技术创业企业商业模式创新关键影响因素的提炼，并借鉴阿迪齐维利（2003）和田莉（2010）对资源禀赋分类的思路[321-322]，将技术创业企业商业模式创新的影响因素中企业资源层面的财务资源、技术资源和企业家社会资源归纳为企业的资源禀赋。

财务资源代表企业所拥有的财务专用性资产及其融资的基本能力，是各类战略顺利实施的首要前提[324]。技术创业企业丰厚的资金基础能够发挥重要作用，企业通过有效的财务管控、资源构建和配置，能够更好地实现企业成长。罗帕和斯科特（Roper & Scott, 2009）认为，企业通过对财务资源的优化配置为经营及创新活动提供条件，对企业获取竞争优势提升绩效具有重要意义[325]。黄（Huang, 2016）研究发现，财务资源对创业企业成功速度具有显著影响[315]。哈杰尔等（Hajer et al., 2020）认为财务资源越丰富，企业所承担的风险越小越利用企业快速发展、开拓新市场[326]。

技术资源是指企业中的硬件设备及技术专利、技术知识等相关资源。企业所拥有的技术和知识作为技术创业企业重要的技术资源，会由于其不易模仿的特征而成为技术创业企业独有的竞争优势，是确保技术创业企业实现可持续发展的关键。许秀梅（2017）通过对上市公司的数据分析发现，技术资源和人力资源均会对企业的短期和长期绩效产生正向影响[327]。在数字经济背景下，数字技术是提升企业价值提升的根本要素，也是调整企业结构、战略转型的依托力量[328]。本书中的技术资源主要聚焦于探讨技术创业企业的技术资源和知识资源。

企业家社会资源是指个体或团体间的相互关系，是企业家所处社会结构中的位置为其带来的资源，通常由企业家之间的关系（结构性）、企业家与行为者间的信任（关系性）及企业家的价值观和目标（认知性）组成[329]。李（Lee et al.，2018）研究发现，企业家与外部利益相关者的关系能够产生学习资源，从而有助于组织创新和创造价值[330]。布蒂斯等（Buttice et al.，2017）认为，社会资本主要分为结构维度、关系维度和认知维度[329]。结构维度由社会互动关系构成，与社会成员间的关系密切相关[331]；关系维度是指企业与外部利益相关者基于信任和认同而构建的互动关系；认知维度是企业家提供目标、经验或范式的资源组合[332]。

5.1.2 资源禀赋对商业模式创新的影响

资源基础观认为资源整合是创业的本质，而企业资源禀赋水平的高低与企业创新创业活动的开展密不可分[333-334]。在数字经济背景下，技术创业企业的商业模式创新不仅是建立在对企业内外部资源、能力的利用和重构的基础上获取价值的途径，也是重新设计、调整或转变企业核心逻辑的过程[204][335-336]。因此，这种对于商业模式的改变可以是全新的商业模式，也可以是对已有成熟商业模式的模仿和复刻，这两种商业模式创新的方式都需要获取、适应新的资源。莫里斯（Morris，2005）和严等（Yan et al.，2020）研究表明，当企业内外部资源与商业模式创新相匹配时能够为企业创造超额价值[337-338]。克汉等（Khan et al.，2021）通过对 521 名高管的实证研究发现，社会资本能够通过组织学习能力正向促进科技型中小企业的商业模式创新[339]。在数字经济背景下，技术创业企业能够突破传统经济环境中时间和空间的限制，广泛地与数字经济环境中的创新主体互动、吸收和探索创新资源。同时，数字经济环境中广泛的创新开放度能够使技术创业企业获取更为丰富的资源，为企业开展创新活动提供新思路[259][340]。在技术创业企业初创时期，创业者要结合自身资源禀赋进行相应的战略决策，如确定组织架构、商业模式等，这些决策往往关系到企业的命运。波克（Bock et al.，2012）和李等（Li et al.，2019）研究发现，不同类型的企业资源对商业模式创新也会产生不同程度影响[341-342]。技术创业企业通过商业模式创新来推动企业成长的根本原因在于有效地利用和整合资源，这些资源也是决定企业进行哪种商业模式创新的关键。

技术创业企业的快速成长和平稳运行离不开财务资源的支持。在数字经济背景下，充足的财务资源能够为技术创业企业积累战略资产而促进企业成长、提升企业的核心竞争力。一方面，创业者在创造性利用企业既有财务资源的同时，也可以通过拓展资金来源、打开融资渠道、进行外部融资等方式弥补企业自身资金的不足[343]。因此，充足的财务资源会使企业有更多的选择，技术创业企业想要在激烈的数字经济环境中有所突破，会寄希望于独有的营销方式为企业建立瞬时的竞争优势而进行商业模式自主创新。另一方面，技术创业企业在创立初期，所拥有的资金相对比较短缺，此时企业的初始资源往往来自创业企业自有资本、投资者投入资本或借贷资本等。而技术创业企业的首要目标是维持企业最初的运营，尽量避免创业者决策、战略选择失误、数字经济环境动荡所带来的损失。技术创业企业会模仿、借鉴在位企业较成功的商业模式来进行商业模式创新。基于此，提出如下假设：

H1：资源禀赋正向促进商业模式自主创新。

H2：资源禀赋正向促进商业模式模仿创新。

H1a：财务资源正向促进商业模式自主创新。

H2a：财务资源正向促进商业模式模仿创新。

技术创业企业的技术资源是实现生存与发展的基础性资源。丰富的技术资源在技术创业企业组织交易内容、交易结构等方面具有重要作用[344]。在数字经济背景下，企业所处的环境更加动态开放，技术创业企业通过内部的技术和知识资源与外界进行互动和交流的机会更加频繁。此时，技术创业企业在充分吸收不同技术知识资源的基础上，能够吸收、学习和借鉴其他企业成功的商业模式并应用到企业自身，而进行商业模式模仿创新。进一步地，随着技术和知识资源的不断整合与积累，不仅能够深入挖掘新兴数字技术的潜在价值，还能够推动企业实施全新的价值主张[345]。从而，通过利用商业模式创新来进行商业转化、提升企业的价值。基于此，提出如下假设：

H1b：技术资源正向促进商业模式自主创新。

H2b：技术资源正向促进商业模式模仿创新。

企业家社会资源所带来的社会资源对技术创业企业成长初期的发展起到了关键的作用[346]。佩里兹等（Martínez-Pérez et al.，2016）的研究发现，社会资源是企业进行知识创造的主要来源，能够为商业模式创新提供知识和信息基础[347]。技术创业企业的创业者通过其专业知识、技能及先前工作经验，制定和部署企业战略及发展方向，从而影响企业商业模式创新的进程。在数字经济背景下，技术创业企业在成长初期阶段时，企业家会充分利用其社会关系网络学习其他企业的成功经验，并在企业自身加以实施而进行商业模式模仿创新。同时，企业家社会资源也能够为技术创业企业带来了新资源和新知识，并随着企业家社会资源的不断积累更加拓展了关系网络和创新思路，进一步提升了技术创业企业进行商业模式创新的可能。基于此，提出如下假设：

H1c：企业家社会资源正向促进商业模式自主创新。

H2c：企业家社会资源正向促进商业模式模仿创新。

5.2 数字技术创新能力中介作用的研究假设

5.2.1 资源禀赋对数字技术创新能力的影响

技术创新能力是企业不断吸收和学习技术创新知识而促进、推动技术变革，从而为企业带来相应的经济效益的能力[348]。基于中国情境下的数字经济发展，创新管理领域的相关研究系统地梳理和分析了数字创新理论体系[349]，认为数字技术创新是基于传统的组织创新理论、过程创新理论、产品创新理论和商业模式创新理论，改变和突破了原有创新边界和创新流程的线性关系，推动产业数字化和智能化程度的技术创新过程[350-351]。在数字经济背景下，技术创业企业利用数字技术创新的主要目的是搜寻、识别、获取新一代信息技术以及发现数字技术的新升级、新融合或新应用等而为企业创造新价值的数字技术组合[352]。技术创业企业利用新技术进行新产品研发和创新是应对数字经济环境变化、行业竞争模仿压力从而实现快速成长的必要条件。部分技术创业企业由于自身资源和能力，通过数字技术创新和商业模式创新等方式实现快速成长并获取竞争优势；但更多的技术创业企业由于资源和能力的限制，其新技术的开发可能会稍迟，也可能从其他先进企业学习或模仿其盈利模式，进而避免新进入市场不确定而引发的生存危险。然而，技术创业企业在进行数字技术产品的开发、生产及营销时，为减少技术不确定性及技术外溢所带来的风险，技术创业企业需要具备对新技术有效吸收和整合的能力，从而使新的数字技术融入企业业务。

对于技术创业企业而言，要实现对在位企业的追赶而占据市场优势，首先，了解企业自身与其他在位企业的技术差距，理解外部技术的溢出并意识到相关知识和技术资源的价值。而技术创业企业的数字技术吸收能力是其学习和创造并影响其他组织能力提升的关键技术创新能力；其次，在数字经济背景下不同类型数字技术的不断涌现，并不能保证企业能将先进的数字技术与既有业务流程集合而创造利益。因此技术创业企业在吸收新技术的基础上要能够具有将新技术与自身技术条件融合的能力，这里数字技术整合能力在推动技术创业企业技术进步、提升企业价值过程中具有承上启下的关键作用；最后，在数字经济背景下，技术创业企业通过数字技术研发能力能够改变市场份额，从而改变市场上的竞争态势，因此数字技术研发能力对于技术创业企业而言是产生创新增量提升竞争优势的重要手段。同时，也意味着技术创业企业的数字技术创新能力要素、数字技术能力的发展及转化需要能够支持新技术的吸收、整合及研发。技术创业企业想要实现生存和发展，不仅需要具有识别、探寻外部数字技术的能力，也应具有能够整合、积累而将不同来源数字技术内化的能力。此外，技术创业企业还应具有一定的开发和创造新信息技术的研发能力。

综合分析，结合第 4 章的研究结论，基于技术能力提升与转化的角度，本书从技术创业企业数字技术创新能力的数字技术吸收能力、数字技术整合能力以及数字技术研发能力三个方面开展研究。其中，数字技术吸收能力是指技术创业企业识别、获取外部数字技术的能力；数字技术整合能力是指技术创业企业对于不同来源数字技术的内化能力；数字技术研发能力是指技术创业企业自主研发的新数字技术及知识的能力。

在数字经济背景下，充足的资源是技术创业企业探索和尝试新技术、新架构的有力保障[353]。技术创业企业需要不断以形式化程序开发其数字化创新能力，有效地利用数字资源保持竞争优势[354]。技术创业企业通过数字技术创新能力，将企业的有效技术资源进行创造、演变和重组，建立企业新的价值创造和竞争优势。本书认为，技术创业企业的资源禀赋对数字技术创新能力具有正向与影响。首先，财务资源是技术创业企业尝试开发新的数字技术提供保障，使企业有充足的资本关注不确定性强的新技术、新产品，带动数字技术创新能力的提升。其次，数字技术创新能力的提升离不开对技术资源和知识资源的需求，技术创业企业在既有技术资源导向下开发相应的数字技术和潜在技术探索，促进数字技术创新能力的构建；最后，企业家凭借其社会网络、认知基础及相关经验，能够探寻来自企业外部利益相关者的互补性技术资源，是技术创业企业进行技术创新的基础[355]。同时，企业家通过关系网络加强与外部的沟通，使企业获取网络中获取的数字技术知识来提升其数字技术创新能力。基于此，提出如下假设：

H3：资源禀赋正向促进数字技术创新能力。

H3a：财务资源正向促进数字技术吸收能力。

H3b：财务资源正向促进数字技术整合能力。

H3c：财务资源正向促进数字技术研发能力。

H3d：技术资源正向促进数字技术吸收能力。

H3e：技术资源正向促进数字技术整合能力。

H3f：技术资源正向促进数字技术研发能力。

H3g：企业家社会资源正向促进数字技术吸收能力。

H3h：企业家社会资源正向促进数字技术整合能力。

H3i：企业家社会资源正向促进数字技术研发能力。

5.2.2 数字技术创新能力对商业模式创新的影响

技术创新能力能够有效促进企业对于技术解决方案的识别，同时能够促进商业模式关键要素的革新已达到学者们的普遍共识[356-357]。在数字经济背景下，技术创业企业想要快速成长就需要摆脱传统技术创新能力的路径依赖，克服创新能力刚性，进一步重构和优化企业内部业务流程。在数字经济背景下，数字技术的涌现为技术创业企业发现价值和创造价值提供了全新的视角和切入点，也为技术创业企业商业模式创新的开展和实现提供了有利条件[358]。随着数字经济的发展，大数据分析、智能应用、物联网等颠覆性技术的涌现推动力数字技术创新能力的提升，使更多的技术创业企业将数字技术创新能力与商业模式创新结合，能够为企业创造更多的价值[359]。首先，技术创业企业通过对数字技术的吸收能够从数字资源中提取有效信息，为企业转变战略方向实施商业模式创新提供资源[360]，而技术创业企业通过数字技术创新能力不断吸收、探寻外部先进的数字创新技术，形成利于实施不同商业模式创新的关键要素。其次，技术创业企业通过数字技术整合能力，有效整合企业内外的数字技术资源和生产要素，从而促进企业与市场互联而扩大市场占有率，推动企业开展不同的商业模式创新[361]。最后，数字技术研发能力有助于技术创业企业开发具有竞争性的技术和产品，使其数字经济竞争市场中占据主导或优势地位，从而利于不同商业模式创新的实施。基于此，提出如下假设：

H4：数字技术创新能力会正向影响商业模式创新。

H4a：数字技术吸收能力正向影响商业模式自主创新。

H4b：数字技术整合能力正向影响商业模式自主创新。

H4c：数字技术研发能力正向影响商业模式自主创新。

H4d：数字技术吸收能力正向影响商业模式模仿创新。

H4e：数字技术整合能力正向影响商业模式模仿创新。

H4f：数字技术研发能力正向影响商业模式模仿创新。

5.2.3 数字技术创新能力在资源禀赋与商业模式创新间的中介作用

资源基础观认为，创业资源有利于新创企业克服新生弱小的缺陷，是新创企业生存和成长的基础[255]。基于动态能力的视角发现，技术创业企业通过整合和协调内、外部资源，能够获取和内化不同组织的新知识，进而重新配置企业的资源禀赋，使其成为促进企业生存和发展的新动能。技术创业企业商业模式创新主要是基于企业资源与能力间的合作与协调，从而对企业价值主张、价值创造与实现等一系列价值活动重新转化及创新。随着数字经济环境的动态变化，技术创业企业想要快速适应环境变化并得以生存发展，就需要充分利用既有资源并获取外部有效资源，对外部市场中机会进行识别和开发。

在数字经济背景下，技术创业企业更加关注总体的数字化，特别是数字技术创新能力。先进的数字技术创新能力为技术创业企业提供了新机会和新功能，数字技术创新能力在国家层面的创新体系、产业层面的创新生态、企业层面的创新范式的层层嵌入、多层次渗透，彻底改变了传统经济环境中产业和产品创造价值的方式和过程。而数字技术创新能力在提高技术创业企业创新效率的同时，进一步优化了其创新生态环境，有利于企业为外部利益相关者提供不同价值、推动其进行不同的商业模式创新[362]。由此本书认为，在数字经济背景下，数字技术创新能力加强了企业内部资源的外在优势转化，技术创业企业的资源禀赋通过数字技术创新能力的桥梁作用进一步影响了其商业模式自主创新或模仿创新。数字技术创新能力的中介效应体现在以下方面。

第一，技术创业企业资源禀赋较为丰富时，企业将具有更为多样化的资源储备及开展各类创新活动的基础，从而为数字技术创新能力的提升提供坚实基础。而数字技术创新能力能够对外部环境中潜在的知识和资源进行有效的吸收、整合及利用。资源禀赋通过数字技术创新能力的转化[260]，提升了企业感知创新、技术创新等方面的创新能力，为技术创业企业商业模式创新提供了变革的思路和路径。

第二，技术创业企业在成长初期，技术资源相对比较充足，此时技术创业企业会投入大量的资本和精力去进行技术创新，以确保企业获取竞争优势。技术创业企业资源禀赋能够为数字技术的识别、吸收、整合及创新提供资源基础，从而进一步提升企业对数字技术的利用和创新能力，促进企业商业模式创新活动的顺利开展。同时，技术创业企业的管理者在既有认知基础和先前经验的基础上，学习、借鉴并吸收成熟企业的管理模式和经营体系，同时借助数字技术创新能力将企业资源进行转化，重新构建的盈利机制与企业资源相契合，从而在其他既有盈利模式进行商业模式模仿创新。基于此，提出如下假设：

H5：数字技术创新能力在资源禀赋和商业模式自主创新间起中介作用。

H5a：数字技术吸收能力在财务资源和商业模式自主创新间起中介作用。

H5b：数字技术吸收能力在技术资源和商业模式自主创新间起中介作用。

H5c：数字技术吸收能力在企业家社会资源和商业模式自主创新间起中介作用。

H5d：数字技术整合能力在财务资源和商业模式自主创新间起中介作用。

H5e：数字技术整合能力在技术资源和商业模式自主创新间起中介作用。

H5f：数字技术整合能力在企业家社会资源和商业模式自主创新间起中介作用。

H5g：数字技术研发能力在财务资源和商业模式自主创新间起中介作用。

H5h：数字技术研发能力在技术资源和商业模式自主创新间起中介作用。

H5i：数字技术研发能力在企业家社会资源和商业模式自主创新间起中介作用。

H6：数字技术创新能力在资源禀赋和商业模式模仿创新间起中介作用。

H6a：数字技术吸收能力在财务资源和商业模式模仿创新间起中介

作用。

H6b：数字技术吸收能力在技术资源和商业模式模仿创新间起中介作用。

H6c：数字技术吸收能力在企业家社会资源和商业模式模仿创新间起中介作用。

H6d：数字技术整合能力在财务资源和商业模式模仿创新间起中介作用。

H6e：数字技术整合能力在技术资源和商业模式模仿创新间起中介作用。

H6f：数字技术整合能力在企业家社会资源和商业模式模仿创新间起中介作用。

H6g：数字技术研发能力在财务资源和商业模式模仿创新间起中介作用。

H6h：数字技术研发能力在技术资源和商业模式模仿创新间起中介作用。

H6i：数字技术研发能力在企业家社会资源和商业模式模仿创新间起中介作用。

5.3 数字经济环境行业动荡性和制度压力调节作用的研究假设

5.3.1 数字经济环境行业动荡性的调节作用

外部环境的变化通常用环境动荡性来表征[363]。环境动荡性是指企业所处环境中技术涌现和竞争、顾客需求、市场供需等方面出现的不规则波动，以及不可预测或复杂性等变化，是与企业相关的环境要素在时间维度上的动态变化[364-365]。而行业动荡性通常有两个主要的来源，即技术发展、进步及多样化程度而引起企业所处行业内的技术动荡，以及消费者需求变化、行业内的市场竞争而引起市场动荡[340][366-367]。理性定位学派和演化学习学派均发现环境的动态变化能够影响商业模式改变[199][206]。在数字经济背景下，技术创业企业与外部环境中利益相关者实现了双向且连续的信息互动，外部环境的动荡变化使企业所处的行业环境更加动态和开放。同时，数字经济背景下的高度竞争及对既有数字技术的改进和创新模仿，都会影响技术创业企业商业模式创新的实施。

借鉴已有研究并结合本书研究主题，本书认为数字经济环境行业动荡性是指数字经济背景下，企业所处的外部环境中行业市场供需不稳定及技术演进而引起的数字经济环境不规则变化，从而导致数字经济环境中的市场动态以及数字技术变化，具体包括技术动荡性和市场动荡性。其中，技术动荡性是指技术创业企业所在行业的新技术变化、更新的速度及其预测难度，数字经济环境中新技术新产品不断更新交替，企业所面对市场中的技术更新会更加多元、更新周期会逐渐缩短，技术方向也会更加多变；市场动荡性是指消费者对产品及服务的需求和偏好的变化速度及变化程度，当企业所处行业的市场动荡程度较高时消费者对于新产品和新服务的需求更大，变化也更快。

在高动荡的行业环境下，竞争对手和消费者的行为变化很快，如消费者需求和竞争对手的模仿及追赶等[368]。对于大部分技术创业企业而言，多处于企业初创阶段或成长阶段，此时随着数字技术不断创新和演变及消费者需求变化的加快，企业无法准确感知外部环境中的有效知识和信息。从而使企业无法合理有效地配置资金资源及适配的创新战略来创造价值、促进企业成长，进一步阻碍了企业自主创新活动的开展。技术创业企业拥有的技术资源常具有异质性，对技术资源的认知和吸收会消耗企业大量的时间和精力，过剩的技术资源会使企业更加专注于新技术、新产品的开发和应用，从而可能会干扰创业者的管理决策，转向投入更多的精力、配置更多的资源进行技术创新，使企业没有更多的精力去进行商业模式自主创新。随着数字经济环境行业动荡程度的加剧，技术创业企业的创业者愈加意识到保持企业基本生存才是当前战略决策的关键。此时，创业者会结合自身认知和能力，对企业的战略决策和方向做出相应的调整以降低企业成长的不确定性[369]。进一步地，削弱了创业者对于商业模式自主创新的倾向，而选择成本相对较低的商业模式模仿创新。反之，在低动荡的行业环境下，消费者的需求相对稳定、企业间竞争强度较低且技术更迭周期相对较长。在较为稳定的数字经济环境下，技术创业企业面临的创新压力相对较小，能够拥有相对充足的时间开展一系列创新活动，同时也会在利用企业既有资源来探索自主的技术创新，以提升企业竞争优势。基于此，提出如下假设：

H7：数字经济环境行业动荡性负向调节资源禀赋与商业模式自主创新的关系。

H7a：数字经济环境行业动荡性负向调节财务资源与商业模式自主创新的关系。

H7b：数字经济环境行业动荡性负向调节技术资源与商业模式自主创新的关系。

H7c：数字经济环境行业动荡性负向调节企业家社会资源与商业模式自主创新的关系。

H8：数字经济环境行业动荡性正向调节资源禀赋与商业模式模仿创新的关系。

H8a：数字经济环境行业动荡性正向调节财务资源与商业模式模仿创新的关系。

H8b：数字经济环境行业动荡性正向调节技术资源与商业模式模仿创新的关系。

H8c：数字经济环境行业动荡性正向调节企业家社会资源与商业模式模仿创新的关系。

5.3.2 制度压力的调节作用

新制度主义理论通过"合法性"诠释企业行为，认为企业为了获取其所在制度环境中的资源及政策支持，会在制度范围内采取相应的行为和策略进而获取相应的合法性[370-371]。有别于西方制度体制下的多方治理机制，我国企业的大多数创新行为多来自对政府和市场的响应。在数字经济背景下，技术创业企业的行为不仅会受到政府的影响，还会受到外部行业市场的竞争模仿压力，企业的技术研发和商业模式创新活动都会受到政府和市场的双重约束。基于前文的研究基础，本书探讨技术创业企业所面对的制度压力分别来自数字经济环境中政府的规制压力及市场中同行和竞争对手的模仿压力。

对于技术创业企业而言，规制压力可以视为政府对于技术创业企业的创新行为时设定相应准则，并通过相应的规制手段来对企业施加合法性压力，如制定行业经营标准、规范经营活动秩序、行政命令或奖惩措施等。学者们已经将规制压力认为是推动企业开展各类创新活动的关键外部因素[32][69]。大量研究也已经验证了企业为获取制度合法性会采取开展相应的创新活动。而前文的理论分析中也发现，技术创业企业会在既有资源禀赋基础上而开展的商业模式创新活动，从而推动企业快速成长，进一步提升创新的合法性来规避可能产生的制度风险。而一些研究也表明了，政府通过法律法规和行业规范等规制措施，可能使一些企业在进行自主创新活动时受到一定的约束和限制[70]。

行业竞争模仿压力是指技术创业企业通过对其价值网络内其他组织或同行企业的创新行为进行了解和认知的过程中，所感受到的压力而产生相应模仿行为[372]。数字经济环境的高度复杂性和不确定，会使企业更倾向于采取相对稳定的创新方式，即可以通过模仿行业内其他企业的创新战略来获取合法性。由于与技术创业企业商业模式创新相关的因素较为复杂，而数字经济环境中行业市场的消费者需求的不确定性也相对较高，这就使技术创业企业在开展商业模式创新的过程中会更加关注同行其他企业的商业模式创新。

综上所述，在数字经济背景下，技术创业企业的资源禀赋对其进行商业模式自主创新或模仿创新会有所区别，使不同制度压力对商业模式创新的影响效应存在差别。

在高制度压力下，技术创业企业的创新行为会受到制度约束和惩罚机制的限制。正如霍尼格和萨缪尔森（Honig & Samuelsson，2021）的研究指出，数字经济时代下企业的商业规划会受到制度压力的强制和规范的影响[373]。对于技术创业企业而言，规制压力是政府评定其创新活动合法性的关键标准，通过相应的政策手段规范企业的创新创业活动。技术创业企业的新生弱性使创业者将感知到的规制压力理解为对企业成长和获利的威胁，此时企业所开展的各项创新创业活动及对于创新战略的选择都相对局限，都会受到规制压力的约束。此时，技术创业企业为了满足规制压力下的创新标准和要求，会依托企业既有资源按照既有企业成熟的商业模式来进行企业自身商业模式的设计和改造，更倾向于通过模仿、复制其他企业的商业模式来提升合法性，规避可能产生的法律和整治风险。此外，行业竞争模仿压力大多时候被创业者视为一种市场保护而带来的机遇，创业者会集中更多的注意力去配置资金和技术资源用于提升其技术创新能力，此时技术创业企业对于商业模式模仿创新的响应会更加积极。当制度压力较低时，技术创业企业的企业家感受到的限制性和强制性的压力相对较小。企业依托既有资源禀赋而开展创新创业活动时，能够发挥其自身优势去挖掘更多数字技术信息和创新机会，企业会更加主动地去制定相应的盈利模式和价值创造方式以避免制度压力带来的负面影响，因此技术创业企业在资源的情况下更希望通过商业模式自主创新来增加其的竞争优势。基于此，提出如下假设：

H9：制度压力负向调节资源禀赋与商业模式自主创新的关系。

H9a：制度压力负向调节财务资源与商业模式自主创新的关系。

H9b：制度压力负向调节技术资源与商业模式自主创新的关系。

H9c：制度压力负向调节企业家社会资源与商业模式自主创新的关系。

H10：制度压力正向调节资源禀赋与商业模式模仿创新的关系。

H10a：制度压力正向调节财务资源与商业模式模仿创新的关系。

H10b：制度压力正向调节技术资源与商业模式模仿创新的关系。

H10c：制度压力正向调节企业家社会资源与商业模式模仿创新的关系。

5.4　概念模型的构建

上述理论分析表明，综合第 4 章的研究结果可以发现，在数字经济背景下，技术创业企业资源禀赋（财务资源、技术资源、企业家社会资源）及数字技术创新能力均能够影响商业模式自主创新和商业模式模仿创新，技术创业企业的资源禀赋（财务资源、技术资源、企业家社会资源）也能够影响数字技术创新能力，数字技术创新能力在技术创业企业资源禀赋影响商业模式创新（商业模式自主创新和模仿创新）过程中起中介作用。同时，数字经济环境行业动荡性和制度压力在技术创业企业资源禀赋和商业模式创新（商业模式自主创新和模仿创新）间起调节作用。综上提出本章研究的概念模型，如图5.1所示。

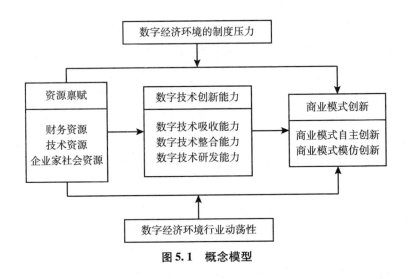

图5.1　概念模型

5.5　本章小结

本章在第4章影响因素作用关系综合分析的基础上，分别从技术创业企业资源禀赋（财务资源、技术资源、企业家社会资源）三个维度，梳理技术创业企业资源禀赋对商业模式自主创新和模仿创新的影响，提出了资源禀赋对不同商业模式创新影响的研究假设。进一步考虑数字技术创新能力的中介作用，分别提出了数字技术创新能力在资源禀赋与商业模式自主创新和模仿创新间起中介作用的研究假设，以及数字经济行业动荡性和制度压力在资源禀赋与商业模式创新间的调节作用假设。并据此构建了数字经济背景下技术创业企业商业模式创新各关键影响因素作用关系的概念模型。

‖第6章‖

数字经济背景下各关键影响因素对商业模式
创新作用关系的实证检验

6.1　数据收集与变量测量

6.1.1　问卷设计

本书主要关注中国数字经济背景下，技术创业企业商业模式创新影响因素及其作用机制问题。基于调查研究的必要性和可行性，主要选择中国（不包含港澳台地区）的技术创业企业为样本调查对象。基于前文对于技术创业企业的界定，本书选择企业成立年限不超过 8 年的技术创业企业。此外，由于研究涉及技术创业企业层面内有关企业家的相关因素，因此问卷发放对象均为技术创业企业的管理团队成员。

本书所涉及的相关变量均采用国内外学者的成熟量表，并根据本书的背景和研究目的进行了相应的改进。为保证问卷对于所描述问题的准确性，首先，根据学者布里斯林（Brislin）提出的"翻译—回译"法对所参照国外学者的测量题项进行翻译和回译，确保问卷翻译的准确性[374]；其次，本书在前期阅读大量文献、企业访谈、专家咨询和预测试的基础上，对表述不清的问卷题项进行反复推敲、修正和调整。在正式调研开始之前，对来自本地科技园内的 10 家技术创业企业的高层管理者进行小样本预测试，并根据被调查者的建议进一步对问卷的表达方式进行修饰。此外，根据预测试中受访者的建议，一些企业管理者会较为避讳其商业模式模仿创新的行为和决策，从而导致测量偏差，故此问卷发放过程中模糊商业模式自主创新和模仿创新的标题。故此，认为本书的量表具有较好的构思效度和内容效度。本书对主要采用 Likert1-7 分制量表设计变量测量的指标，1 为非常不同意，4 为不确定，7 为非常同意。

6.1.2 数据收集与样本特征

6.1.2.1 数据收集

在 2021 年 5 ~ 7 月进行本次调研的问卷发放，正式调研主要采取线上调研的形式，分别为在线问卷调查、发送 E-mail、微信平台推送。访谈对象主要涉及技术创业企业的高级经理、研发部门主管等高层管理人员。本书在调查之前明确向受访者阐明本次调研的目的仅用于学术研究非功利性，减少受访者对于题目猜测而产生主观的臆断。在进行网络问卷发放之前会提前与受访者进行沟通，并阐明该网络地址的安全性；E-mail 和微信平台的问卷以为一对一形式发放给受访者，在问卷发放之前会对问卷设计的主导思想及回答问题的相关注意事项进行详细说明并留存好网络发放记录。此外，在发放调查问卷之前会提前与受访者进行沟通，询问受访者何时接受问卷方便，并再次与受访者确定 E-mail 地址的准确，以确保问卷能够及时准确地发送给受访者。进一步确保调查问卷数据的质量，将按照如下标准进行问卷筛选：①经过研究团队多次实验，问卷填答的最短时间约为 150 秒，若样本小于 150 秒则视为回答或填写不够谨慎应予剔除；②剔除集中选择某一选项或选择存在规律性的问卷；③剔除存在错填、误填、漏填或一题多选的问卷。

为确保数据的可靠性，每家被调研企业至少需要 3 名高管独立地进行问卷填写。但在实际调研中，部分企业规模小于 50 人或高管团队成员少于 3 人的企业，要求至少 2 名高管独立填写问卷。本次调研发放问卷共 926 份，回收问卷 793 份，其中网络问卷回收问卷 342 份，E-mail 回收问卷 166 份，微信平台回收问卷 285 份，剔除无效问卷 134 份，剩余有效问卷 659

份，问卷有效回收率为83.1%。本书为检验未回收偏差，采用t检验来比对已回收和未回收样本的技术创业企业年龄和规模，检验结果显示样本不存在显著的统计差异。

6.1.2.2 样本特征

已回收的有效问卷样本主要来自全国31个省区市。本书分别从技术创业企业的企业特征以及被调查者的个人特征两方面分析样本的基本特征。从样本概况来看，样本企业中，企业年龄在3~5年的占比最大，为36.86%；企业性质上，民营企业和三资企业占比较多，分别为33.99%和31.11%；企业规模中，20~50人以及50~100人的企业较多，分别占比32.63%和33.38%；从样本的行业分布来看，样本分布较为广泛，其中电子信息业样本数量最多，占样本总数的27.92%，其次是高技术服务业，占样本总数的23.98%，然后分别是生物医药、先进制造业及其他行业，分别占样本总数的20.64%、16.23%和11.23%。在受访者中，男性居多，占比71.18%；41~50岁的占比较大，为60.09%；拥有本科及硕士以上学历的创业者居多，分别占比47.35%和33.38%；任职时间在3~5年的居多，占比41.58%。样本基本特征具体情况如表6.1所示。

表6.1　　　　　　　　　　样本基本特征统计

企业特征	测量项目	样本量	百分比（%）	个人特征	测量项目	样本量	百分比（%）
企业年龄	1 年以内	22	3.34	性别	男	473	71.78
	1~3 年	185	28.07				
	3~5 年	243	36.87		女	186	28.22
	5~8 年	209	31.72				
企业性质	国有/集体所有制	78	11.84	年龄	30 岁以下	77	11.68
	民营企业	224	33.99		31~40 岁	144	21.85
	三资企业	205	31.11		41~50 岁	396	60.09
	其他	152	23.06		50 岁以上	42	6.37

续表

企业特征	测量项目	样本量	百分比（%）	个人特征	测量项目	样本量	百分比（%）
企业规模	小于20人	78	11.84	教育程度	大专及以下	127	19.27
	20～50人	215	32.63		本科	312	47.35
	50～100人	220	33.38		硕士及以上	220	33.38
	100人及以上	146	22.15	任职时间	1年以内	88	13.35
行业分布	先进制造业	107	16.23		1～3年	184	27.92
	高技术服务业	158	23.98		3～5年	274	41.58
	电子信息业	184	27.92		5～8年	113	17.15
	生物医药	136	20.64				
	其他	74	11.23				
合计		659	100	合计		659	100

6.1.3 变量测量

6.1.3.1 被解释变量

商业模式创新（BMI）。根据上述理论分析将商业模式创新分为商业模式自主创新（BMIZ）和商业模式模仿创新（BMIM）两个维度。本书借鉴佐特和阿密特（Zott & Amit，2017）[38]、奥西耶斯基和德瓦尔德（Osiyevskyy & Dewald，2015）[231]及罗兴武等（2018）[159]的研究结论，分别设计4个题项对商业模式自主创新和商业模式模仿创新进行衡量，具体如表6.2所示。

表6.2　　　　　　　　商业模式创新的测量量表

变量		题项	
商业模式创新	商业模式自主创新	BMIZ_1	以打破常规的方式挖掘新机会、拓展新市场
		BMIZ_2	主导全新的盈利模式、建构新的交易方式、运作流程及价值创造方式
		BMIZ_3	创造性地寻找新技术、新创意或开发新的资源和能力
		BMIZ_4	商业模式的实施能够获得更多的新创意、新专利

续表

变量		题项
商业模式 模仿创新	BMIM_1	关注同行或竞争对手的盈利模式调整、战略方向改变等
	BMIM_2	倾向于对行业领先者的跟随性创新
	BMIM_3	认可同行或竞争对手盈利模式、交易方式的价值
	BMIM_4	认为企业是行业市场中的挑战者，而不是开拓者

6.1.3.2 解释变量

资源禀赋（RE）。资源基础观认为资源与企业的发展和竞争密切相关，且企业拥有越多的异质性资源，越能够为企业带来竞争优势[374]。本书主要从财务资源、技术资源和企业家社会资源 3 个维度来衡量技术创业企业的资源禀赋。其中，财务资源（CWZY）参考黄（Huang，2016）[315]和伯索等（Boso et al.，2012）[375]的研究，运用 4 个题项进行度量，如表 6.3 所示。

表 6.3 　　　　　　　　　　　**财务资源的测量量表**

变量		题项
财务资源	CWZY_1	企业自有的资金较为丰富
	CWZY_2	企业资金和融资渠道较为多样化
	CWZY_3	企业较为容易获取各种资金及金融服务的支持
	CWZY_4	企业拥有较为充裕的流动资金且能自由支配

技术资源（JSZY）主要从技术创业企业数字技术资源的角度进行度量，参考吉尔伯特（Gilbert，2008）等[376]和纳德奥（Nadeau，2010）[377]的研究，运用 6 个题项进行测量，如表 6.4 所示。

表 6.4   技术资源的测量量表

变量		题项
技术资源	JSZY_1	企业已经拥有一部分科技项目和科技成果
	JSZY_2	企业比较容易获取外部的科技资源
	JSZY_3	企业构建了相应的科技成果转化平台进行科技成果转化
	JSZY_4	企业拥有数字技术研发人员较多
	JSZY_5	企业数字技术相关的研发设备较好
	JSZY_6	企业对数字技术等研发的投入较多

企业家社会资源（SHZY）主要从技术创业企业的创业者和管理者的视角出发，结合第4章中有关企业家社会资源中相关影响因素。借鉴纳哈皮特和霍萨（Nahapiet & Ghoshal，1998）[378]、范迪诺等（Fandiño et al.，2015）[379]的研究思路，分别从企业家结构维度、关系维度和认知维度三个方面11个题项对企业家社会资源进行衡量，如表6.5所示。

表 6.5   企业家社会资源的测量量表

变量		题项
结构维度	JGWD_1	建立联系的企业涉及领域较为广泛
	JGWD_2	拥有利于企业成长的资源（技术、专利等）或优势（经验、能力等）
	JGWD_3	建立联系的企业合作时间在2年或2年以上
	JGWD_4	建立联系的企业能够为我们提供丰富且有价值的资源
关系维度	GXWD_1	与建立联系的企业联系密切、关系融洽
	GXWD_2	与建立联系的企业能够有效地信息沟通和交流
	GXWD_3	与建立联系的企业相互信赖且彼此履行承诺
	GXWD_4	与建立联系的企业会彼此维护相互利益
认知维度	RZWD_1	与建立联系的企业具有相同或相似的战略目标
	RZWD_2	与建立联系的企业能够为一致的价值目标采取共同行动
	RZWD_3	与建立联系的企业具有相同或相似的行为准则

6.1.3.3　中介变量

数字技术创新能力（NL）。技术创业企业在通过技术创新能力来促进商业模式创新的过程中，依据能力的演化规律，数字技术创新能力会经历由吸收、整合和积累，最后到自主研发的演化过程[380]。因此，综合学者杨慧军等（2016）[381]、马赫穆德和穆巴里克（Mahmood & Mubarik，2020）[382]及齐默曼等（Zimmermann et al.，2020）[383]的研究理念和思路，结合数字技术创新的特点，分别从数字技术吸收能力（XSNL）、数字技术整合能力（ZHNL）及数字技术研发能力（YFNL）三方面共 9 个题项来衡量技术创业企业的数字技术创新能力，具体如表 6.6 所示。

表 6.6　　　　　　　　　数字技术创新能力的测量量表

变量		题项
数字技术创新能力	数字技术吸收能力	XSNL_1 能够很快地识别、吸收和引入的数字技术
		XSNL_2 善于运用从数字经济环境中吸收来的数字技术相关知识
		XSNL_3 具有较强的数字信息设备改进能力
	数字技术整合能力	ZHNL_1 对于数字技术的系统整合能力较强且整合流程较为规范
		ZHNL_2 能够有效地内化不同来源的数字技术
		ZHNL_3 利用外部吸收的数字技术知识提升已有数字技术水平
	数字技术研发能力	YFNL_1 能够紧随市场需求研发创新数字产品
		YFNL_2 拥有较为先进的信息通信技术研发设备
		YFNL_3 数字技术产品开发主要以自主研发为主

6.1.3.4　调节变量

（1）数字经济环境行业动荡性（ET）。数字经济环境的动态变化不仅影响技术创业企业所面临的行业市场，还会影响技术创业企业开展数字技术研发和创新的进程。综合基里科和鲍（Chirico & Bau，2014）[384]的研究，从企业所处行业中的技术动荡性和市场动荡性两个维度 6 个题项对其进行测量，具体如表 6.7 所示。

表 6.7   数字经济环境行业动荡性的测量量表

变量		题项	
数字经济 环境行业 动荡性	技术 动荡性	ETJS_1	企业所处行业的数字技术变更较快
		ETJS_2	企业所处行业的数字技术变化很难被预测
		ETJS_3	企业所处行业中的数字技术更新和淘汰速度较快
	市场 动荡性	ETSC_1	企业所处行业的消费者需求变化较快
		ETSC_2	企业所处行业的消费者更喜欢追求数字技术创新产品
		ETSC_3	企业所处行业的新产品生命周期较短

（2）制度压力（IP）。根据上述理论分析，本书考虑制度压力分为政府规制压力和行业竞争模仿压力两个维度。政府规制压力主要参考朱和萨尔克斯（Zhu & Sarkis, 2004）[385]、于飞等（2021）[370]的研究，行业竞争模仿压力主要参考斯科特等（Scott et al., 2013）[386]、达里乌兹和考兹斯基（Dariusz & Korzynski, 2017）[387]的研究，同时结合调查结果和研究情境进行适当改变，分别对其设计 4 个题项进行测量。具体如表 6.8 所示。

表 6.8   制度压力的测量量表

变量		题项	
制度压力	规制压力	IPGZ_1	政府对于扰乱行业经营秩序的行为会实施相应的惩罚措施
		IPGZ_2	政府在企业创新创业方面制定了相关的法律法规
		IPGZ_3	政府通过各种渠道宣传和鼓励企业开展创新创业活动
		IPGZ_4	政府对于企业反映的关于破坏创新创业的行为能够快速响应
	行业竞争 模仿压力	IPHY_1	同行企业间因经营策略的有效实施扩大他们的影响力
		IPHY_2	同行企业的产品及商业模式创新对本企业影响较大
		IPHY_3	同行或竞争者已成功运用领先的营销模式
		IPHY_4	同行或竞争者的创新产品会影响企业成长

6.1.3.5 控制变量

为避免其他变量影响研究中各变量间的作用关系，本书分别从企业层面和企业家层面引入可能会对技术创业企业商业模式创新产生影响的控制变量。企业层面：基于企业生命周期理论及既有研究同时结合本书的背景，认为技术创业企业的规模决定了企业对于商业模式创新的投入程度及能够投入的资源[388]；技术创业企业的成立年限即企业年龄会影其资源禀赋，也会对商业模式创新产生影响；按照企业的所有制类型将企业性质进行分类：分别为国有/集体所有制、民营企业、三资企业和其他四种类型；根据企业拥有的员工数量即企业规模也会影响企业商业模式创新决策。此外，从企业家个人层面来讲：企业家年龄、学历及在任时间也是影响技术创业企业商业模式创新的关键因素。

6.2 信度和效度检验

6.2.1 描述性统计分析

对有效的样本数据进行常态性的检验。分别依据各变量的极小值、极大值、均值、标准差、偏度和峰度来进行分析，具体结果如表6.9所示。样本数据的均值分布在1.6874～5.77794，标准差在1.0左右，说明样本数据分布较为集中。进一步涉及的变量均满足偏度绝对值应低于3、峰度的绝对值不得大于10的要求[389]，则本书的样本数据服从正态分布，可做进一步的实证检验。

表6.9　　　　　　　　　　样本常态性检验

变量	极小值	极大值	均值	标准差	偏度	峰度
企业年限	1.00	4.00	2.72	0.806	−0.121	0.190
企业性质	1.00	4.00	1.88	0.688	0.587	0.643
企业规模	1.00	4.00	2.03	0.691	0.401	0.306
个人年龄	1.00	4.00	2.20	0.453	1.729	2.937
教育程度	1.00	3.00	2.19	0.548	0.073	−0.103
任职时间	1.00	4.00	1.6874	0.91226	1.345	0.985

续表

变量	极小值	极大值	均值	标准差	偏度	峰度
财务资源	1.25	6.75	3.9863	1.63698	0.010	−1.493
技术资源	1.50	6.67	4.75644	1.33406	−0.901	−0.421
企业家社会资源	2.00	6.54	4.56932	0.88256	−0.608	0.645
数字技术吸收能力	1.33	7.00	5.77794	0.82499	−2.702	8.467
数字技术整合能力	1.00	6.67	2.75923	1.48675	1.155	−0.020
数字技术研发能力	1.33	7.00	4.6783	1.35383	−0.764	−0.298
数字经济环境行业动荡性	1.333	6.667	4.15908	0.977902	0.247	0.220
制度压力	1.25	6.625	4.78737	1.013	−0.603	0.179
商业模式自主创新	1.50	6.75	4.0391	1.07758	−0.102	0.519
商业模式模仿创新	1.75	7.00	4.2193	0.87220	0.418	0.986

6.2.2　同源偏差检验

为避免通过问卷调查所收集的数据因来源相同而产生变量间的共变关系，本书根据 Podsakoff 的方法，分别从过程控制和统计控制两个阶段来降低共同方法偏差（common method biases）的影响。在过程控制阶段，设计问卷的题项表述尽量清晰、语义表达明确，不会让被调查者在回答过程中产生歧义。同时，对于所有的研究变量并没有明确其在实证过程中的角色，没有对自变量、中介变量、因变量及调节变量模糊处理，避免被调查者为了迎合主体研究而违背其主观判断；在统计控制阶段，采用 Harman 单因子分析检验同源偏差，根据探索性因子分析，第一个因子在未旋转时得到的第一个主成分占总方差的22.663%，低于40%，表明同源方法偏差不严重。

6.2.3　信度与效度分析

假设检验之前有必要对问卷样本数据进行信度和效度的检验，本书采用参考以往研究及学者们的常规检验方法。首先，利用 Cronbach's α 值来衡量变量的内部异质性进行信度的估计和检验，当 Cronbach's α 值大于等于 0.7 时认为变量的各维度具有良好的信度；其次，采用因子分析法来衡量变量与构面之间的结构效度，当变量的各维度题项能够提取同一公因子且因子负荷量系数均大于 0.5 时，认为量表具有良好的效度。下面依次对资源禀赋、数字技术创新能力、商业模式创新、数字经济环境行业动荡性以及制度压力的量表进行信度和效度检验。

6.2.3.1 资源禀赋

1. 财务资源

首先对财务资源量表进行信度分析，分别对财务资源各个题项及财务资源整体量表的信度进行检验，检验结果如表 6.10 所示。财务资源各个题项的 Cronbach's α 系数分别为 0.797、0.801、0.821、0.826，整体量表的 Cronbach's α 系数为 0.854，上述所有 Cronbach's α 系数均大于 0.7，达到信度指标衡量标准，说明财务资源量表的内部一致性程度较高，具有良好的信度水平。

表 6.10　　　　　　　　　　财务资源量表信度检验

	题项	Cronbach's α 系数	整体 Cronbach's α 系数
财务资源	CWZY_1	0.797	0.854
	CWZY_2	0.801	
	CWZY_3	0.821	
	CWZY_4	0.826	

其次，对财务资源量表进行效度分析，通过主成分法—最大方差法对财务资源量表进行因子分析，固定因子数量为 1。经过 6 次迭代后，输出检验结果表明，具体效度检验结果如表 6.11 所示，KMO 值为 0.700，显著性 Sig < 0.001，说明变量间有共同因子存在适合进行因子分析。因子分析结果如表 6.12 所示，单一共同因子与量表具有良好吻合，同时累计解释总方差为 69.522%，说明财务资源量表具有良好的效度。

表 6.11   财务资源量表 KMO 与 Bartlett 检验

Kaiser-Meyer-Olkin		0.700
Bartlett 球形检验	近似卡方分布	1 441.925
	自由度	6
	显著性	0.000

表 6.12   财务资源量表效度检验结果

	题项	Cronbach's α 系数	整体 Cronbach's α 系数	旋转平方和载入（累积%）
财务资源	CWZY_1	0.797	0.854	69.522
	CWZY_2	0.801		
	CWZY_3	0.821		
	CWZY_4	0.826		

2. 技术资源

对技术资源的量表进行信度分析，分别对技术资源各题项及技术资源整体量表的信度进行检验，检验结果如表 6.13 所示。技术资源各个题项的 Cronbach's α 系数分别为 0.825、0.790、0.878、0.874、0.884、0.881，整体量表的 Cronbach's α 系数为 0.927，上述所有 Cronbach's α 系数均大于 0.7，达到信度指标衡量标准，说明技术资源量表的内部一致性程度较高，具有良好的信度水平。

表 6.13   技术资源量表信度检验

	维度	Cronbach's α 系数	整体 Cronbach's α 系数
技术资源	JSZY_1	0.825	0.927
	JSZY_2	0.790	
	JSZY_3	0.878	
	JSZY_4	0.874	
	JSZY_5	0.884	
	JSZY_6	0.881	

对技术资源量表进行效度分析，具体效度检验结果如表 6.14 所示，KMO 值为 0.900，显著性 Sig < 0.001，说明变量间存在共同因子可以进行因子分析。如表 6.15 所示，两个共同因子与量表具有良好吻合，同时累计解释总方差为 73.282%，说明技术资源量表具有良好的效度。

表 6.14　　　　　技术资源量表 KMO 与 Bartlett 检验

Kaiser-Meyer-Olkin		0.900
Bartlett 球形检验	近似卡方分布	3 036.541
	自由度	15
	显著性	0.000

表 6.15　　　　　　　技术资源量表效度检验结果

	题项	Cronbach's α 系数	整体 Cronbach's α 系数	旋转平方和载入（累积%）
技术资源	JSZY_1	0.825	0.927	73.282
	JSZY_2	0.790		
	JSZY_3	0.878		
	JSZY_4	0.874		
	JSZY_5	0.884		
	JSZY_6	0.881		

3. 企业家社会资源

对企业家社会资源的量表进行信度检验，分别对结构、关系、认知三个维度以及企业家社会资源整体量表的信度进行检验，检验结果如表 6.16 所示。结构维度、关系维度和认知维度的 Cronbach's α 值分别是 0.894、0.875、0.849，整体量表的 Cronbach's α 系数为 0.816，上述所有 Cronbach's α 系数均大于 0.7，达到信度指标衡量标准，说明企业家社会资源量表的内部一致性程度较高，具有良好的信度水平。

表 6.16　　　　　　　　　　企业家社会资源量表信度检验

	维度	Cronbach's α 系数	整体 Cronbach's α 系数
企业家社会资源	结构维度	0.894	
	关系维度	0.875	0.816
	认知维度	0.849	

　　然后，对企业家社会资源量表进行效度分析，具体效度检验结果如表 6.17 所示，KMO 值为 0.857，显著性 Sig < 0.001，说明变量间有共同因子存在适合进行因子分析。因子分析结果如表 6.18 所示，三个共同因子与量表具有良好吻合，同时累计解释总方差为 75.146%，说明企业家社会资源量表具有良好的效度。

表 6.17　　　　　　企业家社会资源量表 KMO 与 Bartlett 检验

Kaiser-Meyer-Olkin		0.857
Bartlett 球形检验	近似卡方分布	3 983.879
	自由度	55
	显著性	0.000

表 6.18　　　　　　　企业家社会资源量表效度检验结果

维度	题项	成分			旋转平方和载入（累积%）
		1	2	3	
结构维度	JGWD_1	0.862			27.638
	JGWD_2	0.895			
	JGWD_3	0.870			
	JGWD_4	0.857			
关系维度	GXWD_1		0.809		54.169
	GXWD_2		0.808		
	GXWD_3		0.818		
	GXWD_4		0.843		

续表

维度	题项	成分			旋转平方和载入（累积%）
		1	2	3	
认知维度	RZWD_1			0.840	
	RZWD_2			0.814	75.146
	RZWD_3			0.844	

6.2.3.2 数字技术创新能力

对数字技术创新能力的量表进行信度检验，分别对数字技术吸收能力、数字技术整合能力、数字技术研发能力三个维度及数字技术创新能力整体量表的信度进行检验，检验结果如表 6.19 所示。数字技术吸收能力、数字技术整合能力和数字技术研发能力的 Cronbach's α 值分别是 0.708、0.834、0.758，整体量表的 Cronbach's α 系数为 0.784，上述所有 Cronbach's α 系数均大于 0.7，达到信度指标衡量标准，说明数字技术创新能力量表的内部一致性程度较高，具有良好的信度水平。

表 6.19　　　　　　　数字技术创新能力量表信度检验

	维度	Cronbach's α 系数	整体 Cronbach's α 系数
数字技术创新能力	数字技术吸收能力	0.708	
	数字技术整合能力	0.834	0.784
	数字技术研发能力	0.758	

对数字技术创新能力量表进行效度分析，具体效度检验结果如表 6.20 所示，KMO 值为 0.704，显著性 Sig < 0.001，说明变量间有共同因子存在适合进行因子分析。因子分析结果如表 6.21 所示，三个共同因子与量表具有良好吻合，同时累计解释总方差为 68.907%，说明企业家社会资源量表具有良好的效度。

表 6.20 　　　　　　数字技术创新能力量表 KMO 与 Bartlett 检验

Kaiser-Meyer-Olkin		0.704
Bartlett 球形检验	近似卡方分布	1 662.319
	自由度	36
	显著性	0.000

表 6.21 　　　　　　数字技术创新能力量表效度检验结果

维度	题项	成分			旋转平方和载入（累积%）
		1	2	3	
数字技术吸收能力	XSNL_1	0.568			68.907
	XSNL_2	0.627			
	XSNL_3	0.651			
数字技术整合能力	ZHNL_1		0.768		25.067
	ZHNL_2		0.828		
	ZHNL_3		0.802		
数字技术研发能力	YFNL_1			0.694	47.815
	YFNL_2			0.743	
	YFNL_3			0.762	

6.2.3.3 数字经济环境行业动荡性

对数字经济环境行业动荡性的量表进行信度检验，分别对技术动荡性和市场动荡性两个维度来对数字经济环境行业动荡性整体量表的信度进行检验，检验结果如表 6.22 所示。技术动荡性和市场动荡性的 Cronbach's α 值分别是 0.877、0.842，整体量表的 Cronbach's α 系数为 0.869，上述所有 Cronbach's α 系数均大于 0.7，达到信度指标衡量标准，说明数字经济环境行业动荡性量表的内部一致性程度较高，具有良好的信度水平。

表 6.22   数字经济环境行业动荡性量表信度检验

	维度	Cronbach's α 系数	整体 Cronbach's α 系数
数字经济环境 行业动荡性	技术动荡性	0.877	0.869
	市场动荡性	0.842	

对数字经济环境行业动荡性量表进行效度分析，具体效度检验结果如表 6.23 所示，KMO 值为 0.831，显著性 Sig < 0.001，说明变量间有共同因子存在适合进行因子分析。因子分析结果如表 6.24 所示，两个共同因子与量表具有良好吻合，同时累计解释总方差为 78.317%，说明数字经济环境行业动荡性量表具有良好的效度。

表 6.23   数字经济环境行业动荡性量表 KMO 与 Bartlett 检验

Kaiser-Meyer-Olkin		0.831
Bartlett 球形检验	近似卡方分布	2 099.031
	自由度	15
	显著性	0.000

表 6.24   数字经济环境行业动荡性量表效度检验结果

维度	题项	成分		旋转平方和载入 （累积%）
		1	2	
技术动荡性	ETJS_1	0.855		40.064
	ETJS_2	0.850		
	ETJS_3	0.871		
市场动荡性	ETSC_1		0.816	78.317
	ETSC_2		0.848	
	ETSC_3		0.844	

6.2.3.4 制度压力

分别对规制压力和行业竞争模仿压力及制度压力整体量表的信度进行

检验，检验结果如表 6.25 所示。规制压力和行业竞争模仿压力的
Cronbach's α 值分别是 0.850、0.838，整体量表的 Cronbach's α 系数为
0.827，上述所有 Cronbach's α 系数均大于 0.7，达到信度指标衡量标准，
说明制度压力量表的内部一致性程度较高，具有良好的信度水平。

表 6.25　　　　　　　　　　制度压力量表信度检验

	维度	Cronbach's α 系数	整体 Cronbach's α 系数
制度压力	规制压力	0.850	0.827
	行业竞争模仿压力	0.838	

对制度压力量表进行效度分析，具体效度检验结果如表 6.26 所示，
KMO 值为 0.799，显著性 Sig < 0.001，说明变量间有共同因子存在适合进
行因子分析。因子分析结果如表 6.27 所示，两个共同因子与量表具有良好
吻合，同时累计解释总方差为 68.576%，说明制度压力量表具有良好的
效度。

表 6.26　　　　　　　　制度压力量表 KMO 与 Bartlett 检验

Kaiser-Meyer-Olkin		0.799
Bartlett 球形检验	近似卡方分布	2 605.381
	自由度	28
	显著性	0.000

表 6.27　　　　　　　　制度压力量表效度检验结果

维度	题项	成分		旋转平方和载入（累积%）
		1	2	
规制压力	IPGZ_1	0.898		34.815
	IPGZ_2	0.743		
	IPGZ_3	0.748		
	IPGZ_4	0.881		

续表

维度	题项	成分		旋转平方和载入（累积%）
		1	2	
行业竞争模仿压力	IPHY_1		0.838	68.576
	IPHY_2		0.843	
	IPHY_3		0.847	
	IPHY_4		0.704	

6.2.3.5 商业模式创新

对商业模式创新的量表进行信度检验，分别对商业模式自主创新和商业模式模仿创新两个维度和制度压力整体量表的信度进行检验，检验结果如表 6.28 所示。商业模式自主创新和商业模式模仿创新两个维度的 Cronbach's α 值分别是 0.920、0.806，整体量表的 Cronbach's α 系数为 0.770，上述所有 Cronbach's α 系数均大于 0.7，达到信度指标衡量标准，说明商业模式创新量表的内部一致性程度较高，具有良好的信度水平。

表 6.28　　　　　　　　商业模式创新量表信度检验

	维度	Cronbach's α 系数	整体 Cronbach's α 系数
商业模式创新	商业模式自主创新	0.920	0.770
	商业模式模仿创新	0.806	

对商业模式创新量表进行效度分析，具体效度检验结果如表 6.29 所示，KMO 值为 0.830，显著性 Sig < 0.001，说明变量间有共同因子存在适合进行因子分析。因子分析结果如表 6.30 所示，两个共同因子与量表具有良好吻合，同时累计解释总方差为 72.067%，说明商业模式创新量表具有良好的效度。

表 6.29 商业模式创新量表 KMO 与 Bartlett 检验

Kaiser-Meyer-Olkin		0.830
Bartlett 球形检验	近似卡方分布	2 765.395
	自由度	28
	显著性	0.000

表 6.30 商业模式创新量表效度检验结果

维度	题项	成分		旋转平方和载入（累积%）
		1	2	
商业模式自主创新	BMIZ_1	0.919		40.423
	BMIZ_2	0.876		
	BMIZ_3	0.901		
	BMIZ_4	0.894		
商业模式模仿创新	BMIM_1		0.807	72.067
	BMIM_2		0.817	
	BMIM_3		0.767	
	BMIM_4		0.786	

6.3 假 设 检 验

6.3.1 相 关 分 析

本书采用 Pearson 相关系数各变量的相关性进行检验。通过相关性分析对所提出的研究假设是否合理进行初步判断。依据数据浓缩方法将各维度所有题项加权平均所获取的值是该维度的具体得分进行相关性分析，分析结果如表 6.31 所示。

表6.31　各变量的描述性统计及相关分析

变量	年限	性质	规模	年龄	教育	任职	财务	技术	社会	吸收	整合	研发	行业	制度	自主	模仿
年限	1															
性质	-0.002	1														
规模	-0.009	-0.193***	1													
年龄	0.176***	-0.003	0.053	1												
教育	0.034	-0.062	0.020	-0.049	1											
任职	-0.014	-0.011	-0.013	0.026	0.004	1										
财务	-0.052	-0.002	-0.030	0.003	-0.036	0.100**	1									
技术	-0.021	-0.028	-0.061	-0.009	-0.022	0.163***	0.198***	1								
社会	-0.011	-0.036	-0.033	0.001	-0.010	0.080**	0.014	0.114***	1							
吸收	0.021	-0.015	0.055	0.015	-0.014	0.091**	0.071*	0.140***	0.083**	1						
整合	-0.024	0.049	-0.046	0.082**	0.036	0.013	0.067	0.218***	0.266***	-0.089**	1					
研发	-0.030	-0.022	0.062	-0.042	-0.053	0.101**	0.087**	0.308***	0.118***	0.084**	0.023	1				
行业	0.000	0.011	-0.005	-0.045	-0.082**	-0.149***	-0.014	0.045	0.063	-0.017	0.023	0.175***	1			
制度	-0.027	-0.066	-0.027	-0.051	-0.016	0.030	0.045	0.102**	0.055	-0.040	-0.108***	0.172***	0.410***	1		
自主	-0.018	-0.007	0.008	0.008	0.047	0.035	0.102**	0.134***	0.077**	0.122***	0.098**	0.097**	0.021	0.023	1	
模仿	-0.046	-0.042	0.029	-0.112***	-0.031	-0.154***	0.080**	0.095**	0.084**	0.078**	0.070*	0.113***	0.475***	0.300***	0.064	1

注：* $p<0.1$，** $p<0.05$，*** $p<0.01$，双尾检验。

从表 6.31 可知，资源禀赋（财务资源、技术资源、企业家社会资源）与商业模式自主创新（$r = 0.102$，$p < 0.01$；$r = 0.134$，$p < 0.01$；$r = 0.077$，$p < 0.05$）呈显著正相关，假设 H1a、H1b、H1c 得到初步验证；资源禀赋（财务资源、技术资源、企业家社会资源）与商业模式模仿创新（$r = 0.080$，$p < 0.05$；$r = 0.095$，$p < 0.05$；$r = 0.084$，$p < 0.05$）呈显著正相关，假设 H2a、H2b、H2c 得到初步验证；财务资源、技术资源、企业家社会资源与数字技术吸收能力（$r = 0.071$，$p < 0.1$；$r = 0.140$，$p < 0.01$；$r = 0.083$，$p < 0.05$）呈显著正相关，假设 H3a、H3d、H3g 得到初步验证；财务资源、技术资源、企业家社会资源与数字技术整合能力（$r = 0.067$，$p < 0.1$；$r = 0.218$，$p < 0.01$；$r = 0.266$，$p < 0.01$）呈显著正相关，假设 H3b、H3e、H3h 得到初步验证；财务资源、技术资源、企业家社会资源与数字技术研发能力（$r = 0.087$，$p < 0.05$；$r = 0.308$，$p < 0.01$；$r = 0.118$，$p < 0.01$）呈显著正相关，假设 H3c、H3f、H3i 得到初步验证；数字技术吸收能力、数字技术整合能力、数字技术研发能力与商业模式自主创新（$r = 0.122$，$p < 0.01$；$r = 0.098$，$p < 0.05$；$r = 0.097$，$p < 0.05$）呈显著正相关，假设 H4a、H4b、H4c 得到初步验证；数字技术吸收能力、数字技术整合能力、数字技术研发能力与商业模式模仿创新（$r = 0.078$，$p < 0.05$；$r = 0.070$，$p < 0.1$；$r = 0.113$，$p < 0.01$）呈显著正相关，假设 H4d、H4e、H4f 得到初步验证；另外，数字经济环境行业动荡性、制度压力与商业模式模仿创新（$r = 0.475$，$p < 0.01$；$r = 0.300$，$p < 0.01$），呈显著正相关。技术资源和制度压力（$r = 0.102$，$p < 0.01$），呈显著正相关。

6.3.2 资源禀赋对商业模式创新影响的实证检验

表 6.32 为资源禀赋（财务资源、技术资源、企业家社会资源）与商业模式自主创新的主效应检验结果。由模型 2—模型 4 可知，财务资源、技术资源、企业家社会资源对商业模式自主创新有显著的正向影响（$\beta = 0.101$，$p < 0.05$；$\beta = 0.134$，$p < 0.01$；$\beta = 0.075$，$p < 0.1$），假设 H1a、H1b、H1c 得到验证；由模型 6—模型 8 可知，财务资源、技术资源、企业家社会资源对商业模式模仿创新有显著的正向影响（$\beta = 0.095$，$p < 0.05$；

β = 0.122，p < 0.01；β = 0.096，p < 0.05），假设 H2a、H2b、H2c 得到验证。

表 6.32   主效应回归分析结果

变量	商业模式自主创新				商业模式模仿创新			
	M1	M2	M3	M4	M5	M6	M7	M8
企业年限	−0.022	−0.016	−0.019	−0.021	−0.028	−0.023	−0.025	−0.027
企业性质	−0.003	−0.002	0.003	0.001	−0.042	−0.041	−0.037	−0.038
企业规模	0.006	0.009	0.015	0.009	0.025	0.028	0.033	0.029
个人年龄	0.013	0.012	0.014	0.013	−0.107 ***	−0.108 ***	−0.106 ***	−0.107 ***
教育程度	0.048	0.052	0.051	0.049	−0.037	−0.034	−0.034	−0.036
任职时间	0.034	0.024	0.012	0.028	−0.152 ***	−0.161 ***	−0.172 ***	−0.160 ***
CWZY		0.101 **				0.095 **		
JSZY			0.134 ***				0.122 ***	
SHZY				0.075 *				0.096 **
F	0.439	1.330 *	2.031 **	0.905 *	4.579 ***	4.823 ***	5.386 ***	4.848 ***
R^2	0.004	0.014	0.021	0.010	0.040	0.049	0.055	0.050
调整后的 R^2	−0.005	0.003	0.011	−0.001	0.032	0.039	0.045	0.039
ΔR	0.004	0.010	0.017	0.006	0.040	0.009	0.014	0.009

注：* p < 0.1，** p < 0.05，*** p < 0.01。

6.3.3　数字技术创新能力的中介效应检验

6.3.3.1　资源禀赋对数字技术创新能力的影响

表 6.33 为财务资源与数字技术创新能力（数字技术吸收能力、数字技术整合能力、数字技术研发能力）的检验结果。由模型 10、模型 12、模型 14 可知，财务资源对数字技术吸收能力、数字技术整合能力、数字技术研发能力均有显著的正向影响（β = 0.065，p < 0.1；β = 0.065，p < 0.1；

β＝0.077，p＜0.05），假设 H3a、H3b、H3c 得到验证；表6.34 为技术资源与数字技术创新能力（数字技术吸收能力、数字技术整合能力、数字技术研发能力）的检验结果。由模型16、模型18、模型20可知，技术资源对数字技术吸收能力、数字技术整合能力、数字技术研发能力均有显著的正向影响（β＝0.133，p＜0.01；β＝0.223，p＜0.01；β＝0.302，p＜0.01），假设 H3d、H3e、H3f 得到验证；表6.35 为企业家社会资源与数字技术创新能力（数字技术吸收能力、数字技术整合能力、数字技术研发能力）的检验结果。由模型22、模型24、模型26可知，企业家社会资源对数字技术吸收能力、数字技术整合能力、数字技术研发能力均有显著的正向影响（β＝0.078，p＜0.05；β＝0.268，p＜0.01；β＝0.112，p＜0.01），假设 H3g、H3h、H3i 得到验证。

表6.33　　财务资源对数字技术创新能力影响的回归分析结果

变量	数字技术吸收能力		数字技术整合能力		数字技术研发能力	
	M9	M10	M11	M12	M13	M14
企业年限	0.023	0.026	−0.042	−0.039	−0.018	−0.014
企业性质	−0.004	−0.003	0.044	0.044	−0.013	−0.012
企业规模	0.056	0.058	−0.044	−0.042	0.064	0.067*
个人年龄	0.005	0.005	0.094**	0.093**	−0.047	−0.048
教育程度	−0.016	−0.014	0.046	0.048	−0.057	−0.054
任职时间	0.092**	0.085**	0.009	0.003	0.102***	0.095**
CWZY		0.065*		0.065*		0.077**
F	1.344	1.550*	1.611	1.784*	2.230**	2.482**
R^2	0.012	0.016	0.015	0.019	0.020	0.026
调整后的 R^2	0.003	0.006	0.006	0.008	0.011	0.016
ΔR	0.012	0.004	0.015	0.004	0.020	0.006

注：＊p＜0.1，＊＊p＜0.05，＊＊＊p＜0.01。

表 6.34　　　　　技术资源对数字技术创新能力影响的回归分析结果

变量	数字技术吸收能力		数字技术整合能力		数字技术研发能力	
	M15	M16	M17	M18	M19	M20
企业年限	0.023	0.025	− 0.042	− 0.038	− 0.018	− 0.013
企业性质	− 0.004	0.001	0.044	0.053	− 0.013	0.000
企业规模	0.056	0.064	− 0.044	− 0.029	0.064	0.084 **
个人年龄	0.005	0.006	0.094 **	0.095 **	− 0.047	− 0.045
教育程度	− 0.016	− 0.013	0.046	0.051	− 0.057	− 0.050
任职时间	0.092 **	0.070 *	0.009	− 0.027	0.102 ***	0.054
JSZY		0.133 ***		0.223 ***		0.302 ***
F	1.344 *	2.816 **	1.611 *	6.238 ***	2.230 **	11.325 ***
R^2	0.012	0.029	0.015	0.063	0.020	0.109
调整后的 R^2	0.003	0.019	0.006	0.053	0.011	0.099
ΔR	0.012	0.017	0.015	0.048	0.020	0.088

注：$* p < 0.1$，$** p < 0.05$，$*** p < 0.01$。

表 6.35　　　企业家社会资源对数字技术创新能力影响的回归分析结果

变量	数字技术吸收能力		数字技术整合能力		数字技术研发能力	
	M21	M22	M23	M24	M25	M26
企业年限	0.023	0.023	− 0.042	− 0.040	− 0.018	− 0.017
企业性质	− 0.004	− 0.001	0.044	0.055	− 0.013	− 0.008
企业规模	0.056	0.059	− 0.044	− 0.033	0.064	0.069 *
个人年龄	0.005	0.005	0.094 **	0.093 **	− 0.047	− 0.048
教育程度	− 0.016	− 0.015	0.046	0.049	− 0.057	− 0.056
任职时间	0.092 **	0.085 **	0.009	− 0.012	0.102 ***	0.094 **
SHZY		0.078 **		0.268 ***		0.112 ***
F	1.344	1.731 *	1.611	8.698 ***	2.230 **	3.125 ***
R^2	0.012	0.018	0.015	0.086	0.020	0.033
调整后的 R^2	0.003	0.008	0.006	0.076	0.011	0.022
ΔR	0.012	0.006	0.015	0.071	0.020	0.012

注：$* p < 0.1$，$** p < 0.05$，$*** p < 0.01$。

6.3.3.2　数字技术创新能力对商业模式创新的影响

表6.36为数字技术创新能力（数字技术吸收能力、数字技术整合能力、数字技术研发能力）与商业模式自主创新的主效应检验结果。由模型27—模型29可知，数字技术吸收能力、数字技术整合能力、数字技术研发能力对商业模式自主创新有显著的正向影响（β=0.121，p<0.01；β=0.096，p<0.05；β=0.098，p<0.05），假设H4a、H4b、H4c得到验证；由模型30—模型32可知，数字技术吸收能力、数字技术整合能力、数字技术研发能力对商业模式模仿创新有显著的正向影响（β=0.093，p<0.05；β=0.086，p<0.05；β=0.121，p<0.01），假设H4d、H4e、H4f得到验证。

表6.36　数字技术创新能力对商业模式创新影响的回归结果分析

变量	商业模式自主创新			商业模式模仿创新		
	M27	M28	M29	M30	M31	M32
企业年限	−0.024	−0.017	−0.020	−0.030	−0.024	−0.025
企业性质	−0.002	−0.007	−0.002	−0.042	−0.046	−0.040
企业规模	−0.001	0.010	0.000	0.020	0.029	0.018
个人年龄	0.013	0.004	0.018	−0.108 ***	−0.115 ***	−0.101 ***
教育程度	0.050	0.044	0.054	−0.036	−0.041	−0.031
任职时间	0.023	0.033	0.024	−0.161 ***	−0.153 ***	−0.164 ***
XSNL	0.121 ***			0.093 **		
ZHNL		0.096 **			0.086 **	
YFNL			0.098 **			0.121 ***
F	1.747 *	1.240 *	1.258 **	4.785 ***	4.656 ***	5.383 ***
R^2	0.018	0.013	0.013	0.049	0.048	0.055
调整后的 R^2	0.008	0.003	0.003	0.039	0.037	0.045
ΔR	0.014	0.009	0.009	0.009	0.007	0.014

注：* p<0.1，** p<0.05，*** p<0.01。

6.3.3.3 数字技术创新能力在资源禀赋与商业模式自主创新间的中介效应

表 6.37 为数字技术创新能力在资源禀赋与商业模式自主创新间的中介效应检验结果。由模型 33 可知，财务资源与商业模式自主创新间加入数字技术吸收能力后，财务资源对商业模式自主创新的正向影响仍然显著（$\beta = 0.094$，$p < 0.05$），与模型 2 对比后发现，财务资源的路径系数降低，说明数字技术吸收能力在财务资源与商业模式自主创新间起部分中介作用，假设 H5a 成立；由模型 34 可知，财务资源与商业模式自主创新间加入数字技术整合能力后，财务资源对商业模式自主创新的正向影响仍然显著（$\beta = 0.095$，$p < 0.05$），与模型 2 对比后发现，财务资源的路径系数降低，说明数字技术整合能力在财务资源与商业模式自主创新间起部分中介作用，假设 H5d 成立；由模型 35 可知，财务资源与商业模式自主创新间加入数字技术研发能力后，财务资源对商业模式自主创新的正向影响仍然显著（$\beta = 0.094$，$p < 0.05$），与模型 2 对比后发现，财务资源的路径系数降低，说明数字技术研发能力在财务资源与商业模式自主创新间起部分中介作用，假设 H5g 成立。

由模型 36 可知，技术资源与商业模式自主创新间加入数字技术吸收能力后，技术资源对商业模式自主创新的正向影响仍然显著（$\beta = 0.120$，$p < 0.01$），与模型 3 对比后发现，技术资源的路径系数降低，说明数字技术吸收能力在技术资源与商业模式自主创新间起部分中介作用，假设 H5b 成立；由模型 37 可知，技术资源与商业模式自主创新间加入数字技术整合能力后，技术资源对商业模式自主创新的正向影响显著（$\beta = 0.118$，$p < 0.01$），且与模型 3 对比后发现，技术资源的路径系数降低，说明数字技术整合能力在技术资源与商业模式自主创新间起部分中介作用，假设 H5e 成立；由模型 38 可知，技术资源与商业模式自主创新间加入数字技术研发能力后，尽管技术资源对商业模式自主创新显著（$\beta = 0.115$，$p < 0.01$），但数字技术研发能力的系数并不显著，说明数字技术研发能力在技术资源与商业模式自主创新间的中介作用不显著，假设 H5h 不成立。

由模型 39 可知，企业家社会资源与商业模式自主创新间加入数字技术吸收能力后，企业家社会资源对商业模式自主创新的正向影响仍然显著

（β = 0.066，p < 0.05），与模型 4 对比后发现，企业家社会资源的路径系数降低，说明数字技术吸收能力在企业家社会资源与商业模式自主创新间起部分中介作用，假设 H5c 成立；由模型 40 可知，企业家社会资源与商业模式自主创新间加入数字技术整合能力后，企业家社会资源对商业模式自主创新的不显著（β = 0.053，p > 0.1），但数字技术整合能力系数显著（β = 0.082，p < 0.05），说明存在完全中介效应，假设 H5f 成立；由模型 41 可知，企业家社会资源与商业模式自主创新间加入数字技术研发能力后，企业家社会资源对商业模式自主创新的正向影响仍然显著（β = 0.065，p < 0.1），与模型 4 对比后发现，企业家社会资源的路径系数降低，说明数字技术研发能力在企业家社会资源与商业模式自主创新间起部分中介作用，假设 H5i 成立。综上所述，数字技术创新能力在资源禀赋与商业模式自主创新间起部分中介作用，假设 H5 部分成立。

表 6.37　　　　　　　　　　中介效应回归分析结果 1

变量	商业模式自主创新								
	M33	M34	M35	M36	M37	M38	M39	M40	M41
企业年限	−0.019	−0.013	−0.015	−0.022	−0.016	−0.018	−0.023	−0.018	−0.019
企业性质	−0.001	−0.006	−0.001	0.003	−0.001	0.003	0.001	−0.004	0.001
企业规模	0.003	0.013	0.003	0.008	0.017	0.010	0.002	0.012	0.003
个人年龄	0.012	0.004	0.017	0.014	0.007	0.017	0.012	0.005	0.017
教育程度	0.053	0.047	0.056	0.053	0.048	0.054	0.051	0.045	0.054
任职时间	0.014	0.024	0.015	0.005	0.014	0.009	0.018	0.029	0.020
CWZY	0.094 **	0.095 **	0.094 **						
JSZY				0.120 ***	0.118 ***	0.115 ***			
SHZY							0.066 **	0.053	0.065 *
XSNL	0.115 ***			0.105 ***			0.116 ***		
ZHNL		0.090 **			0.070 *			0.082 **	
YFNL			0.090 **			0.063			0.090 **
F	2.258 **	1.832 *	1.830 *	2.695 ***	2.169 **	2.078 **	1.892 *	1.302 *	1.447 *
R^2	0.027	0.022	0.022	0.032	0.026	0.025	0.023	0.016	0.018

续表

变量	商业模式自主创新								
	M33	M34	M35	M36	M37	M38	M39	M40	M41
调整后的 R^2	0.015	0.010	0.010	0.020	0.014	0.013	0.011	0.004	0.005
ΔR	0.013	0.008	0.008	0.011	0.005	0.004	0.013	0.006	0.008

注：$*p < 0.1$，$**p < 0.05$，$***p < 0.01$。

6.3.3.4 数字技术创新能力在资源禀赋与商业模式模仿创新间的中介效应

表6.38为数字技术创新能力在资源禀赋与商业模式模仿创新间的中介效应检验结果。由模型42可知，财务资源与商业模式模仿创新间加入数字技术吸收能力后，财务资源对商业模式模仿创新的正向影响仍然显著（$\beta = 0.089$，$p < 0.05$），与模型6对比后发现，财务资源的路径系数降低，说明数字技术吸收能力在财务资源与商业模式模仿创新间起部分中介作用，假设 H6a 成立；由模型43可知，财务资源与商业模式模仿创新间加入数字技术整合能力后，财务资源对商业模式模仿创新的正向影响仍然显著（$\beta = 0.090$，$p < 0.05$），与模型6对比后发现，财务资源的路径系数降低，说明数字技术整合能力在财务资源与商业模式模仿创新间起部分中介作用，假设 H6d 成立；由模型44可知，财务资源与商业模式模仿创新间加入数字技术研发能力后，财务资源对商业模式模仿创新的正向影响仍然显著（$\beta = 0.086$，$p < 0.05$），与模型6对比后发现，财务资源的路径系数降低，说明数字技术研发能力在财务资源与商业模式模仿创新间起部分中介作用，假设 H6g 成立。

由模型45可知，技术资源与商业模式模仿创新间加入数字技术吸收能力后，技术资源对商业模式模仿创新的正向影响仍然显著（$\beta = 0.111$，$p < 0.01$），与模型7对比后发现，技术资源的路径系数降低，说明数字技术吸收能力在技术资源与商业模式模仿创新间起部分中介作用，假设 H6b 成立；由模型46可知，技术资源与商业模式模仿创新间加入数字技术整合能力后，数字技术整合能力的系数并不显著，说明数字技术整合能力在技术资源与商业模式模仿创新间的中介作用不显著，假设 H6e 不成立；由模

型 47 可知, 技术资源与商业模式模仿创新间加入数字技术研发能力后, 技术资源对商业模式模仿创新的正向影响仍然显著 ($\beta = 0.094$, $p < 0.05$), 与模型 7 对比后发现, 技术资源的路径系数降低, 说明数字技术研发能力在技术资源与商业模式模仿创新间起部分中介作用, 假设 H6h 成立。

由模型 48 可知, 企业家社会资源与商业模式模仿创新间加入数字技术吸收能力后, 企业家社会资源对商业模式模仿创新的正向影响仍然显著 ($\beta = 0.089$, $p < 0.05$), 与模型 8 对比后发现, 企业家社会资源的路径系数降低, 说明数字技术吸收能力在企业家社会资源与商业模式模仿创新间起部分中介作用, 假设 H6c 成立; 由模型 49 可知, 企业家社会资源与商业模式模仿创新间加入数字技术整合能力后, 数字技术整合能力系数并不显著, 说明数字技术整合能力在企业家社会资源与商业模式模仿创新间的中介作用不显著, 假设 H6f 不成立; 由模型 50 可知, 企业家社会资源与商业模式模仿创新间加入数字技术研发能力后, 企业家社会资源对商业模式模仿创新的正向影响仍显著 ($\beta = 0.083$, $p < 0.05$), 与模型 8 对比后, 企业家社会资源路径系数降低, 说明数字技术研发能力在企业家社会资源与商业模式模仿创新间起部分中介作用, 假设 H6i 成立。综上所述, 数字技术创新能力在资源禀赋与商业模式模仿创新间起部分中介作用, 假设 H6 部分成立。

表 6.38　　　　　　　　　　中介效应回归分析结果 2

变量	商业模式模仿创新								
	M42	M43	M44	M45	M46	M47	M48	M49	M50
企业年限	−0.025	−0.020	−0.021	−0.027	−0.023	−0.024	−0.029	−0.024	−0.025
企业性质	−0.041	−0.045	−0.040	−0.037	−0.040	−0.037	−0.038	−0.041	−0.037
企业规模	0.023	0.032	0.021	0.028	0.035	0.026	0.024	0.031	0.022
个人年龄	−0.108 ***	−0.115 ***	−0.102 ***	−0.107 ***	−0.112 ***	−0.102 ***	−0.108 ***	−0.113 ***	−0.102 ***
教育程度	−0.033	−0.038	−0.028	−0.034	−0.038	−0.030	−0.035	−0.039	−0.030
任职时间	−0.169 ***	−0.162 ***	−0.172 ***	−0.177 ***	−0.170 ***	−0.177 ***	−0.167 ***	−0.159 ***	−0.170 ***
CWZY	0.089 **	0.090 **	0.086 **						
JSZY				0.111 ***	0.108 ***	0.094 **			
SHZY							0.089 **	0.079 **	0.083 **

续表

变量	商业模式模仿创新								
	M42	M43	M44	M45	M46	M47	M48	M49	M50
XSNL	0.087 **			0.078 **			0.086 **		
ZHNL		0.080 **			0.062			0.065	
YFNL			0.114 ***			0.093 **			0.111 ***
F	4.887 ***	4.780 ***	5.368 ***	5.249 ***	5.035 ***	5.409 ***	4.890 ***	4.580	5.327 ***
R^2	0.057	0.056	0.062	0.061	0.058	0.062	0.057	0.053	0.062
调整后的 R^2	0.045	0.044	0.050	0.049	0.047	0.051	0.045	0.042	0.050
ΔR	0.007	0.006	0.013	0.006	0.004	0.008	0.007	0.004	0.012

注：* $p < 0.1$，** $p < 0.05$，*** $p < 0.01$。

6.3.4 数字经济环境行业动荡性的调节效应检验

6.3.4.1 数字经济环境行业动荡性在资源禀赋与商业模式自主创新间的调节效应

表 6.39 为数字经济环境行业动荡性在资源禀赋与商业模式自主创新间的调节效应检验结果。由模型 52 可知，财务资源与数字经济环境行业动荡性的交互项系数为正且不显著（$\beta = 0.006$，$p > 0.1$），假设 H7a 不成立；由模型 54 可知，技术资源与数字经济环境行业动荡性的交互项系数为正且不显著（$\beta = 0.037$，$p > 0.1$），假设 H7b 不成立；由模型 56 可知，企业家社会资源与数字经济环境行业动荡性的交互项系数为正且不显著（$\beta = 0.003$，$p > 0.1$），假设 H7c 不成立。综上所述，数字经济环境行业动荡性在资源禀赋与商业模式自主创新间不起调节作用，假设 H7 不成立。

表 6.39   数字经济环境行业动荡性调节效应回归分析结果 1

变量	商业模式自主创新					
	M51	M52	M53	M54	M55	M56
企业年限	− 0. 017	− 0. 017	− 0. 019	− 0. 019	− 0. 021	− 0. 021
企业性质	− 0. 002	− 0. 002	0. 003	0. 004	− 0. 000	0. 000
企业规模	0. 009	0. 009	0. 015	0. 013	0. 009	0. 009
个人年龄	0. 014	0. 014	0. 015	0. 015	0. 014	0. 014
教育程度	0. 054	0. 054	0. 053	0. 052	0. 051	0. 051
任职时间	0. 029	0. 029	0. 016	0. 018	0. 032	0. 032
CWZY	0. 101 **	0. 102 **				
JSZY			0. 132 ***	0. 137 ***		
SHZY					0. 073 *	0. 074 *
ET	0. 032	0. 031	0. 022	0. 026	0. 026	0. 026
ET × CWZY		0. 006				
ET × JSZY				0. 037		
ET × SHZY						0. 003
F	1. 242 **	1. 105 *	1. 814 *	1. 711 *	0. 843 *	0. 749 *
R^2	0. 015	0. 015	0. 022	0. 023	0. 010	0. 010
调整后的 R^2	0. 003	0. 001	0. 010	0. 010	− 0. 002	− 0. 003
ΔR	0. 001	0. 000	0. 000	0. 001	0. 001	0. 000

注: * $p < 0.1$, ** $p < 0.05$, *** $p < 0.01$。

6.3.4.2 数字经济环境行业动荡性在资源禀赋与商业模式模仿创新间的调节效应

表 6.40 为数字经济环境行业动荡性在资源禀赋与商业模式模仿创新间的调节效应检验结果。由模型 58 可知,财务资源与数字经济环境行业动荡性的交互项系数为正且显著 ($\beta = 0.085$, $p < 0.05$),假设 H8a 成立,数字经济环境行业动荡性在财务资源与商业模式模仿创新间起正向调节作用;由模型 60 可知,技术资源与数字经济环境行业动荡性的交互项系数为正且显著 ($\beta = 0.130$, $p < 0.01$),假设 H8b 成立,数字经济环境行业动荡性在

技术资源与商业模式模仿创新间起正向调节作用；由模型 62 可知，企业家社会资源与数字经济环境行业动荡性的交互项系数为正且显著（β = 0.071，$p < 0.05$），假设 H8c 成立。综上所述，数字经济环境行业动荡程度在资源禀赋与商业模式模仿创新间起正向调节作用，假设 H8 成立。

表 6.40　　　　　数字经济环境行业动荡性调节效应回归分析结果 2

变量	商业模式模仿创新					
	M57	M58	M59	M60	M61	M62
企业年限	-0.027	-0.029	-0.030	-0.029	-0.031	-0.034
企业性质	-0.043	-0.044	-0.040	-0.035	-0.041	-0.047
企业规模	0.029	0.023	0.032	0.025	0.029	0.030
个人年龄	-0.087 **	-0.084 **	-0.085 **	-0.087 **	-0.086 **	-0.082 **
教育程度	0.004	0.008	0.003	-0.002	0.001	-0.001
任职时间	-0.094 ***	-0.093 ***	-0.100 ***	-0.094 ***	-0.090 ***	-0.088 ***
CWZY	0.096 ***	0.103 ***				
JSZY			0.090 ***	0.107 ***		
SHZY					0.062 *	0.075 **
ET	0.460 ***	0.456 ***	0.453 ***	0.465 **	0.455 ***	0.465 ***
ET × CWZY		0.085 **				
ET × WZZB				0.130 ***		
ET × SHZY						0.071 **
F	27.709 ***	25.522 ***	27.534 ***	26.590 ***	26.939 ***	24.518 ***
R^2	0.254	0.261	0.253	0.269	0.249	0.254
调整后的 R^2	0.245	0.251	0.244	0.259	0.240	0.243
ΔR	0.205	0.007	0.198	0.016	0.199	0.005

注：* $p < 0.1$，** $p < 0.05$，*** $p < 0.01$。

为了进一步验证调节作用的作用方式与所提出的假设是否一致，根据数字经济环境行业动荡性水平的高低对样本进行分析，用以分别显示低于平均值的标准偏差和高于平均值的标准偏差。由图 6.1 可知，数字经济环境行业动荡性正向调节财务资源与商业模式模仿创新的关系，即当数字经济环境行业动荡性较高时，财务资源对商业模式模仿创新的影响较为显著；当数字经济环境行业动荡性较低时，财务资源对商业模式模仿创新的影响则较弱。

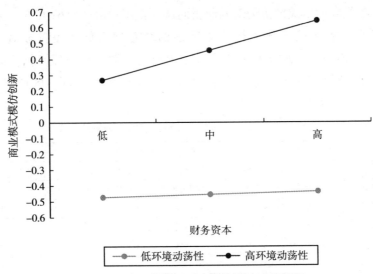

图6.1　数字经济环境行业动荡性的调节作用1

由图6.2可知，数字经济环境行业动荡性正向调节技术资源与商业模式模仿创新的关系，即当数字经济环境行业动荡性较高时，技术资源对商业模式模仿创新的影响较为显著；当数字经济环境行业动荡性较低时，技术资源对商业模式模仿创新的影响较弱。

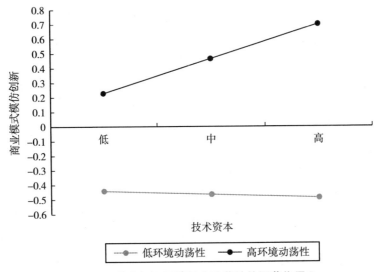

图6.2　数字经济环境行业动荡性的调节作用2

由图6.3可知，数字经济环境行业动荡性正向调节企业家社会资源与商业模式模仿创新的关系，即当数字经济环境行业动荡性较高时，企业家社会资源对商业模式模仿创新的影响较为显著；当数字经济环境行业动荡性较低时，企业家社会资源对商业模式模仿创新的影响较弱。

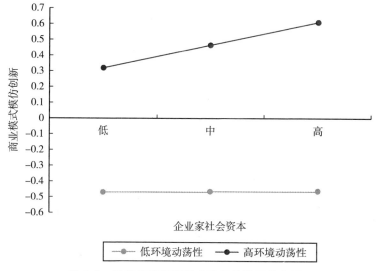

图6.3 数字经济环境行业动荡性的调节作用3

6.3.5 制度压力的调节效应检验

6.3.5.1 制度压力在资源禀赋与商业模式自主创新间的调节效应

表6.41为制度压力在资源禀赋与商业模式自主创新间的调节效应检验结果。由模型64可知，财务资源与制度压力的交互项系数为负且不显著（$\beta = -0.053$，$p > 0.1$），假设 H9a 不成立；由模型66可知，技术资源与制度压力的交互项系数为正且不显著（$\beta = 0.028$，$p > 0.1$），假设 H9b 不成立；由模型68可知，企业家社会资源与制度压力的交互项系数为负且不显著（$\beta = -0.024$，$p > 0.1$），假设 H9c 不成立。综上所述，制度压力在资源禀赋与商业模式自主创新间不起调节作用，假设 H9 不成立。

表 6.41   制度压力调节效应回归分析结果 1

变量	商业模式自主创新					
	M63	M64	M65	M66	M67	M68
企业年限	−0.016	−0.016	−0.019	−0.018	−0.020	−0.018
企业性质	0.000	0.003	0.003	0.004	0.002	0.001
企业规模	0.010	0.009	0.015	0.016	0.010	0.010
个人年龄	0.013	0.013	0.015	0.014	0.014	0.012
教育程度	0.052	0.049	0.051	0.054	0.049	0.049
任职时间	0.024	0.026	0.012	0.011	0.028	0.029
CWZY	0.100 **	0.097 **	0.133 ***			
JSZY				0.138 ***		
SHZY					0.074 *	0.070 *
IP	0.020	0.019	0.011	0.013	0.020	0.016
IP × CWZY		−0.053				
IP × JSZY				0.028		
IP × SHZY						−0.024
F	1.193 *	1.266 **	1.785 *	1.638 *	0.823 *	0.770 *
R^2	0.014	0.017	0.021	0.022	0.010	0.011
调整后的 R^2	0.002	0.004	0.009	0.009	−0.002	−0.003
ΔR	0.000	0.003	0.000	0.001	0.000	0.001

注：* $p<0.1$，** $p<0.05$，*** $p<0.01$。

6.3.5.2   制度压力在资源禀赋与商业模式模仿创新间的调节效应

表 6.42 为制度压力在资源禀赋与商业模式模仿创新间的调节效应检验结果。由模型 70 可知，财务资源与制度压力的交互项系数为正且显著（$\beta = 0.113$，$p < 0.01$），假设 H10a 成立；由模型 72 可知，技术资源与制度压力的交互项系数为正且显著（$\beta = 0.125$，$p < 0.01$），假设 H10b 成立；由模型 74 可知，企业家社会资源与制度压力的交互项系数为正且显著（$\beta = 0.073$，$p < 0.1$），假设 H10c 成立。综上所述，制度压力正向调节资源禀赋与商业模式模仿创新的关系，假设 H10 成立。

表 6.42   制度压力调节效应回归分析结果 2

变量	商业模式模仿创新					
	M69	M70	M71	M72	M73	M74
企业年限	-0.018	-0.018	-0.021	-0.018	-0.022	-0.030
企业性质	-0.019	-0.026	-0.017	-0.015	-0.016	-0.012
企业规模	0.039	0.041	0.043	0.047	0.040	0.040
个人年龄	-0.093 **	-0.092 **	-0.092 **	-0.095 **	-0.093 **	-0.088 **
教育程度	-0.028	-0.021	-0.029	-0.018	-0.030	-0.029
任职时间	-0.169 ***	-0.174 ***	-0.176 ***	-0.182 ***	-0.167 ***	-0.170 ***
CWZY	0.083 **	0.091 **				
JSZY			0.094 **	0.117 ***		
SHZY					0.082 **	0.094 **
IP	0.295 ***	0.297 ***	0.290 ***	0.298 ***	0.295 ***	0.308 ***
IP × CWZY		0.113 ***				
IP × JSZY				0.125 ***		
IP × SHZY						0.073 *
F	12.734 ***	12.538 ***	12.925 ***	12.932 ***	12.711 ***	11.753 ***
R^2	0.135	0.148	0.137	0.152	0.135	0.140
调整后的 R^2	0.125	0.136	0.127	0.140	0.125	0.128
ΔR	0.086	0.013	0.082	0.015	0.086	0.005

注：* $p < 0.1$，** $p < 0.05$，*** $p < 0.01$。

为了进一步验证调节的作用方式与所提出的假设是否一致，根据制度压力水平的高低对样本进行分析，用以分别显示低于平均值的标准偏差和高于平均值的标准偏差。

由图 6.4 可知，制度压力正向调节财务资源与商业模式模仿创新的关系，即当制度压力较高时，财务资源对商业模式模仿创新的影响较为显著；当制度压力较低时，财务资源对商业模式模仿创新的影响较弱。

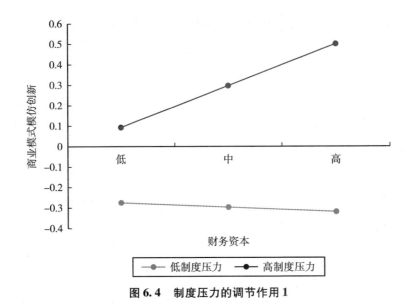

图6.4　制度压力的调节作用1

由图6.5可知,制度压力正向调节技术资源与商业模式模仿创新的关系,即当制度压力较高时,技术资源对商业模式模仿创新的影响较为显著;当制度压力较低时,技术资源对商业模式模仿创新的影响较弱。

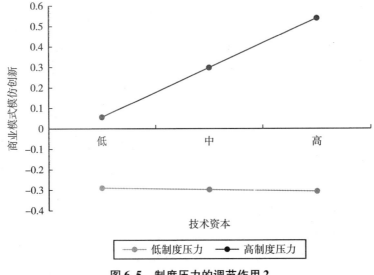

图6.5　制度压力的调节作用2

由图 6.6 可知，制度压力正向调节企业家社会资源与商业模式模仿创新的关系，即当制度压力较高时，企业家社会资源对商业模式模仿创新的影响较为显著；当制度压力较低时，企业家社会资源对商业模式模仿创新的影响较弱。

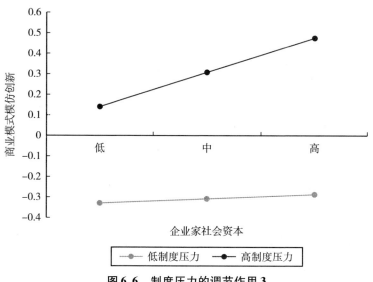

图 6.6　制度压力的调节作用 3

6.3.6　稳健性检验

本书借鉴李（Li，2009）、解学梅等（2021）、米勒和特里亚纳（Miller & Triana，2009）的做法，采用样本拆分的方式进行研究结果的稳健性检验[390-392]。对 659 个样本进行随机抽样，分别抽取样本的 70% 和 90% 的数据进行主效应假设检验，检验结果如表 6.43 和表 6.44 所示。

表 6.43　　　　　　　　　　样本量 70% 的稳健性检验

变量	商业模式自主创新				商业模式模仿创新			
	M1	M2	M3	M4	M5	M6	M7	M8
企业年限	-0.042	-0.031	-0.041	-0.042	-0.015	-0.008	-0.015	-0.012

续表

变量	商业模式自主创新				商业模式模仿创新			
	M1	M2	M3	M4	M5	M6	M7	M8
企业性质	0.004	0.006	0.006	0.005	−0.004	−0.002	−0.003	−0.002
企业规模	0.016	0.022	0.025	0.021	0.062	0.066	0.064	0.064
个人年龄	0.025	0.019	0.022	0.020	−0.045	−0.049	−0.048	−0.053
教育程度	0.044	0.048	0.045	0.046	0.008	0.011	0.009	0.011
任职时间	0.023	−0.002	−0.013	−0.020	0.027	0.012	0.005	0.023
CWZY		0.047 ***				0.090 *		
JSZY			0.141 ***				0.084 *	
SHZY				0.160 ***				0.108 **
F	0.343	1.685 *	1.524 **	1.871 *	0.544 *	0.976 *	0.894 *	1.238 **
R^2	0.005	0.025	0.023	0.028	0.007	0.015	0.014	0.019
调整后的 R^2	−0.009	0.010	0.008	0.013	−0.006	0.000	−0.002	0.004
ΔR	0.005	0.021	0.018	0.024	0.007	0.008	0.006	0.012

注：* $p < 0.1$，** $p < 0.05$，*** $p < 0.01$。

表 6.44　　　　　　　　**样本量90%的稳健性检验**

变量	商业模式自主创新				商业模式模仿创新			
	M9	M10	M11	M12	M13	M14	M15	M16
企业年限	−0.018	−0.014	−0.018	−0.018	−0.013	0.013	−0.014	−0.014
企业性质	−0.025	−0.025	−0.024	−0.021	−0.035	−0.042 *	−0.035	−0.031
企业规模	0.008	0.009	0.012	0.012	−0.004	0.009 **	−0.001	0.001
个人年龄	−0.024	−0.025	−0.024	−0.025	−0.103 **	−0.122 *	−0.102 **	−0.103 **
教育程度	0.050	0.052	0.049	0.049	−0.034	−0.104	−0.034	−0.035
任职时间	0.029	0.021	0.015	0.021	−0.202 ***	−0.002 ***	−0.214 ***	−0.210 ***
CWZY		0.077 *				0.109 *		
JSZY			0.088 **				0.072 *	
SHZY				0.100 **				0.104 ***
F	0.510	0.927 *	1.082 **	1.285 *	5.762 ***	5.396 ***	5.402 ***	5.947 ***

续表

变量	商业模式自主创新				商业模式模仿创新			
	M9	M10	M11	M12	M13	M14	M15	M16
R^2	0.005	0.011	0.013	0.015	0.056	0.061	0.061	0.066
调整后的 R^2	−0.005	−0.001	0.001	0.003	0.046	0.049	0.049	0.055
ΔR	0.005	0.006	0.008	0.010	0.056	0.005	0.005	0.011

注：$*p<0.1$，$**p<0.05$，$***p<0.01$。

在表 6.43 中，由模型 2—模型 4 可知，财务资源、技术资源、企业家社会资源对商业模式自主创新有显著的正向影响（$\beta=0.047$，$p<0.01$；$\beta=0.141$，$p<0.01$；$\beta=0.160$，$p<0.01$），假设 H1a、H1b、H1c 得到验证；由模型 6—模型 8 可知，财务资源、技术资源、企业家社会资源对商业模式模仿创新有显著的正向影响（$\beta=0.090$，$p<0.1$；$\beta=0.084$，$p<0.1$；$\beta=0.108$，$p<0.05$），假设 H2a、H2b、H2c 得到验证。

在表 6.44 中，由模型 10—模型 12 可知，财务资源、技术资源、企业家社会资源对商业模式自主创新有显著的正向影响（$\beta=0.077$，$p<0.1$；$\beta=0.088$，$p<0.05$；$\beta=0.100$，$p<0.05$），假设 H1a、H1b、H1c 得到验证；由模型 14—模型 16 可知，财务资源、技术资源、企业家社会资源对商业模式模仿创新有显著的正向影响（$\beta=0.109$，$p<0.05$；$\beta=0.072$，$p<0.1$；$\beta=0.104$，$p<0.01$），假设 H2a、H2b、H2c 得到验证。

6.4 结果分析

根据上述回归分析结果，对研究假设及其验证情况进行整理和汇总，通过对 659 家技术创业企业样本数据的回归分析，对所提出的研究假设进行逐一检验，检验结果如表 6.45 所示。

表 6.45 研究假设检验结果

	研究假设	检验结果
H1	资源禀赋正向促进商业模式自主创新	通过
H1a	财务资源正向促进商业模式自主创新	通过
H1b	技术资源正向促进商业模式自主创新	通过
H1c	企业家社会资源正向促进商业模式自主创新	通过
H2	资源禀赋负向促进商业模式模仿创新	通过
H2a	财务资源负向促进商业模式模仿创新	通过
H2b	技术资源负向促进商业模式模仿创新	通过
H2c	企业家社会资源负向促进商业模式模仿创新	通过
H3	资源禀赋正向促进数字技术创新能力	通过
H3a	财务资源正向促进数字技术吸收能力	通过
H3b	财务资源正向促进数字技术整合能力	通过
H3c	财务资源正向促进数字技术研发能力	通过
H3d	技术资源正向促进数字技术吸收能力	通过
H3e	技术资源正向促进数字技术整合能力	通过
H3f	技术资源正向促进数字技术研发能力	通过
H3g	企业家社会资源正向促进数字技术吸收能力	通过
H3h	企业家社会资源正向促进数字技术整合能力	通过
H3i	企业家社会资源正向促进数字技术研发能力	通过
H4	数字技术创新能力会影响商业模式创新	通过
H4a	数字技术吸收能力正向影响商业模式自主创新	通过
H4b	数字技术整合能力正向影响商业模式自主创新	通过
H4c	数字技术研发能力正向影响商业模式自主创新	通过
H4d	数字技术吸收能力负向影响商业模式模仿创新	通过
H4e	数字技术整合能力负向影响商业模式模仿创新	通过
H4f	数字技术研发能力负向影响商业模式模仿创新	通过
H5	数字技术创新能力在资源禀赋和商业模式自主创新间起中介作用	部分通过
H5a	数字技术吸收能力在财务资源和商业模式自主创新间起中介作用	通过
H5b	数字技术吸收能力在技术资源和商业模式自主创新间起中介作用	通过

	研究假设	检验结果
H5c	数字技术吸收能力在企业家社会资源和商业模式自主创新间起中介作用	通过
H5d	数字技术整合能力在财务资源和商业模式自主创新间起中介作用	通过
H5e	数字技术整合能力在技术资源和商业模式自主创新间起中介作用	通过
H5f	数字技术整合能力在企业家社会资源和商业模式自主创新间起中介作用	通过
H5g	数字技术研发能力在财务资源和商业模式自主创新间起中介作用	通过
H5h	数字技术研发能力在技术资源和商业模式自主创新间起中介作用	不通过
H5i	数字技术研发能力在企业家社会资源和商业模式自主创新间起中介作用	通过
H6	数字技术创新能力在资源禀赋和商业模式模仿创新间起中介作用	部分通过
H6a	数字技术吸收能力在财务资源和商业模式模仿创新间起中介作用	通过
H6b	数字技术吸收能力在技术资源和商业模式模仿创新间起中介作用	通过
H6c	数字技术吸收能力在企业家社会资源和商业模式模仿创新间起中介作用	通过
H6d	数字技术整合能力在财务资源和商业模式模仿创新间起中介作用	通过
H6e	数字技术整合能力在技术资源和商业模式模仿创新间起中介作用	不通过
H6f	数字技术整合能力在企业家社会资源和商业模式模仿创新间起中介作用	不通过
H6g	数字技术研发能力在财务资源和商业模式模仿创新间起中介作用	通过
H6h	数字技术研发能力在技术资源和商业模式模仿创新间起中介作用	通过
H6i	数字技术研发能力在企业家社会资源和商业模式模仿创新间起中介作用	通过
H7	数字经济环境行业动荡性负向调节资源禀赋与商业模式自主创新的关系	不通过
H7a	数字经济环境行业动荡性负向调节财务资源与商业模式自主创新的关系	不通过
H7b	数字经济环境行业动荡性负向调节技术资源与商业模式自主创新的关系	不通过
H7c	数字经济环境行业动荡性负向调节企业家社会资源与商业模式自主创新的关系	不通过
H8	数字经济环境行业动荡性正向调节资源禀赋与商业模式模仿创新的关系	通过
H8a	数字经济环境行业动荡性正向调节财务资源与商业模式模仿创新的关系	通过
H8b	数字经济环境行业动荡性正向调节技术资源与商业模式模仿创新的关系	通过
H8c	数字经济环境行业动荡性正向调节企业家社会资源与商业模式模仿创新的关系	通过
H9	制度压力负向调节资源禀赋与商业模式自主创新的关系	不通过
H9a	制度压力负向调节财务资源与商业模式自主创新的关系	不通过

	研究假设	检验结果
H9b	制度压力负向调节技术资源与商业模式自主创新的关系	不通过
H9c	制度压力负向调节企业家社会资源与商业模式自主创新的关系	不通过
H10	制度压力正向调节资源禀赋与商业模式模仿创新的关系	通过
H10a	制度压力正向调节财务资源与商业模式模仿创新的关系	通过
H10b	制度压力正向调节技术资源与商业模式模仿创新的关系	通过
H10c	制度压力正向调节企业家社会资源与商业模式模仿创新的关系	通过

6.4.1 资源禀赋对商业模式创新影响的结果分析

技术创业企业的资源禀赋包括财务资源、技术资源和企业家社会资源三个类属。根据回归模型结果显示，财务资源、技术资源、企业家社会资源对商业模式自主创新（$\beta = 0.101$；$\beta = 0.134$；$\beta = 0.075$）和商业模式模仿创新（$\beta = 0.095$；$\beta = 0.122$；$\beta = 0.096$）均具有显著的正向影响，其中财务资源、技术资源对商业模式自主创新的影响相较于商业模式模仿创新更为显著，而企业家社会资源对商业模式模仿创新的影响相较于商业模式自主创新更为显著。

在数字经济背景下，技术创业企业的资源禀赋对其开展商业模式创新、促进企业成长起到了至关重要的作用。技术创业企业通过其设法获取的资金、技术、信息等资源，并对其进行有效的建构和配置，能够实现企业的最大效益。

首先，财务资源是技术创业企业的生产经营、技术研发、战略实施等资金基础，技术创业企业平稳的运营离不开财务资源的有力支撑。丰富的财务资源使技术创业企业在进行技术创新和商业模式创新时具有更加充足的资金，技术创业企业更希望通过商业模式自主创新快速建立其竞争优势。

其次，丰富的技术资源能够确保技术创业企业的技术创新活动更加顺利地开展，同时也能够使技术创业企业更能够就某一具体的价值创造方式做出正确的决策。在数字经济背景下，对处于成长初期的技术创业企业而言，会希望利用技术资源及其他企业资源来进行数字技术创新，如：开发数字技术、数字产品及服务等。从而通过数字技术创新产品商业化而提升企业收益，使企业有更为丰富的资金和资源去进行新的商业模式设计和开发。

最后，企业家社会资源对于技术创业企业进行商业模式创新具有重要影响。企业家社会资源能够帮助技术创业企业在数字经济背景下，有效地拓展关系网络和沟通渠道，营造企业与其他利益相关者的紧密关系，更好地促进技术创业企业生存发展的网络构建，为技术创业企业获取必要的关键资源，从而为其开展商业模式创新提供相应的条件。然而，企业家的先前工作经验、既有社会网络关系等会使其产生一定的认知惰性。特别是对于处于成长初期的技术创业企业而言，企业的首要任务是生存而后是发展，企业家会通过借鉴其他企业的商业模式来确保企业基本生存问题，因而相较于商业模式自主创新会更倾向于进行商业模式模仿创新。

6.4.2 数字技术创新能力中介效应的结果分析

通过对数字技术创新能力（数字技术吸收能力、数字技术整合能力、数字技术研发能力）在资源禀赋和商业模式创新影响的中介作用回归结果显示，数字技术吸收能力在资源禀赋（财务资源、技术资源、企业家社会资源）和商业模式创新（商业模式自主创新、商业模式模仿创新）之间存在部分中介作用，数字技术整合能力在财务资源、技术资源与商业模式自主创新之间存在部分中介作用，在企业家社会资源与商业模式自主创新之间存在完全中介作用。数字技术整合能力在财务资源与商业模式模仿创新间存在部分中介作用，在技术资源、企业家社会资源与商业模式模仿创新间中介作用不显著；数字技术研发能力在财务资源、企业家社会资源与商业模式自主创新间存在部分中介作用，在资源禀赋（财务资源、技术资源、企业家社会资源）和商业模式模仿创新间存在部分中介作用。

研究结果表明，在数字经济背景下技术创业企业在通过资源禀赋影响商业模式创新的过程中，要充分重视数字技术创新能力在其中的重要桥梁作用。其中，财务资源、技术资源与商业模式自主创新间起到了部分中介作用，且数字技术创新能力对于商业模式创新的显著影响得到了验证。因此，技术创业企业仍要将高度重视数字技术创新能力的关键作用。技术创业企业所拥有的财务资源、技术资源及企业家社会资源均具有异质性、复杂性及丰富性等特点，需要技术创业企业通过其数字技术创新能力将这些资源进行吸收、整合和重新配置，从而提升这些资源的转化效率和利用效率。技术创业企业依托其资源禀赋，广泛地搜寻与探索外部数字经济环境中的有效信息和资源，从而能够促进企业数字技术创新能力的提升，进而通过对于已吸收数字资源、信息和技术的吸收、整合等，促进技术创业企业开展商业模式创新。因此，更需要技术创业企业具备数字技术吸收能力、数字整合能力以及数字技术研发能力，进一步提升技术创业企业的数字技术创新能力，使其能够对商业模式创新活动开展所必需的有效资源进行合理配置，充分发挥不同资源的优势，重新对企业价值创造方式进行设计或改进，使其与外部数字经济环境变化相契合，进而更好地服务于商业模式自主创新或商业模式模仿创新。

研究结果表明，数字技术整合能力在企业家社会资源与商业模式自主创新间起完全中介作用。可能的原因在于，对于技术创业企业而言，尽管企业家本身特质可能会影响商业模式创新，但来自数字经济环境外部的数字创新技术需要整合并利用时，此时技术创业企业的企业家会利用其既有的社会网络关系、社会结构及其认知对外部的数字技术进行有效的整合和开发，从而转化成能够利于企业商业模式创新的有效资源，进而才能够促进商业模式自主创新的开展。此外，研究结果表明，数字技术研发能力在技术资源与商业模式自主创新间不起到中介作用，假设 H5h 未得到验证。可能原因在于技术资源作为技术创业企业商业模式创新关键的前置因素，是企业建立独有竞争优势、占据市场份额的重要资源。当技术创业企业想要开展商业模式自主创新时，会需要企业独有的技术资源进行创新产品、服务的相关研发及产出，进一步进行商业转化而形成企业利润，能够对技术创业企业开展商业模式自主创新进行有效支撑。因此，技术资源可能无须通过相关技术的研发或整合即可直接影响商业模式自主创新。

实证结果表明，数字技术整合能力在技术资源、企业家社会资源与商业模式模仿创新间不存在中介作用，假设 H6e 和假设 H6f 未得到验证。在数字经济背景下，数字创新技术的发展和扩散会催生新的商业模式。对于技术创业企业而言，想要进行商业模式创新就需要把握数字技术创新推动这一关键要素。技术资源能够为企业提供技术优势进而开发出新产品和新服务等，而技术资源通过数字技术创新能力相应的整合和转化可能会催生新的商业模式而使企业进行商业模式自主创新，此时技术创业企业可能并不想通过模仿其他成功的商业模式而建立其竞争优势。对于技术创业企业的企业家而言，企业家的社会资源能够影响企业不同创新战略的选择，企业家的社会网络、社会结构等方面能够使企业获取更多的资源及创新能力。而当企业家社会资源通过数字技术整合能力转化后可能会催生利用企业进行自主创新的知识、技术等资源，进一步挖掘企业开展商业模式自主创新的潜力，从而不会通过数字技术整合能力开展商业模式模仿创新。

6.4.3 数字经济环境行业动荡性和制度压力调节效应的结果分析

6.4.3.1 数字经济环境行业动荡性调节效应的结果分析

通过对数字经济环境行业动荡性在资源禀赋与商业模式创新间调节作用的回归结果显示，数字经济环境行业动荡性对于资源禀赋与商业模式自主创新的调节关系不显著，正向调节资源禀赋（财务资源、技术资源、企业家社会资源）与商业模式模仿创新的关系。在数字经济背景下，技术创业企业想要通过商业模式创新而促进企业成长，就需要充分考虑外部环境的影响。随着数字经济环境行业动荡性的提高，技术创业企业会面临技术和市场的双重动荡影响，技术创业企业会感受到外部市场的高压氛围，企业希望采取相对稳妥的战略和创新决策来确保企业生存，因此会仿照、复制或者学习其他在位企业成功的商业模式，而基于既有的资源禀赋来进行商业模式模仿创新。

假设 H7 数字经济环境行业动荡性负向调节资源禀赋与商业模式自主创新的研究假设未得到验证，该结果解释了为什么尽管某些技术创业企业的管理关注外部环境动态变化对于商业模式创新的影响，但尚未实施商业模式自主创新。可能的原因在于，面对外部数字经济环境的行业动荡，处于成长初期的技术创业企业首要解决的是企业生存问题，从而才会进一步考虑其能否占据市场而获取竞争优势、实现可持续发展。但对于技术创业企业而言，其往往会面对企业既有财务资源、技术资源及创业者认知等方面的约束和限制。当外部环境动荡程度高且不稳定时，技术创业企业会想要先平稳发展而后再进行其盈利模式、价值创造方式的重新设计和改进，再进一步利用商业模式自主创新建立企业独有的竞争优势。因此，数字经济环境行业动荡性往往很少能够影响资源禀赋与商业模式自主创新之间的关系。

6.4.3.2 制度压力调节效应的结果分析

通过对制度压力在资源禀赋与商业模式创新间调节作用的回归结果显示，制度压力正向调节资源禀赋（财务资源、技术资源、企业家社会资源）与商业模式模仿创新间的关系，而对于资源禀赋（财务资源、技术资源、企业家社会资源）与商业模式自主创新间的调节关系不显著。在数字经济背景下，当制度压力较高时，一方面，技术创业企业在受到规制压力规范企业行为的同时也会对其相应的限制。此时，技术创业企业在既有资源禀赋的情况下通过合法性机制来规范企业行为，从而采用在行业内中已获得制度认可的商业模式创新，以获取商业模式创新合法性；另一方面，当行业竞争模仿压力提高时，企业更倾向于采取稳健的创新策略来占据市场地位，技术创业企业在实施商业模式创新的过程中会更加密切关注同行企业的相关信息，以及其价值创造方式及盈利模式等，进一步进行商业模式模仿创新。

假设 H9 制度压力负向调节资源禀赋与商业模式自主创新的研究假设未得到验证，该结论表明，规制压力和行业竞争模仿压力并不能够影响技术创业企业与商业模式自主创新的关系。可能原因在于，来自外部数字经济环境中的规制压力会对技术创业企业所实施的创新行为合法规范和管制，而这种外部环境所施加的强意义合法性机制会在一定程度上制约企业所开展的各项创新活动，使企业在进行创新战略实施时始终处于被动状态。因此，在规制压力影响下，技术创业企业想要实现快速成长并占据市场优势就需要通过打破既有商业模式的局限，在合法性范围内开展商业模式自主创新。此外，来自其他企业和组织的竞争模仿压力会使技术创业企业更加关注同行所开展的商业模式创新活动，而这种压力越大，技术创业企业就更倾向于加强与外部企业和组织的合作及联系，从而获取其他竞争对手的相关信息、各类知识及技术等，进一步建立企业独有的竞争优势而占据市场份额。因此，技术创业企业在既定资源下进行商业模式创新时企业首先考虑的是能否生存发展，而非是希望企业能够有所突破或独树一帜。综上所述，制度压力对于资源禀赋与商业模式自主创新的影响并不显著。

6.5 案 例 验 证

为进一步验证实证研究结果，本书选取人工智能企业 YC 科技股份有限公司（以下简称 YC 科技）为研究样本，进一步对实证研究结果进行案例验证。

YC 科技成立于 2015 年，主要从事智慧金融、智慧治理、智慧出行和智慧商业等领域，为客户提供个性化、行业化及场景化的智能服务，其所开发的智能数据平台、商业平台等已广泛应用于移动互联网、银行、交通等场景。YC 科技只用了三年时间就发展成为人工智能行业的"独角兽"，是人工智能领域发展速度最快的公司之一。

近年来，随着数字经济的不断发展，为 YC 科技在人工智能领域的业务拓展提供了广泛的平台。YC 科技始终坚持数字技术创新与商业模式创新协同驱动、互相促进的企业发展模式，及时建立了以人工智能算法软件的技术开发和技术服务平台，持续改进和创新自身的价值创造模式。2020年新冠肺炎疫情的暴发，使 YC 科技的技术产品无法满足大量人工智能、人脸识别等技术平台的发展应用发展。而同行业的其他竞争企业以优先利用既有优势开展相关数字技术产品的研发与商业转化。为此，公司及时调整发展战略，充分利用所在地区的相关财政政策，拓展融资渠道，及时调整企业的价值获取方式，同时依托企业自身的数字技术创新能力，加大人工智能数字技术产品的研发力度。截至案例访谈之前，YC 科技的人工智能平台技术应用率已占据同行市场份额的 65%，企业发展瓶颈问题得到了彻底扭转。YC 科技的研发经理不断提及：数字经济的飞速发展为企业成长带来了极大的机遇和挑战，技术创业企业要在借鉴市场中既有成功商业模式的同时不断改进企业自身的价值创造方式。

在数字经济背景下，YC科技以人工智能、云计算等数字技术为依托，为企业发展带来了颠覆性变革，也为企业进行商业模式创新提供了有力支撑。在数字经济背景下，YC科技在既有财务资源、技术资源及企业家资源等基础上，不断利用数字技术创新能力开发新产品、新服务，重新设计、整合并优化企业产业链、供应链等以改进其业务流程及盈利模式，优化并改进了其既有的价值获取、价值创造的方式。

综上所述，技术创业企业通过基于既有资源禀赋，并通过不断吸收和获取外部数字经济环境中的有效资源，丰富、增加了企业中可利用的技术资源、知识及信息等，进一步推进企业技术转化平台不断改进和完善而增加企业数字技术创新能力。同时，企业将有效的财务资源、技术资源及企业家社会资源进行吸收、整合、研发而进行转化，提升了企业技术创新能力的转化效率和利用效率，增加技术创业企业识别商业模式创新关键要素的能力。因此，数字经济背景下，技术创业企业需充分考虑环境动荡性和制度因素对原有的商业逻辑和企业战略的影响，利用数字技术创新能力将企业资源进行充分利用和转化，为不同商业模式创新的开展提供必要的资源和能力，推进企业商业模式创新的选择和实施。

综上所述，YC科技股份有限公司的案例进一步印证了本书的实证结果，即技术创业企业资源禀赋（财务资源、技术资源、企业家社会资源）为商业模式创新的重要影响因素，数字技术创新能力是技术创业企业资源禀赋影响商业模式创新的重要中间机制，而在不同程度的数字经济环境行业动荡性、制度压力下，资源禀赋对商业模式创新的影响程度不同。

6.6 本章小结

本章基于第5章所构建的概念模型，借鉴和改进已有研究的成熟量表对所涉及的变量进行测量，对技术创业企业进行相应的问卷调查。在对问卷数据进行信度和效度分析基础上，运用SPSS 26.0软件进行实证检验。实证验证了资源禀赋（财务资源、技术资源、企业家社会资源）对商业模式创新的直接影响，数字技术创新能力（数字技术吸收能力、数字技术整合能力、数字技术研发能力）在资源禀赋对商业模式创新的影响中起中介作用，以及数字经济环境行业动荡性、制度压力在资源禀赋和商业模式创新间的调节作用。最后，得出数字经济背景下技术创业企业商业模式创新各关键影响因素作用关系的研究结果和研究结论。

第 7 章

数字经济背景下各关键影响因素的作用路径分析

7.1 仿真方法与建模思路

7.1.1 仿真方法

系统动力学（system dynamics，SD）是美国麻省理工学院教授弗里斯特（J. W. Forrester）提出的计算机仿真技术，主要用于分析和模拟复杂系统的结构耦合和动态变化，为有效解决各类复杂系统问题提供科学依据[393]。系统动力学是用来理解和描述复杂非线性复杂系统的基本科学工具，用来研究具有多回路、多反馈及非线性特征的复杂系统，能够描述和表征复杂系统内的各变量间的因果关系，以及各变量与系统间各行为的交互关系[394]。系统动力学为作为典型的仿真分析工具，是定量分析和定性分析相结合的仿真方法，能够描述复杂系统内不同行为主体的动态行为，也是有效解决复杂系统关键问题的重要手段。根据系统动力学的基本原理，系统内各变量的数值及变量间的作用关系可以运用不同的数学方程式表达，进而用仿真软件进行实验来模拟和观测系统不同行为主体的动态演化规律和反馈机制[395]。

目前，系统动力学已广泛应用于组织管理、战略管理及能源管理等众多研究领域。例如：周钟等（2018）结合案例讨论和系统动力学的方法探讨企业知识刚性的形成及动态演化机理[396]；赵梦楚等（2019）运用系统动力学的方法研究不同情境下领导排斥行为的动因[397]；崔新健等（2020）通过系统动力学构建跨国研发中心逆向技术流动的 2P – 4F 影响因素模型，探究逆向技术流动在初阶段和终阶段绩效的变化规律[398]；宋砚秋等（2018）运用系统动力学分析创新型企业不同成长阶段的创新战略和决策问题[399]；李晓莉和于渤（2017）以技术跨越为研究背景，以后发企业为研究对象，构建技术创新战略与技术创新能力的动态演化模型，揭示技术跨越不同阶段两者的动态演化规律[400]；阿戴恩等（Adane et al.，2019）将系统动力学应用于制造系统的性能分析中，用于比较专用制造系统（DMS）和柔性制造系统（FMS）的不同性能[401]。谢等（Xie et al.，2020）基于并行控制管理和系统动力学相关理论，构建了公众情绪并行演化和反映决策框架机制[402]。

数字经济背景下，技术创业企业商业模式创新可以看作是一个系统，该系统由多个能够影响其动态变化的各类变量构成。系统不仅受单独的行为个体影响，还是一个多反馈、非线性的动态过程，在此过程中各个子系统作为企业不同环境、不同结构的结合相互交织，共同影响系统的演进。而不同商业模式创新的实现很大程度上取决于各子系统合理及有效的运行，即各子系统。此外，系统动力学还为技术创业企业商业模式创新的作用路径研究提供了一个"政策实验室"，通过调节系统内各参数的数值变化来预测不同政策条件下系统的运行趋势和各行为主体的反应，从而为技术创业企业识别数字经济环境动态变化，做出科学商业模式创新决策提供参考。

7.1.2 建模思路

本书构建的系统动力学模型为二阶模型（second-order models）对不同商业模式创新的路径实现机理和动态过程进行仿真分析。二阶模型（second-order models）——即模型中的模型（model of a model），二阶模式具体指的是以相关理论研究为基础，整合或重构新的理论框架，并对已构建的相对抽象的理论模型进行模拟，使已构建的新理论模型更为合理有效[403]。本书之所以采用系统动力学二阶模型主要原因有以下两点：

（1）研究主要关注的是数字经济背景下技术创业企业商业模式创新关

键影响因素随时间演进的作用路径问题，试图将动态能力理论和商业模式"冰山理论"相结合，在构建模型时之前，进行了相关的理论解析和逻辑演绎。

（2）不同商业模式创新关键影响因素的作用路径问题涉及企业的不同层面，其中包含了不同组织和不同结构内的一系列因素，仅通过数据分析难以较为全面地从多个视角探究不同路径的实现机理，二级模型能够很好地描述系统动力学模型构建过程中的理论推演，以期达到模型构建的合理性。

在数字经济背景下，技术创业企业各类创新活动的开展主要是取决于企业自身资源和技术创新能力。商业模式创新作为技术创业企业获取竞争优势、实现利益最大化的重要手段，是企业与外部环境、资源禀赋及技术创新能力的共演过程[404]。商业模式创新作为一种系统性活动，需要对企业内外的资源和能力进行全面的组织和协调[33]，包括变革组织结构、调整管理模式、改进生产流程、提升技术创新等诸多方面。技术创业企业不同商业模式创新的开展主要是基于对外部环境及企业内部多种因素的分析。究其本质，技术创业企业在特定的外部环境中采取适宜商业模式创新的能力非常有限[405]。在数字经济背景下，数字技术的开放性和可扩展性改变了企业的价值定位和战略行为[406]，使企业所面临的外部环境、企业资源禀赋及技术创新方式均有别于传统经济环境，因此在数字经济背景下的商业模式创新也会呈现出不同的特征。

本书基于前文的结论，并结合技术创业企业商业模式创新的特点，分别从企业的外部的数字经济环境、企业内部的资源禀赋及数字技术创新能力三个方面的影响进行切入。数字经济环境作为技术创业企业发展过程中不可忽略的外部环境，已经深刻影响企业组织架构及战略决策等，技术创业企业需要及时调整其内部结构和决策方向去响应外部环境的动态变化。资源禀赋描述的是企业进行组织建构及战略实施等所需的资产、知识、能力等，侧重于企业资源层面[407]。数字经济环境的动态变化，会促进企业资源禀赋会做出相应的调整以适应外部环境的动态需求，导致企业内部相应结构的变革，从而使技术创业企业在进行商业模式创新决策时需要同时考虑环境和企业资源的协同演进。此外，数字技术创新能力作为技术创业企业在数字经济背景下促进企业成长、增加企业收益的重要手段，能够通过不同的技术创新手段来变革企业的资源配置和管理方式。商业模式创新通过将技术创业企业相关技术商业化来提升企业绩效，两者均是企业获取竞争优势的重要来源。随着技术创业企业数字技术创新能力的不断提升，其商业模式创新也会做出相应的调整。

在数字经济背景下，随着技术创业企业发展进程的推进，大量智力知识资本不断涌入及数字技术的加速发展，技术创业企业在进行组织架构变革、技术革新及能力提升时，均需要投入一定的资源。此时，技术创业企业需要对自身资源禀赋和数字技术创新能力进行评估，可以选择进行商业模式自主创新获取竞争优势而忽略其他同行企业的效仿，也有部分技术创业企业选择规避自主创新所承担的风险而选择模仿行业内或行业外企业的成功商业模式来进行创新。基于此，在数字经济背景下，技术创业企业商业模式创新关键影响因素的作用路径是伴随着外部环境、资源禀赋和数字技术创新能力的不断变化和相互推进，是一个具有动态反馈的复杂系统。

7.2 系统动力学模型构建

7.2.1 基于商业模式"冰山理论"的子系统划分

汪寿阳等提出的"冰山理论"为分析商业模式及商业模式创新提供了新的思路，为探索企业与外部环境的互动提供了理论方向[269]。商业模式"冰山理论"将企业商业模式看作是一个复杂系统，包含商业模式显性知识和隐性知识。显性知识作为商业模式冰山的水上部分，包括企业的业务系统、关键资源与能力、盈利模式等方面。隐性知识作为商业模式冰山的水下部分，包括了企业外部环境、行业类别及技术水平等因素。当系统内的显性知识和隐性知识不断发生交互和反馈，进而推进系统运行进而引发商业模式创新。

数字经济环境中充斥着丰富的数据和信息，技术创业企业通过创新和改进相关数字技术来进一步提高企业价值创造的效率和效果。首先，数字经济环境中的规制压力会在一定程度上影响产业重塑和行业形成，从而推进数字技术变革和创新，导致技术创业企业数字技术创新能力发生变化；其次，数字经济环境的剧烈动荡影响企业组织变革和战略调整，使技术创业企业需要通过调整资源禀赋结构、提供多样化产品及服务来提升竞争优势[408]；最后，数字经济加速了行业市场的变化，导致技术创业企业难以长久维持竞争优势，企业需要不断地提升企业数字技术创新能力，改进相关数字技术来进一步提高企业价值创造的效率和效果。

综上所述，数字经济环境与技术创业企业的资源禀赋和数字技术创新能力等要素交互作用，进而影响技术创业企业商业模式的设计和重塑导致商业模式创新。基于此，本书借鉴商业模式"冰山理论"的基本思想，构建数字经济背景下技术创业企业商业模式创新的冰山系统，具体如图7.1所示。

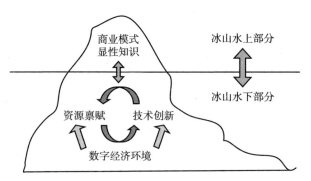

图7.1　数字经济背景下商业模式创新的冰山系统

商业模式创新是技术创业企业获取竞争优势的重要手段，是企业内部资源、能力及技术与外部环境共同演进的过程[402]。资源禀赋代表企业的资源存量，是企业拥有提高战略决策和效果的资源及能力[256]。作为技术创业企业应对复杂动态环境的重要资源基础，资源禀赋为企业调整、改善及实施不同商业模式提供了必要的资源，资源禀赋中财务资源、技术资源及企业家社会资源等要素的变化对商业模式创新产生不同影响[409]。此外，技术创业企业能够通过技术创新从行业内、外不同的商业模式中获取更多商业价值，而技术创业企业通过将技术创新与商业模式创新融合，可以形成一种更为复杂且难以模仿的竞争优势。因此，技术创业企业在进行商业模式创新时需要结合企业技术创新相关要素的改变而综合考虑。

综上所述，在数字经济背景下，技术创业企业的商业模式创新是企业内部资源、能力与外部环境中不同要素间相互作用的结果，这些要素对商业模式创新的作用路径不但是对新技术的商业转化，还涉及与数字经济环境相适应的资源禀赋调整和数字技术创新能力变革等。技术创业企业主要是通过商业模式冰山水下部分的数字经济环境、企业内部的资源禀赋、数字技术创新能力相互交织、共同作用，从而影响商业模式冰山水上部分推进企业进行商业模式自主创新或是模仿创新。

7.2.1.1 数字经济环境与商业模式创新

数字经济作为信息技术革命发展的新型经济形态，在重构经济社会发展的同时也推动制度环境的革新，催生了众多数字经济领域的新兴产业。由于技术创业企业在发展过程中新技术的引进和数字技术革新，会受到来自数字经济环境的规制压力。规制压力能够规范企业数字技术合法性，更能有利于企业的数字技术更新及商业化，从而提升企业来自数字技术的收益[410]。此时，技术创业企业会增加对数字技术、商业模式等方面的创新投入会影响不同商业模式创新活动的开展。数字经济中企业所处行业环境的高不确定性，使企业需要选择适合企业发展的战略方向和商业模式创新，当这种行业环境动荡程度较高时，技术创业企业所面对的目标客户群体需求极易发生变化，使企业需要通过改进技术创新方式来迎合需求，表现为数字技术吸收能力、整合能力及研发能力等的进一步演化。此时，技术创业企业也会更倾向于重构现有价值链，持续地进行战略调整、变革组织架构来回应数字环境动荡变化。作为市场主体，技术创业企业的生存和发展都必须面对来自行业内其他企业的竞争，而行业内的竞争程度高低决定了市场动态性。

换言之，行业竞争程度越高，技术创业企业的可替代性越强、竞争风险越高，导致了市场动态性提升，使企业能够获取更多的市场需求信息，从而对于消费者需求的识别能力得到改善。此时，技术创业企业会更希望通过采取商业模式自主创新来获取创新收益，建立企业无法替代的竞争优势。

7.2.1.2 资源禀赋与商业模式创新

资源禀赋侧重于企业层面,用以描述企业用以构建和实施战略行为所需的有形或无形资产,包括设备、资金、人力、知识和技能等[411]。在技术创业企业内部,资源禀赋是企业进行创新战略选择的根基,也是企业进行商业模式创新的重要基础。数字经济的快速发展加剧了行业内外的竞争势态,重构了传统的商业逻辑,更加强调企业内各个职能部门间的相互协调、协作共赢。资源基础观认为,技术创业企业在发展初期的财务资源及技术资源等的基本企业资源基础会相对薄弱。但随着企业不断成长,其所拥有的资金渠道、融资能力、研发资金及技术资源都会逐渐增加。与此同时,数字经济环境的特征使技术创业企业能够不断吸收和获取环境中丰富的技术知识、信息资源等,进而有效提升企业的供应链协调能力,促进大量有效知识涌入并不断积累数字技术创新资本,大幅度提升企业的商业模式创新能力。

此外,数字经济的不断发展在一定程度上与技术创业企业的传统创业逻辑会产生冲突,企业家本身作为技术创业企业的社会资源,会由于其个人的社会结构、社会关系及其自身的认知而影响企业创新战略的实施。商业模式作为决策者对企业价值主张、价值创造及获取的认知范式,创业者战略认知会影响其商业模式创新[143]。创业者在开展商业模式创新时,一方面会基于企业既有的资金基础、研发基础及其他硬件设备,另一方面则从创业者自身资源能力出发,其战略认知、经验累积等也会为商业模式创新提供重要思路[47]。企业家通过其既有的社会结构及社会网络加强与外部的联系和沟通,通过跨界搜寻探索数字经济环境中利于企业发展的知识及信息,摆脱既有资源和技术的束缚而促进异质性知识的流入,促进企业内外各类有效资源的集聚和整合,提升数字技术创新投入,激活技术创业企业自主创新活力。

技术创业企业的企业家通过以往社会关系所积攒的经验,是企业家先前工作经历中所获取的知识、观念及技能,包括工作及职能经验及创业经验等[145]。这些经验能够为企业带来一定的知识和能力基础,为商业模式创新提供了必要的资源储备,从而促进企业数字技术创新能力重构和提升，使企业能够以更为快速、有效的方式收集和整合数字经济环境中有价值的技术及信息资源，推动技术创业企业资源禀赋及数字技术创新能力的系统性变革，促进企业开展相应的商业模式创新。

此外，企业家的既有认知容易使其产生认知惰性，从而使技术创业企业在创新战略实施方面存在路径依赖，导致企业在技术创新、产品创新及创新收益等方面无法突破，难以建立起核心的价值创造体系，可能会形成固化或惰性思维而不倾向于商业模式自主创新。

7.2.1.3 数字技术创新能力与商业模式创新

在数字经济背景下，技术创业企业面临数字技术的广泛应用和变革时需要采取不同的技术创新战略及商业模式创新。数字技术吸收能力强调技术创业企业超越企业边界，吸收外部技术创新知识和资源，激发企业数字技术信息的收集和开发，促进企业技术创新能力及商业模式创新能力的不断提升，使技术创业企业更加倾向于采取商业模式自主创新。数字技术整合能力作为技术创业企业配置、整合企业内外异质性知识的关键能力，能有效整合利于企业成长和发展的异质性知识及资源。数字技术整合能力的提升促进了技术创业企业数字技术创新积累，从而提高了企业将外部资源内化为数字技术创新知识的能力，促进企业能力重构，使企业的知识流入和知识存量不断提高，进一步激发和促进企业商业模式创新意愿。

此外，对于技术创业企业而言，企业在成长初期存在着与先进企业的技术势差，会希望通过数字技术研发、技术引进、技术更新等提升企业的核心竞争力，因此需要更加有效地利用和分配知识存量及技术资源，并通过选择合适的商业模式创新将其商业转化，以此提高企业数字技术自主研发的效率而促进企业成长。

基于此，本书将数字经济背景下技术创业企业商业模式创新的实现系统划分为企业外部的数字经济环境子系统，以及企业内部的资源禀赋子系统和数字技术创新能力子系统，构建数字经济背景下技术创业企业商业模式创新关键影响因素作用路径的理论模型，如图 7.2 所示。

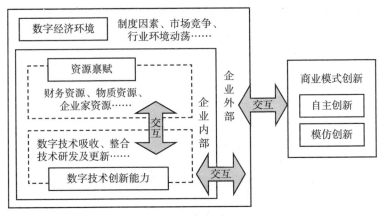

图7.2　理论模型

企业外部数字经济环境中的制度因素、市场竞争及环境动荡等要素与企业内部资源禀赋、数字技术创新能力发生交互作用，这三个子系统间相互关联、相互影响构成了一个非线性的动态反馈复杂系统，揭示数字经济背景下技术创业企业商业模式创新关键影响因素的作用路径。

7.2.2　系统边界与基本假设

在数字经济背景下，技术创业企业商业模式创新过程是复杂的动态系统，具有相关性、整体性及动态性的特点。系统动力学研究的本质是探究系统内的所有因素不能受到系统外因素的影响，即外部因素不能干扰系统整体的运行产生而影响结果。因此，在构建数字经济环境下技术创业企业商业模式创新的作用路径模型时，需要确定系统边界。

结合研究背景，本书构建的系统动力学模型的边界包括数字经济环境、资源禀赋及数字技术创新能力对系统产生影响的所有因素，探究数字经济背景下技术创业企业商业模式关键影响因素的作用路径，以及不同关键因素的正负反馈作用。结合商业模式"冰山理论"的基本思想，该系统分别由数字经济环境子系统、资源禀赋子系统及数字技术创新能力子系统。从不同系统的详细因子考虑，各子系统边界范围分别包括：数字经济子系统包括数字经济环境行业动荡程度、规制压力、行业竞争程度等；组织结构子系统包括将企业资源基础、跨界搜寻、创业者先前经验和认知惰性等；数字技术创新能力子系统包括数字技术吸收能力、数字技术整合能力及数字技术研发能力等。

数字经济背景下的技术创业企业商业模式创新是一个复杂的动态系统模型，通过构建系统内各关键作用因素的互动规律进行剖析，进而确定商业模式创新不同关键影响的作用路径及其作用程度。为更合理地构建系统动力学模型，基于模型的系统边界及系统各要素的因果关系，提出了以下假设：①数字经济环境、资源禀赋及数字技术创新能力的系统构建和运行是连续、渐进的行为过程；②数字技术吸收能力和数字技术整合能力的构建是一种随着企业发展而逐渐累积的过程；③进行系统动力学仿真模拟时，商业模式创新关键影响因素的作用路径在一个封闭的复杂系统内进行，仅考察系统内不同因素的相互作用；④不考虑数字经济环境的非正常动态变化或技术创业企业创业失败而造成的系统崩溃；⑤本书仅考虑商业模式自主创新和模仿创新，并对这两种商业模式创新不予细分；⑥本书将数字经济环境作为技术创业企业的生存环境，忽略环境外其他行为主体对系统的影响；⑦本书主要侧重于探究商业模式创新关键影响因素间的作用路径及作用关系，时间滞延并不影响研究结果，因此暂时忽略时间问题。

7.2.3 因果关系图

结合之前章节关于数字经济背景下技术创业企业商业模式创新的关键影响因素分析，并结合动态能力理论和商业模式"冰山理论"的视角，整合企业内、外的关键作用因素，构建数字经济背景下商业模式创新不同关键影响因素作用路径的因果关系图。因果关系图中，根据第 6 章的实证研究结果，并综合子系统划分的理论分析，设定各关键影响因素对技术创业企业商业模式的因果作用过程及回路的正负关系等。主要因果回路如图7.3 所示，具体如下：

（1）企业资源基础→供应链协调能力→营运能力→知识流入→智力资本价值→商业模式创新能力提升→商业模式自主创新/商业模式模仿创新→价值创造→商业模式创新收益→企业利润→供应能力→企业资源基础。

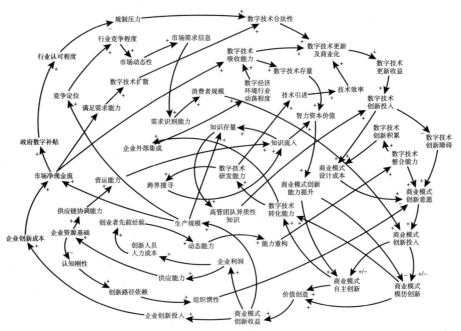

图7.3　数字经济背景下技术创业企业商业模式创新的因果回路

（2）跨界搜寻→知识流入→知识存量→高管团队异质性知识→数字技术创新投入→商业模式设计成本→商业模式创新意愿→商业模式自主创新/商业模式模仿创新→价值创造→数字技术转化能力→数字技术研发能力→跨界搜寻。

（3）创业者先前经验→动态能力→能力重构→数字技术创新积累→商业模式设计成本→商业模式创新意愿→商业模式自主创新/商业模式模仿创新→价值创造→商业模式创新收益→企业利润→创新人员人力成本→创业者先前经验。

（4）认知惰性→创新路径依赖→组织惯性→商业模式创新意愿→商业模式创新投入→商业模式自主创新/商业模式模仿创新→价值创造→商业模式创新收益→企业利润→供应能力→企业资源基础→认知惰性。

（5）数字技术吸收能力→数字技术存量→智力资本价值→商业模式创新能力提升→商业模式自主创新/商业模式模仿创新→价值创造→商业模式创新收益→企业生产规模→市场净现金流→数字技术吸收能力。

（6）数字技术整合能力→数字技术创新积累→商业模式设计成本→商

业模式创新意愿→商业模式创新投入→商业模式自主创新/商业模式模仿创新→价值创造→商业模式创新收益→企业利润→创新人员人力成本→创业者先前经营→动态能力→能力重构→数字技术整合能力。

（7）数字技术研发能力→技术引进→技术效率→数字技术更新及商业化→数字技术更新收益→数字技术创新投入→数字技术创新积累→商业模式创新意愿→商业模式自主创新/商业模式模仿创新→数字技术转化能力→数字技术研发能力。

（8）规制压力→数字技术合法性→数字技术更新及商业化→数字技术更新收益→数字技术创新投入→数字技术创新障碍→商业模式创新意愿→商业模式创新投入→商业模式自主创新/商业模式模仿创新→价值创造→商业模式创新收益→企业创新投入→企业创新成本→市场净现金流→政府数字技术补贴→行业认可程度→规制压力。

（9）数字经济环境行业动荡程度→数字技术吸收能力→数字技术更新及商业化→数字技术更新收益→数字技术创新投入→商业模式设计成本→商业模式创新意愿→商业模式自主创新/商业模式模仿创新→数字技术转化能力→企业外部集成→数字经济环境行业动荡程度。

（10）行业竞争程度→市场动态性→市场需求信息→需求识别能力→消费者规模→商业模式创新投入→商业模式自主创新/商业模式模仿创新→价值创造→商业模式创新收益→企业生产规模→竞争定位→行业竞争程度。

7.2.4 系统流图

技术创业企业的商业模式创新存在多个复杂的动态子系统，采用系统动力学对商业模式创新作用路径的模拟能够探究不同商业模式创新各环节的整体性，并借助系统动力学的定量分析调整不同参数来考察各个过程的不同状态和趋势，破解数字经济背景下技术创业企业商业模式创新关键影响因素的作用路径。基于此，结合上述因果关系图确定相应的系统流图，该系统流图通过数字经济环境、资源禀赋和数字技术创新能力三个子系统共同构成，描述了技术创业企业商业模式创新的整体框架及各变量间的关系，如图 7.4、图 7.5 和图 7.6 所示。

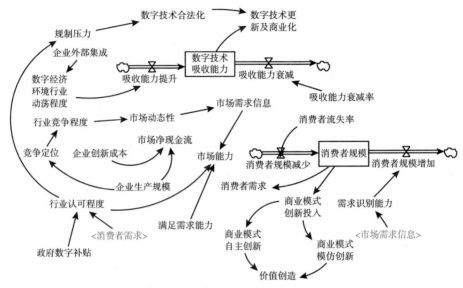

图 7.4　数字经济环境子系统流图

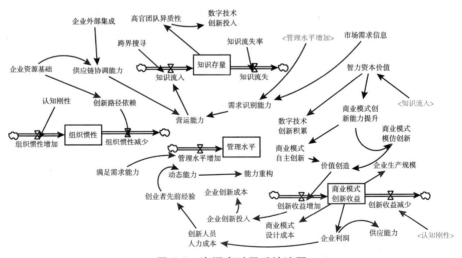

图 7.5　资源禀赋子系统流图

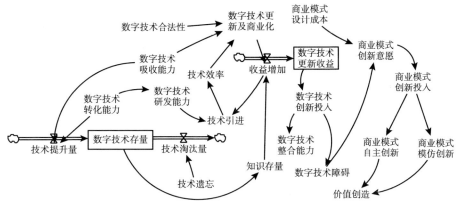

图 7.6　数字技术创新能力子系统流图

7.2.5　方程说明

在构建数字经济背景下，技术创业企业商业模式创新关键影响因素作用路径的仿真系统框架时，主要是借鉴了杨瑛哲等（2017）和邢蕊等（2017）的研究成果[412-413]，并结合研究情境、目标及内容，对上述学者所构建的系统动力学模型进行修正和完善，从而形成本书的系统动力学模型。同时，各变量方程的设定也是参照既有成熟研究，并根据研究的需要进行修正。由于商业模式创新过程中所涉及的各主体间具有较大差异，不同子系统间的理论化特征明显，部分变量难以基于既有统计数据为系统变量进行赋值。为此，课题组通过对之前问卷调查数据的整理和汇总，并进一步走访了当地科技园的相关技术创业企业，以实际调查的方式对企业高层管理人员及科研人员进行访谈，以补充问卷数据中无法提供的其他参数数据。根据访谈结果与课题组进行讨论并咨询相关领域专家，在汇总讨论结果之后，结合王其藩（2009）及钟永光等（2016）有关仿真参数设定的基本方式[395][414]，对系统动力学方程中涉及的相关参数进行赋值。

系统动力学模型中三个子系统所涉及的主要变量方程式如下：

1. 数字经济环境子系统中主要变量的方程式：

数字技术合法性 = 1/规制压力 × 1 000 + 1.65

规制压力 = 1/行业认可程度 × 200 + 35

数字技术更新及商业化 = 数字技术合法性/技术效率/累积时间 + 数字

技术吸收能力/累积时间

数字经济环境行业动荡程度 = 企业外部集成/0.05 + 1.6

行业竞争程度 = 竞争定位 × 0.85 + 10

竞争定位 = 企业生产规模/规模孵化器

行业认可程度 = 政府数字补贴 + 消费者需求 × 1.5

数字技术吸收能力 = INTEG（吸收能力提升 - 吸收能力衰减，18）

市场需求信息 = 市场动态性 × 1.5

企业创新成本 = 企业创新投入 × 1.15

市场净现金流 = 企业创新成本 × 0.1 + 企业生产规模/规模孵化期

企业生产规模 = 商业模式创新收益 + 3.1

市场能力 = （市场需求信息 + 需求满足能力 + 行业竞争程度）× 0.12 + 行业认可程度

满足需求能力 = 75

消费者需求 = 消费者规模/需求形成时间

消费者规模 = INTEG（消费者规模减少 - 消费者规模增加，74）

消费者流失率 = 0.02

商业模式创新投入 = 商业模式创新意愿 + 消费者规模

商业模式自主创新 = （商业模式创新投入 + 商业模式创新能力提升）/ 自主期 + 数字技术创新积累 × 1.05/自主期

商业模式模仿创新 = （商业模式创新投入 + 商业模式创新能力提升）/ 转化期 + 数字技术整合能力/转化期 + 0.01 × （Time - 55）^2 × 模仿期 + 66

价值创造 = INTEG（价值创造增加 - 价值创造减少，3）

需求识别能力 = 市场需求信息 + 管理水平增加

2. 资源禀赋子系统中主要变量的方程式如下：

数字技术创新投入 = 数字技术更新收益/投入期限 + 认知惰性

企业资源基础 = 供应能力 × 1.2 + 7.3

供应链协调能力 = 企业外部集成 × 企业资源基础/协调期

组织惯性 = INTEG（组织惯性增加 - 组织惯性减少，10.31）

知识存量 = INTEG（知识流入 - 知识流失，43）

知识流入 = 营运能力 + 跨界搜寻

知识流失 = 知识存量 × 知识流失率

知识流失率 = 0.01

跨界搜寻 = (技术势差 + 0.08 × 商业模式模仿创新) × 0.8 + 8

营运能力 = 供应链协调能力 + 管理水平/能力形成期 + 需求识别能力

管理水平 = INTEG (管理水平增加，3)

管理水平增加 = 满足需求能力 × 1.2

创新人员人力成本 = 企业利润 × 0.3

创业者先前经验 = 创新人员人力成本 − 0.008 × (Time − 60)^2 × 经验转化 + 50

企业创新投入 = 创新收益增加 × 1.6

数字技术创新积累 = 智力资本价值 + (Time + 10) × 3

智力资本价值 = 知识流入 × 1.3

商业模式创新收益 = INTEG (创新收益增加 − 创新收益减少，10)

创新收益增加 = (商业模式设计成本 + 数字技术存量/转化期) + (50 − 商业模式创新收益/转化期)

创新收益减少 = 认知刚性 + 0.5

企业利润 = (商业模式创新收益 + 价值创造)/转化期

3. 数字技术创新能力子系统中主要变量的方程式如下：

数字技术存量 = INTEG (数字技术提升 − 数字技术淘汰，40)

数字技术提升 = 数字技术转化能力 × 0.5

数字技术淘汰 = 数字技术遗忘/1.2

数字技术研发能力 = 数字技术转化能力 − 商业模式模仿创新 × 0.08

技术效率 = 技术引进 + 收益增加

数字技术更新收益 = INTEG (收益增加，23)

收益增加 = 数字技术提升 × 1.5

数字技术整合能力增加 = (能力重构 + 数字技术创新投入) × 1.1 + (65 − 数字技术整合能力)/累积时间 + 数字技术更新及商业化

数字技术障碍 = 数字技术创新积累减少 − 12

价值创造 = INTEG (价值创造增加 − 价值创造减少，3)

价值创造增加 = (商业模式自主创新 + 商业模式模仿创新) × 2

价值创造减少 = 组织惯性/价值改变时间

7.3 实例仿真与灵敏度分析

7.3.1 企业基本信息

综合问卷调查的案例企业和当地科技园的技术创业企业，在考虑企业数据获取的难易程度及案例企业是否具有代表性等特征的基础上，实例仿真中的案例企业仍以 3.2.4 小节中进行理论饱和度检验的 XB 科技开发有限公司为例，并进一步充分调研了企业实际经营情况及盈利模式等，采集并补充了实例仿真所需的相关素材和有效数据。企业基本信息如下。

XB 科技开发有限公司成立于 2017 年，主要从事全息及 5G 数字化互动技术领域相关软硬件研发、智能终端平台软件开发等。XB 公司在成立之初就具有较为丰富的资金基础，投入大量的资金引进国内外先进的数字技术研发设备，并组建了具有较强研发能力的开发团队。目前，XB 公司已拥有 6 个专利产品，50 余项软件著作权等知识产权。由于数字技术的不断更新及行业市场的动态变化，XB 公司同时每隔 1 年时间就会在原有技术创新产品的基础上，进一步增加国内外先进技术已更新产品，使其所拥有的技术创新产品具有极快的更新速度。2019 年，XB 公司在推广其最新研发的一款技术服务软件时，采用了其他企业尚未用过的合作营销方式并取得了良好的社会和经济效益。在与 XB 公司高管的交谈中进一步了解到，由于数字技术产品的市场变化速度很快，公司摒弃了既往重研发轻推广的战略模式，而是将产品和市场推广同步进行，充分提高数字技术产品的商业转化并提升企业收益。但目前 XB 公司对于新技术产品及技术服务的资金投入和人力投入仍存在不足，需要对于企业既有经营模式和盈利方式进一步改造。

结合案例企业的调研结果，基于 XB 科技开发有限公司的现实情况，对系统动力学模型中相关变量的初始值进行设定，如企业创新成本、市场净现金流、创新人员人力成本、数字技术创新投入、企业创新投入、企业利润等。同时，考虑到模型中部分变量难以量化及实际数据获取困难等问题，如行业竞争程度、竞争定位、满足需求能力、管理水平、动态能力等，在参考企业实际经营情况的基础上，综合定性与定量分析及模拟实验等方法进行相应赋值。本书采用 Vensim PLE 进行模型的仿真测试，设置 INITIAL TIME = 0，FINAL TIME = 96，TIME STEP = 1 Mouth，Units for Time = Month。

7.3.2 模型的有效性检验

如前文 7.1.2 所述，本书构建系统动力学模型为二阶模型，是对相关理论的重构、推演与陈述，因而本节中对模型的有效性检验主要涉及模型及建构逻辑的可靠性检验而非是对历史经验进程的检验。二阶模型的有效度和质量主要依赖于其推演研究的质量，而不是对历史数据的追踪能力。二阶模型通常无法通过普通统计学方法进行信效度检验，一般采用模型结构检验和模型功能检验[395]。其中，模型结构检验是指对变量关系的检验：一方面是基于传统理论命题和既有实证关系文献得出变量间的关系；另一方面是对于没有直接理论或命题支撑的关系，通过对现实企业调研及参考专家建议对模型的正确性及边界合理性进行检验。本书主要采用以下三种方法对模型的有效性进行检验。

1. 量纲一致性检验

为保证模型内各参数反映在现实系统中均有其现实意义，可以通过量纲一致来检验模型是否有效及合理。要求模型中的变量均有正确的量纲且各变量数学表达式左右量纲需保持一致。进一步地，在既有文献研究基础上，结合对专家咨询的意见，对模型中变量的量纲进行核对，在确保各变量量纲一致的基础上，通过 Vensim PLE 进行 Units Check，显示 Uints are OK。因此，本书所构建的模型合理有效，可进行下一步的模型分析。

2. 系统边界检验

构建系统动力学模型之前需要对拟解决的问题和模型边界给予清晰界定，需要检验模型中所有变量及其反馈回路变量能否清晰地描述研究问题。本书构建的是数字经济背景下技术创业企业商业模式创新关键影响因素的作用路径系统，主要是为了探究不同关键因素如何作用于商业模式创新的路径问题，系统根据商业模式"冰山理论"及动态能力理论进行边界划分，忽略不必要内生变量和外生变量的影响。同时，模型中涉及的相关变量主要来源于现有文献和相关专家建议，并结合现实情况对模型不断地修正和完善，形成了现有的系统动力学模型。因此，本书所构建的系统动力学模型边界设定合理，因果回路图和系统流图也基本符合现实情况。

3. 极端情况检验

通过极端情况检验将系统动力学模型中的某些变量的参数设置为极端值，通过观测模型对现实情况做出的判断来检查所构建的模型能否反映现实情况。本书考察当技术创业企业满足需求能力和认知刚性取极端值时，管理水平和组织惯性的变化是否在现实企业中真实发生。当满足需求能力的参数设置为 0 时，如图 7.7 所示，此时企业无法满足消费者及其他利益相关者的产品或服务需求，则当前企业的管理水平没有发生任何变化。当认知刚性的参数设置为 100 时，如图 7.8 所示，创业者认知刚性越高，技术创业企业进行创新的意愿就会相对降低，路径依赖程度逐渐增加导致组织惯性呈直线性增长。

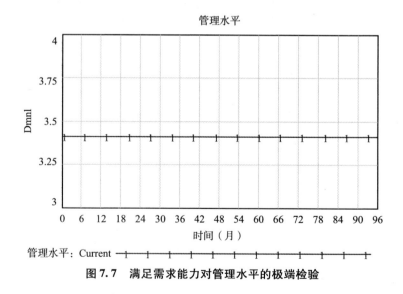

图 7.7　满足需求能力对管理水平的极端检验

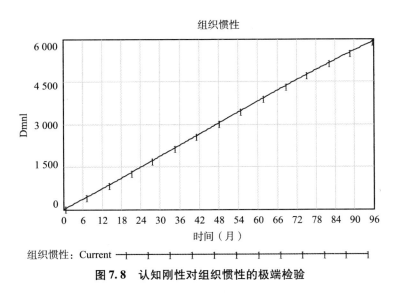

图 7.8 认知刚性对组织惯性的极端检验

结果显示，所构建的系统动力学模型能够反映技术创业企业满足能力与管理水平、认知刚性与组织惯性的内在动态关系，较为现实地反映案例企业现实情况，具有一定的现实意义，可以进行模型的仿真分析。

7.3.3 模型仿真分析

在模型有效性检验通过的基础上，对数字经济背景下技术创业企业商业模式创新关键影响因素的作用路径进行仿真模拟。通过对总系统在一个运行周期内的仿真结果可以看出，在技术创业企业发展初期（1～50 个月），商业模式自主创新和商业模式模仿创新的趋势逐渐增加，但商业模式模仿创新的增加程度高于商业模式自主创新。随着企业发展进程的推进（51～96 个月），商业模式自主创新趋势趋于平稳增加，商业模式模仿创新则呈下降趋势，具体如图 7.9 所示。

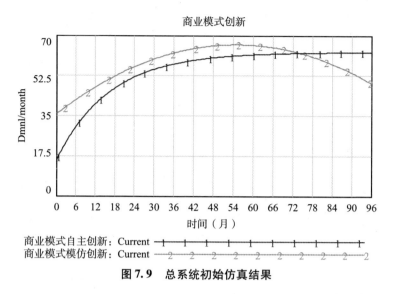

图7.9 总系统初始仿真结果

1. 数字经济环境子系统

数字经济环境子系统的仿真结果如图7.10所示。在主要反馈中，技术创业企业受到的规制压力随着企业发展逐渐降低后趋于平稳；数字经济环境动荡程度在0~60个月逐渐增加，后60个月之后逐渐下降；行业竞争程度在0~60个月逐渐增加，在60个月之后趋于平稳。

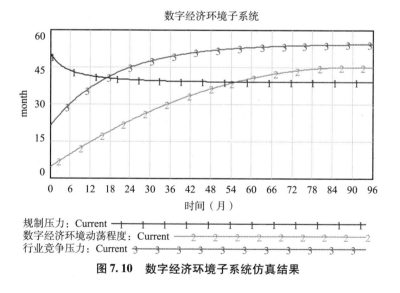

图7.10 数字经济环境子系统仿真结果

2. 资源禀赋子系统

资源禀赋子系统仿真结果如图 7.11 所示。在主要反馈中，企业资源基础在前 40 个月逐渐上升后趋于平稳；跨界搜寻在 0～50 个月呈上升趋势，但从 50 个月之后逐渐平稳；在 60 个月之前，创业者先前经验逐渐增加，60 个月之后创业者先前经验呈下降趋势；认知惰性在企业成长初期较高，随着企业成长进程的推进而逐渐降低。

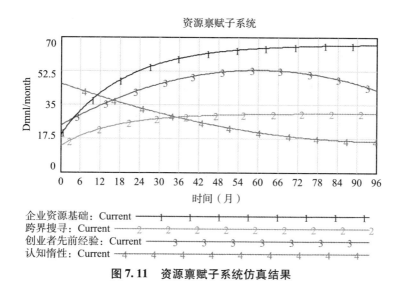

图 7.11　资源禀赋子系统仿真结果

3. 数字技术创新能力子系统

仿真结果如图 7.12 所示。在主要反馈中，数字技术吸收能力、数字技术整合能力及数字技术研发能力会随着企业成长和发展而逐渐增加后趋于稳定状态。

7.3.4　灵敏度分析

灵敏度分析主要是指通过改变相关变量的参数值来分析这种参数值改变对系统运行的影响，主要是在一定时间范围内随着该参数值的变化其他系统变量的动态改变。为进一步探索仿真分析的结果，将通过改变主要影响因素的参数值来看其对于不同商业模式创新的作用。

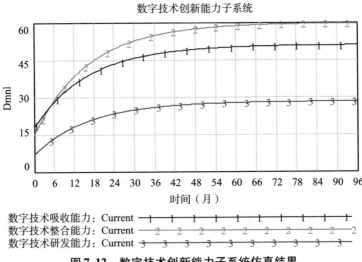

图 7.12　数字技术创新能力子系统仿真结果

1. 数字经济环境子系统的灵敏度分析

在不改变其他因素的情况下，考察数字经济环境行业动荡程度、规制压力、行业竞争程度对不同商业模式创新的影响。将数字经济环境行业动荡程度分别提高 5%、10%、15%、20%，如图 7.13、图 7.14 所示，发现

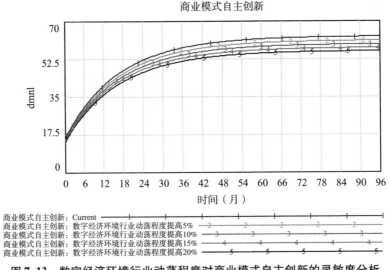

图 7.13　数字经济环境行业动荡程度对商业模式自主创新的灵敏度分析

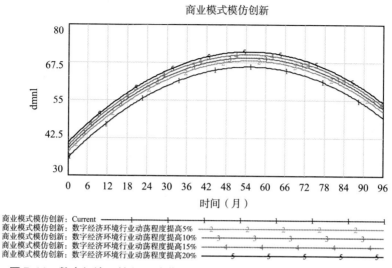

图 7.14　数字经济环境行业动荡程度对商业模式模仿创新的灵敏度分析

数字经济环境行业动荡程度与商业模式自主创新负相关，与商业模式模仿创新正相关，数字经济环境行业动荡程度的增加使企业数字技术吸收能力提升，使企业通过数字技术而获取的收益多于商业模式创新的收益，进而企业更倾向于进行数字技术创新而非商业模式自主创新。

如图 7.15、图 7.16 所示，将规制压力分别提高 5%、10%、15%、

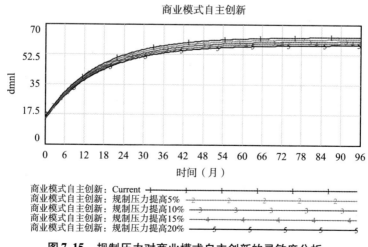

图 7.15　规制压力对商业模式自主创新的灵敏度分析

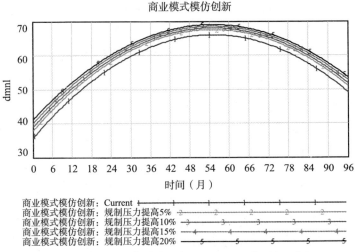

图 7.16　规制压力对商业模式模仿创新的灵敏度分析

20%，发现规制压力与商业模式自主创新负相关，与商业模式模仿创新正相关，规制压力的增加促进是数字技术合法性，而使企业增加了数字技术创新投入，使企业更加倾向于技术创新而非商业模式自主创新。

　　将行业竞争程度分别提高 5%、10%、15%、20%，如图 7.17、图7.18 所示，发现行业竞争程度与商业模式自主创新正相关，与商业模式模

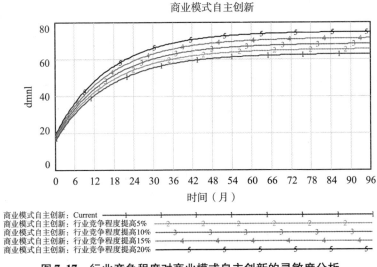

图 7.17　行业竞争程度对商业模式自主创新的灵敏度分析

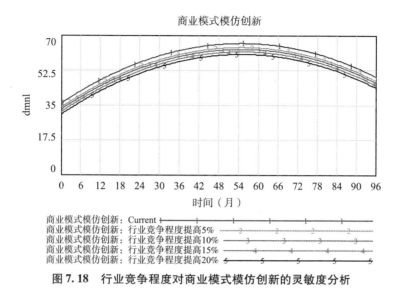

图 7.18 行业竞争程度对商业模式模仿创新的灵敏度分析

仿创新负相关，行业竞争程度的增加使得市场动态性提升，进而提升企业需求识别能力，使企业消费者规模增加而增加商业模式创新投入，因此，企业更愿意进行商业模式自主创新而提升其竞争优势。

2. 资源禀赋子系统的灵敏度分析

在不改变其他因素的情况下，考察企业资源基础、跨界搜寻、创业者先前经验及认知惰性对不同商业模式创新的影响。将企业资源基础分别提高 5%、10%、15%、20%，如图 7.19、图 7.20 所示，结果表明，企业资源基础与商业模式自主创新和商业模式模仿创新均为正相关关系，企业资源基础的提升促进了商业模式创新能力的提升，从而促进企业开展商业模式创新。

将跨界搜寻分别提高 5%、10%、15%、20%，如图 7.21、图 7.22 所示，结果表明，跨界搜寻与商业模式自主创新和商业模式模仿创新均呈正相关关系，跨界搜寻通过促进知识流入而增加知识存量，从而提升商业模式创新成本而进行商业模式创新。

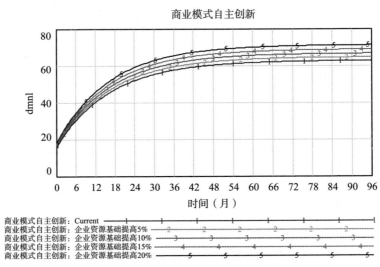

图 7.19 企业资源基础对商业模式自主创新的灵敏度分析

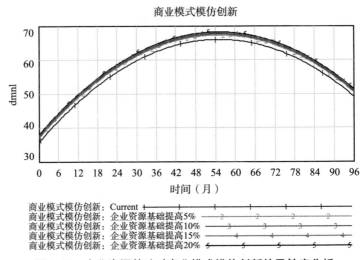

图 7.20 企业资源基础对商业模式模仿创新的灵敏度分析

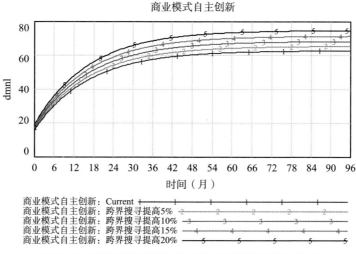

图 7.21　跨界搜寻对商业模式自主创新的灵敏度分析

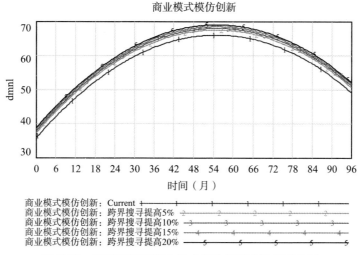

图 7.22　跨界搜寻对商业模式模仿创新的灵敏度分析

　　将创业者先前经验分别提高 5% 、10% 、15% 、20% ，如图 7.23、图 7.24 所示，结果表明，创业者先前经验与商业模式自主创新和商业模式模仿创新均呈正相关关系，创业者先前经验促进了企业动态能力的提升，从而增加数字技术创新积累，进而为商业模式创新提供信息和资源。

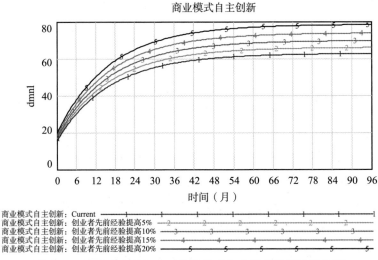

图 7.23　创业者先前经验对商业模式自主创新的灵敏度分析

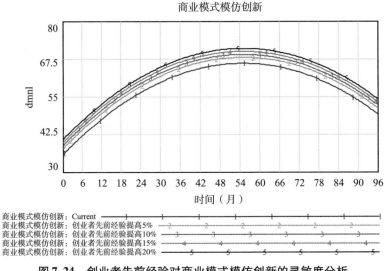

图 7.24　创业者先前经验对商业模式模仿创新的灵敏度分析

　　将认知惰性分别提高 5% 、10% 、15% 、20% ，如图 7.25、图 7.26 所示，结果表明，认知惰性与商业模式自主创新呈负相关关系，与商业模式模仿创新呈正相关关系，认知惰性增加了企业创新路径依赖，从而增加组织惯性而使企业不愿意进行商业模式自主创新。反之，认知惰性使企业管理者的自主创新意愿较低而进行商业模式模仿创新。

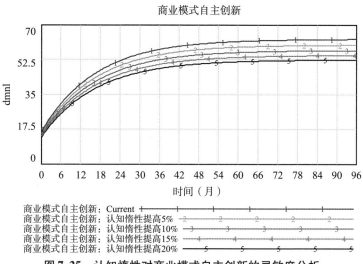

图 7. 25 认知惰性对商业模式自主创新的灵敏度分析

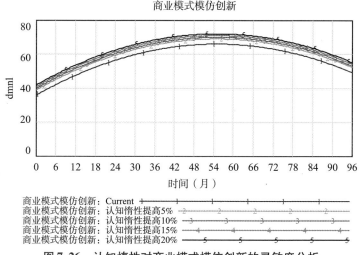

图 7. 26 认知惰性对商业模式模仿创新的灵敏度分析

3. 数字技术创新能力子系统的灵敏度分析

在不改变其他因素的情况下，考察数字技术吸收能力、数字技术整合能力、数字技术研发能力对不同商业模式创新的影响。如图 7.27、图 7.28

所示，将数字技术吸收能力分别提高5%、10%、15%、20%，发现数字技术吸收能力与商业模式自主创新正相关和商业模式模仿创新均为正相关关系，数字技术吸收能力的提升增加了数字技术存量，进而使技术创业企业智力资本提升而愿意进行商业模式创新。

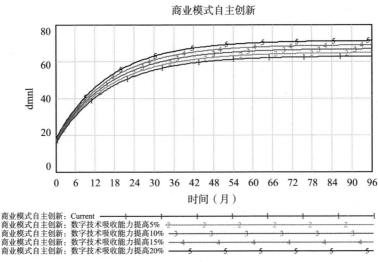

图7.27　数字技术吸收能力对商业模式自主创新的灵敏度分析

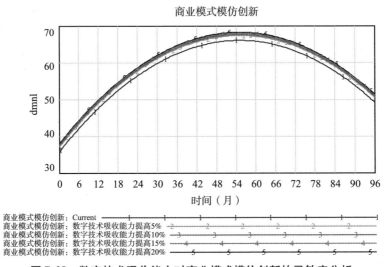

图7.28　数字技术吸收能力对商业模式模仿创新的灵敏度分析

将数字技术整合能力分别提高 5%、10%、15%、20%，如图 7.29、图 7.30 所示，发现数字技术整合能力与商业模式自主创新正相关和商业模式模仿创新均为正相关关系，数字技术整合能力增加了数字技术创新积累，从而促进技术创新商业模式设计成本的增加，使企业愿意投入更多的资源进行商业模式创新。

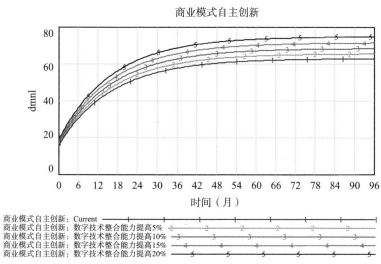

图 7.29　数字技术整合能力对商业模式自主创新的灵敏度分析

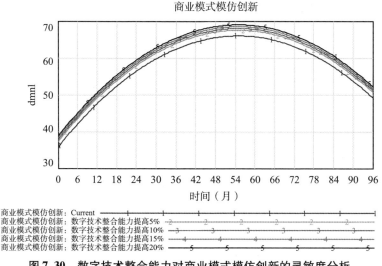

图 7.30　数字技术整合能力对商业模式模仿创新的灵敏度分析

将数字技术研发能力分别提高 5%、10%、15%、20%，如图 7.31、图 7.32 所示，发现数字技术研发能力与商业模式自主创新正相关和商业模式模仿创新均呈正相关关系，数字技术研发能力的增加促进技术创业企业

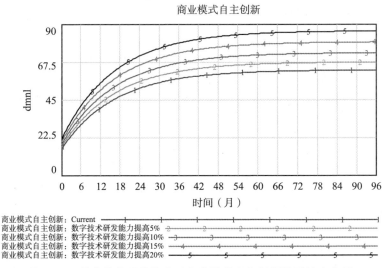

图 7.31 数字技术研发能力对商业模式自主创新的灵敏度分析

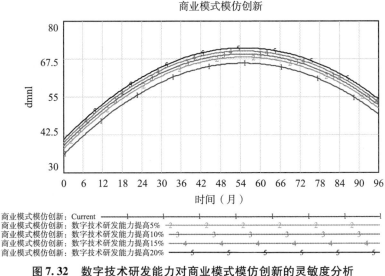

图 7.32 数字技术研发能力对商业模式模仿创新的灵敏度分析

技术引进力度而大幅度提升了技术效率，在增加技术创新投入的同时也增强了数字技术商业化的愿望，从而进行商业模式创新活动。

7.4 仿真结果分析

7.4.1 技术创业企业外部关键影响因素的作用路径

数字经济环境行业动荡程度、规制压力与商业模式自主创新呈负相关，与商业模式模仿创新正相关。行业竞争程度与商业模式自主创新正相关，与商业模式模仿创新负相关。

（1）数字经济环境行业动荡程度的作用路径。数字经济环境行业动荡程度的作用路径为"数字经济环境行业动荡程度→数字技术吸收能力→数字技术更新及商业化→数字技术更新收益→数字技术创新投入→商业模式设计成本→商业模式创新意愿→商业模式模仿创新"。即数字经济环境行业动荡程度的增加，会对技术创业企业的生存造成一定威胁，从而使技术创业企业通过模仿在位企业成功的商业模式来进行企业价值创新和盈利模式的设计和创新，即更倾向作用于商业模式模仿创新。

（2）规制压力的作用路径。规制压力的作用路径为"规制压力→数字技术合法性→数字技术更新及商业化→数字技术更新收益→数字技术创新投入→数字技术创新障碍→商业模式创新意愿→商业模式创新投入→商业模式模仿创新"。即数字经济环境中的规制压力较大时，技术创业企业规范企业行为会更加注意数字技术创新的投入和研发，会在一定程度上削弱对商业模式创新意愿而降低其投入，更倾向作用于商业模式模仿。

（3）行业竞争程度的作用路径。行业竞争程度的作用路径为"行业竞争程度→市场动态性→市场需求信息→需求识别能力→消费者规模→商业模式创新投入→商业模式自主创新"。即当行业竞争程度较高时，行业内各类数字信息和技术会更加透明，进一步提高了企业对于市场需求信息的感知和识别能力，但也意味着竞争对手的模仿性更强，此时企业为获取更大竞争优势就需要具有其独特的盈利模式，这就意味着技术创新企业需要增加对商业模式创新的投入而利于商业模式自主创新。

7.4.2　技术创业企业资源禀赋因素的作用路径

企业资源基础、跨界搜寻及创业者先前经验与商业模式自主创新、商业模式模仿创新均为正相关关系。企业家认知惰性与自主创新呈负相关，与商业模式模仿创新呈正相关。

（1）企业资源基础的作用路径。企业资源基础的作用路径为"企业资源基础→供应链协调能力→营运能力→知识流入→智力资本价值→商业模式创新能力提升→商业模式自主创新/商业模式模仿创新"。即较高的企业资源条件下，技术创业企业拥有较为丰富的财务资源、技术资源，能够为技术创业企业开展商业模式自主创新奠定资源基础。

（2）跨界搜寻的作用路径。企业家社会资源通过其社会关系、社会结构和社会认知来影响商业模式创新。具体表现为，跨界搜寻与商业模式自主创新和商业模式模仿创新均呈正相关。但在技术创业企业成长的初级阶段，对商业模式模仿创新的影响程度相对较高，其作用路径具体为"跨界搜寻→知识流入→知识存量→高管团队异质性知识→数字技术创新投入→商业模式设计成本→商业模式创新意愿→商业模式模仿创新"。即技术创业企业通过跨界搜寻通过促进外部知识流入，丰富企业有关数字技术知识存量，进而技术创业企业对数字技术创新的投入，而削弱其进行商业模式自主创新的意愿和倾向，最终作用于商业模式模仿创新。

（3）创业者先前经验的作用路径。创业者会结合其先前经验来对不同模式创新活动的开展进行利弊权衡。创业者先前经验的作用路径为"创业者先前经验→动态能力→能力重构→数字技术创新积累→商业模式设计成本→商业模式创新意愿→商业模式模仿创新"。即由于技术创业企业受到生产性经营资源、市场资源及财务资源的限制，创业者会根据企业既有资源条件来进行相应的能力重构，会希望通过模仿、借鉴其他企业成功的商业模式来降低企业生存风险。

（4）企业家认知惰性的作用路径。认知惰性的作用路径为"认知惰性→创新路径依赖→组织惯性→商业模式创新意愿→商业模式创新投入→商业模式模仿创新"。技术创业企业在开展商业模式创新活动时，会在一定程度上受创业者既有认知因素、原有创新技术路线与方法等方面的禁锢，从而使企业无法以更新的视角审视既有知识存量，也无法进行有差异化的商业模式自主创新。

7.4.3 技术创业企业数字技术创新能力的作用路径

数字技术吸收能力、数字技术整合能力及数字技术研发能力均与商业模式自主创新、商业模式模仿创新呈正相关，且对商业模式自主创新的影响程度高于商业模式模仿创新。

（1）数字技术吸收能力的作用路径。数字技术吸收能力的作用路径为"数字技术吸收能力→数字技术存量→智力资本价值→商业模式创新能力提升→商业模式自主创新"。即数字技术吸收能力能够跨越企业边界，吸收数字经济环境中有利于企业技术创新活动开展的相关创新资源和信息，从而丰富企业既有的技术资源，有利于企业开展不同形式的技术创新而提升企业技术资源价值，提升企业数字技术创新能力。进而增加了企业的经济收益而使企业会投入更多的资金进行商业模式自主创新。

（2）数字技术整合能力的作用路径。数字技术整合能力的作用路径为"数字技术整合能力→数字技术创新积累→商业模式设计成本→商业模式创新意愿→商业模式创新投入→商业模式自主创新"。数字技术整合能力体现了技术创业企业对技术资源的激活、整合、转化和创造，能够提升技术创业企业的技术资源存量及创新积累，从而形成利于企业发展新技术的资源和能力，使技术创业企业确立其竞争优势，更倾向于开发新技术、发明新产品而进行商业模式自主创新。

（3）数字技术研发能力的作用路径。数字技术研发能力的作用路径为"数字技术研发能力→技术引进→技术效率→数字技术更新及商业化→数字技术更新收益→数字技术创新投入→数字技术创新积累→商业模式创新意愿→商业模式自主创新"。当技术创业企业在新进入市场时，与在位企业存在一定的技术势差。随着技术创业企业成长进程的推进，技术创业企业通过数字技术自主研发能力来缩小技术势差、提升技术效率，使企业在进行数字技术创新的同时，也会希望通过商业模式自主创新将技术商业化而增加企业收益、提升核心竞争力。

7.4.4 实例仿真的综合分析结论

实例仿真企业 XB 科技开发有限公司结果表明：在数字经济背景下，技术创业企业商业模式创新的关键影响因素在对商业模式创新作用的过程中，会呈现出不同的作用路径。从企业的生命周期看，会经历从"商业模式模仿创新——商业模式自主创新"的路径过程。在技术创业企业的生存期和成长期，企业更倾向于进行商业模式模仿创新；在企业的成熟期，企业更倾向于进行商业模式自主创新。数字经济环境相较于传统经济环境，会凭借其新技术发展优势和高竞争压力而倒逼技术创业企业成长，技术创业企业在进入行业之初，会由于环境规制、企业资源因素及技术创新不成熟等方面的限制，而进行商业模式模仿创新。而在技术创业企业的发展逐渐趋于稳定之后，会希望通过建立一个系统化的组织管理范式和价值创造逻辑来开拓市场、建立竞争优势，此时企业更希望通过商业模式自主创新来提高整体企业运作效率推动企业成长。

XB 科技开发有限公司在进行商业模式创新活动时会根据企业资源禀赋、数字技术创新能力及外部环境因素中不同关键影响因素的作用程度和作用路径，而选择是进行商业模式自主创新还是商业模式模仿创新。

7.5 本章小结

本章通过构建数字经济背景下技术创业企业商业模式创新关键影响因素作用路径的系统动力学模型，对不同关键影响因素的具体作用路径进行仿真分析。首先，基于商业模式"冰山理论"的基本思想，通过对技术创业企业商业模式创新的显性知识和隐性知识分析，分别构建"数字经济环境子系统""资源禀赋子系统"及"数字技术创新能力子系统"三个子系统；其次，对三个子系统进行仿真分析和灵敏度分析，结果表明，在数字经济背景下，技术创业企业商业模式创新商业模式自主创新和模仿创新呈现出两种不同的路径，而在数字经济背景下不同关键影响因素对商业模式创新的作用路径不同；最后，基于实例仿真的综合分析结论对不同关键影响因素对商业模式创新的作用路径进行进一步验证。

|第8章|

数字经济背景下技术创业企业商业模式创新的策略选择分析

8.1 基于演化博弈理论的技术创业企业商业模式创新策略分析

8.1.1 演化博弈理论的适用性分析

演化博弈理论主要研究的是群体随着时间演进的动态过程,解释这一群体是如何演化至当前状态且如何达到此状态的。而影响这种群体演化行为的因素会呈现出一定的演化规律性,同时也具有随机性和扰动、突变的特征。演化博弈理论分析的不是博弈主体间的最优策略选择,更是博弈主体博弈策略的调整及演进过程,以及如何达到最终的稳定状态。演化博弈理论在进行最优策略的研究中,主要是探究在不同约束条件下的有限理性博弈参与者,各参与者通过总结和思考自身的每一次博弈之后再进行下次博弈,逐渐最终达到博弈均衡状态。整个博弈过程是博弈主体结合自身的收益而做出最优决策的动态演化过程。演化博弈的参与主体一般由群体组成,群体会影响博弈主体的行为决策。在演化博弈的过程中,博弈参与者通常是经过多次重复动态的博弈,而存在竞争关系或实力差距的博弈主体会不断对对方的行为进行揣测,从而学习、模仿或从失败吸取经验,并最终使博弈主体达到最大收益、最优决策的稳定状态[278]。通常博弈参与者倾向于收益高、成本低的策略，并通过不断的博弈和演化使博弈双方的最优策略趋于稳定，这个过程即是"演化稳定"。

近年来，随着数字经济的迅猛发展，技术创业企业所面临的外部竞争环境越来越复杂多变。技术创业企业作为以新技术、新产品为核心属性的新生企业，难以应对外部环境的动态变化及数字信息技术的更新换代，更难以依靠原有的商业模式来推动企业成长和发展。因此，为应对数字经济环境的挑战，技术创业企业必须综合考虑自身条件和外部因素选择合适的商业模式创新策略。企业商业模式创新策略选择必然受到其他企业的影响，因此，在技术创业商业模式创新策略选择的全过程中，必须要考虑对方企业的商业模式创新策略的选择，进而判断是采取商业模式自主创新策略还是采取学习对方企业成功经验的商业模式模仿创新策略。

此外，技术创业商业模式创新策略的选择过程中，技术创业企业的参与主体作为有限理性的决策者，无论实力较强的企业对于自身核心技术、信息和资源的保护，还是实力较弱的企业想要建立竞争优势实现快速发展，都难免会为了规避不确定的风险而选择保守的商业模式创新策略，从而会在规避风险和快速成长中进行权衡。此外，政府给予创业企业的扶持、对自主创新的补贴、对数字技术开发的保护等，也会影响技术创业企业对商业模式创新策略的抉择。所以，存在实力差距的技术创业企业在数字经济背景下，基于有限理性而进行动态演化博弈，通过对不同商业模式创新策略的选择而进行商业模式创新行为的演进。

综上所述，传统的静态博弈方法是从完全理性、有限参与者的假设下进行，并不能解决数字经济背景下有限理性的技术创业企业群体商业模式创新策略的选择问题。因此，本章运用演化博弈理论的思想和方法，开展技术创业企业商业模式创新策略的研究，从有限理性的角度剖析技术创业企业商业模式创新策略的选择问题，更符合复杂多变的数字经济背景下技术创业企业的行为特征，即技术创业企业对于某一商业模式创新策略的选择会随着企业的不断发展和实践逐渐修正、调整和改进。

8.1.2 技术创业企业商业模式创新策略的演化博弈分析

技术创业企业商业模式创新是企业内、外影响因素综合作用的一个动态过程[415]。技术创业企业在商业模式创新过程中，面对数字经济环境的复杂性、多维性和动荡性[416]，自身组织结构的调整及政府等相关机构的政策手段，致使技术创业企业的商业模式创新系统存在一种动态变化的形式，正是这种动态变化使技术创业企业在数字经济时代下，在对不同商业模式创新策略的选择博弈中处于一个不断变化和动态演进的过程中。

在数字经济环境下，丰富的数据资源和大量的信息充斥其中。存在实力差距的技术创业企业之间在进行新技术研发、新产品及服务探索时，会涉及知识和信息的交叉融合、利润模式和成本结构的相似、价值主张和价值创造的相互借鉴等。其中，实力较强的技术创业企业会拥有相对丰富的资源和能力，会更希望通过原始性的创新来改变竞争格局、提升竞争优势。而实力较弱的技术创业企业由于先天性的资源短缺，会希望通过商业模式创新来建立竞争优势，将相对有限的资源和能力发挥最大效用。因此，技术创业企业基于自身资源禀赋和技术创新能力，考虑进行商业模式创新所付出的资源成本、财务成本和技术成本等，就需要对不同的商业模式创新策略进行权衡。这种情形往往借助"智猪博弈"模型进行分析，认为实力较弱的企业不要率先行动，可以通过借鉴、学习和模仿实力较强企业的策略才是其最优选择[417]。

商业模式创新的过程中，不同技术创业企业间的知识资源储备、技术能力和基础、组织结构及创业者认知等都存在很大差异。这些都影响技术创业企业对于不同商业模式创新策略的选择。而企业外部数字经济环境中，政府政策鼓励和支持、制度压力及环境动态竞争所带来的约束和风险，也是影响商业模式创新决策的主要原因。在进行商业模式创新的过程中会涉及多次博弈，由于技术创业企业资源禀赋、数字技术创新能力等方面的差异，使技术创业企业在对商业模式创新策略的选择博弈会经历一个学习和模仿的过程，且随着时间的演进而不断改变，在商业模式自主创新和商业模式模仿创新中进行选择。而在商业模式创新策略的演化博弈过程中，会涉及企业内、外不同因素的影响，结合前两章的分析结论深入剖析技术创业企业资源禀赋、技术创新能力及企业外部数字经济环境中更为具体的变量，结合这些变量构建相应的支付收益矩阵。最终博弈双方会在无数次的不同商业模式创新策略博弈过程中达到稳定状态，从而实现企业的利益最大化和策略最优。

8.2 问题描述与基本假设

8.2.1 问题描述

在数字经济背景下，技术创业企业具有一定的数字技术和产业化潜能，并通过商业模式创新能够获取竞争优势和收益增长。有部分技术创业企业具备相关的数字创新技术及创新资源，但可能缺乏商业模式创新的能力；也有部分技术创业企业既具备数字技术创新能力及相关资源，也具有商业模式自主创新能力。但数字经济背景下的技术创业企业，在面对数字经济环境的动荡及市场竞争压力时，技术创业企业通过商业模式创新所产生的价值会受到市场中模仿企业的技术、能力等相关资源的影响。此外，商业模式创新通常不受相关政策法规的保护，不具有专利性质，比较容易被模仿而模仿者并不需要付出过多的成本。因此，对于技术创业企业而言，想要在数字经济的环境中立足市场、建立竞争势态就需要进行正确的商业模式创新决策，并结合自身的资源禀赋和数字技术创新能力来决策是进行商业模式自主创新还是商业模式模仿创新。

在数字经济背景下，技术创业企业商业模式创新的决策过程是一个多周期博弈过程，存在实力差异的两个技术创业企业群体的策略集均为｛商业模式自主创新，商业模式模仿创新｝，技术创业企业均为有限理性、同时具有模仿和学习的能力，能够结合企业的不同发展阶段进行商业模式创新策略调整。基于企业内部视角，技术创业企业在利用资源禀赋和相应的创新能力进行商业模式创新时，会产生相应的成本，且对于处于成长初期的技术创业企业而言，进行商业模式自主创新的风险系数相对较高。此外，技术创业企业的企业家社会资源也会影响其商业模式创新策略的选择：一方面，由于企业家自身具备的知识和经验能够影响企业的决策方向；另一方面，企业家对于企业自身及外部环境的认知同样也会影响企业商业模式创新策略的选择。基于企业外部视角，来自政府层面的制度因素，通过对技术创业企业的政策引导和补贴来影响商业模式创新决策；而数字经济环境动荡所带来的技术变革和市场变化，为技术创业企业开展不同的商业模式创新带来相应风险。

8.2.2 基本假设

（1）技术创业企业在选择不同商业模式创新策略时具有不确定性和有限理性，不同策略的选择是随着时间变化而不断演进的动态博弈过。数字经济背景下，由于不同技术创业企业间存在数字技术创新能力、技术开发水平等方面的差异，导致其在商业模式创新策略抉择时会有不同的选择，本书假设博弈方分别是技术创业企业群体 A 和 B，企业 A 代表实力较强的企业群，企业 B 代表实力较弱的企业群。

（2）在数字经济背景下，技术创业企业在进行商业模式创新时都有两种选择："商业模式自主创新"和"商业模式模仿创新"。技术创业企业在成长初期，由于资源禀赋、技术能力以及管理水平的限制，会考虑学习、模仿其他企业成功的商业模式来进入市场，选择"商业模式模仿创新"；也可能会想要确立自身的竞争优势，优先获取进入市场之初的潜在利益，尽快将认知和技术资源化而选择"商业模式自主创新"。

（3）基于企业资源禀赋视角，技术创业企业进行商业模式自主创新和模仿创新都需要以企业资源禀赋为基础，均会支出相应的成本。这里进行商业模式自主创新和模仿创新所付出的资源成本、财务成本及人力成本等统称为商业模式创新成本。此外，尽管商业模式模仿创新是复制其他企业的创业、流程及价值创造方式等，但仍会产生一定的边际成本。企业 A 选择商业模式自主创新的概率为 x，付出成本为 C_1，选择商业模式模仿创新的概率为 $1-x$，付出成本为 C_1'；企业 B 选择商业模式自主创新的概率为 y，付出成本为 C_2，选择商业模式模仿创新的概率为 $1-y$，付出成本为 C_2'，其中 x，$y \in [0, 1]$，$0 < C_1' < C_1$，$0 < C_2' < C_2$，此外，由于技术创业企业 A 与企业 B 间的实力差距，会存在 $C_1 > C_2$，$C_1' > C_2'$，而技术创业企业 A 对于两种商业模式创新策略的投入成本差距也会大于企业 B，即 $C_1 - C_1' > C_2 - C_2'$。

（4）此外，技术创业企业的企业家社会资源也会影响不同商业模式创新策略的选择。技术创业企业创业者自身特征，包括创业者先前经验、异质性知识等，创业者通过认知图式、行业经验及知识资源等智力资本影响企业的价值创造方式及决策方向，从而为企业带来不同的收益。技术创业企业的企业家社会资源通过对不同商业模式创新策略的决策为技术创业企业带来的收益为 ΔR，创业者进行商业模式自主创新的倾向程度为 β，获得的收益为 $\beta\Delta R$；创业者进行商业模式模仿创新的倾向程度为 $1-\beta$，获得的收益为 $\Delta R(1-\beta)$，其中，$0<\beta<1$。

（5）基于企业数字技术创新能力的视角。商业模式创新赋予技术创业企业新的竞争优势并进行价值创造，为企业带来相应的收益。在数字经济背景下，数字技术创新作为技术创新企业进行新产品、新技术开发的主要手段，为企业带来一定收益。商业模式创新是技术创业企业数字技术及知识资本化、商业化的重要手段，能够将企业的数字技术创新、数字产品创新转化为相应的利润来源，不同的商业模式创新策略能够影响技术商业化的相应收益。技术创业企业通过开发数字技术创新产品等为企业带来的收益为 ΔS，商业模式自主创新对企业数字技术商业化的影响程度为 α，获得的收益为 $\alpha\Delta S$；商业模式模仿创新对企业技术商业化的影响程度为 $1-\alpha$，获得的收益为 $\Delta S(1-\alpha)$，其中，$0<\alpha<1$。

（6）基于外部数字经济环境的视角。在数字经济背景下，政府更加鼓励技术创业企业开展相应的创新创业活动，给予相应的支持和补贴。政府通过对自主创新活动的支持促进企业开展商业模式自主创新，这里假设当技术创业企业同时进行商业模式自主创新时，政府给予企业双方一定的创新补贴，记为 R。此外，数字经济环境的不断变化也会为技术创业企业带来相应的创新风险，由于数字经济环境动荡会给进行商业模式自主创新的企业带来创新风险，这部分风险给企业带来的损失记为 R_1。

（7）当 A、B 两方企业选择商业模式自主创新时，企业间会存在一定的竞争关系，而这种竞争关系直接影响了企业所在的市场竞争程度。通过这种竞争营造良好的自主创新氛围而为企业带来一定的溢出收益。技术创业企业通过商业模式自主创新带来的知识和创新模式通过数字经济环境的开放性和强互动性等方式扩散到其他技术创业企业，从而使其可能获得相应的溢出利益。企业 A 选择商业模式自主创新时给企业 B 带来的溢出收益为 M_1，企业 B 选择商业模式自主创新时给企业 A 带来的溢出收益为 M_2。一般来说，政府给予商业模式自主创新的补贴会大于溢出收益，即 R >

M_1，$R > M_2$。此外，对于技术创业企业而言，企业由创业者和技术创新所带来的收益会高于来自政府补贴及企业获得的溢出收益。

8.3 数字经济背景下技术创业企业商业模式创新策略的博弈模型

8.3.1 商业模式创新策略的演化博弈模型建立

综合上述研究，本节通过构建技术创业企业商业模式创新策略的决策模型，分析数字经济背景下存在实力差异的技术创业企业决策行为，探究数字经济环境、政府以及创业者特征对不同商业模式创新策略选择的影响。基于此，构建的支付矩阵如表8.1所示。

表 8.1 支付矩阵

		企业 B	
		自主创新	模仿创新
企业 A	自主创新	$\beta \cdot \Delta R + \alpha \cdot \Delta S + R - C_1 - R_1$, $\beta \cdot \Delta R + \alpha \cdot \Delta S + R - C_2 - R_1$	$\beta \cdot \Delta R + \alpha \cdot \Delta S - C_1 - R_1$, $(1 - \beta) \cdot \Delta R + (1 - \alpha) \cdot \Delta S - C_2' + M_2$
	模仿创新	$(1 - \beta) \cdot \Delta R + (1 - \alpha) \cdot \Delta S - C_1' + M_1$, $\beta \cdot \Delta R + \alpha \cdot \Delta S - C_2 - R_1$	$(1 - \beta) \cdot \Delta R + (1 - \alpha) \cdot \Delta S - C_1'$, $(1 - \beta) \cdot \Delta R + (1 - \alpha) \cdot \Delta S - C_2'$

根据表8.1，技术创业企业 A 的博弈求解中，企业 A 选择"商业模式自主创新"策略的期望收益 E_{A1}，"商业模式模仿创新"策略的期望收益 E_{A2} 和平均期望收益 $\overline{E}_A$ 分别为：

$$E_{A1} = y \cdot (\beta \cdot \Delta R + \alpha \cdot \Delta S + R - C_1 - R_1) + (1 - y) \cdot$$
$$(\beta \cdot \Delta R + \alpha \cdot \Delta S - C_1 - R_1)$$
$$= y \cdot \beta + \beta \cdot \Delta R + \alpha \cdot \Delta S - C_1 - R_1 \qquad (8-1)$$
$$E_{A2} = y \cdot [(1 - \beta) \cdot \Delta R + (1 - \alpha) \cdot \Delta S - C_1' + M_1] + (1 - y) \cdot$$
$$[(1 - \beta) \cdot \Delta R + (1 - \alpha) \cdot \Delta S - C_1']$$

$$= y \cdot M_1 + (1 - \beta) \cdot \Delta R + (1 - \alpha) \cdot \Delta S - C_1' \qquad (8-2)$$

$$\overline{E}_A = x \cdot E_{A1} + (1 - x) \cdot E_{A2} \qquad (8-3)$$

技术创业企业 B 的博弈求解中，企业 B 选择"商业模式自主创新"策略的期望收益 E_{B1}，"商业模式模仿创新"策略的期望收益 E_{B2} 和平均期望收益 $\overline{E}_B$ 分别为：

$$E_{B1} = x \cdot (\beta \cdot \Delta R + \alpha \cdot \Delta S + R - C_2 - R_1) + (1 - x) \cdot$$
$$(\beta \cdot \Delta R + \alpha \cdot \Delta S - C_2 - R_1)$$
$$= x \cdot \beta + \beta \cdot \Delta R + \alpha \cdot \Delta S - C_2 - R_1 \qquad (8-4)$$

$$E_{B2} = x \cdot [(1 - \beta) \cdot \Delta R + (1 - \alpha) \cdot \Delta S - C_2' + M_2] + (1 - x) \cdot$$
$$[(1 - \beta) \cdot \Delta R + (1 - \alpha) \cdot \Delta S - C_2']$$
$$= x \cdot M_2 + (1 - \beta) \cdot \Delta R + (1 - \alpha) \cdot \Delta S - C_2' \qquad (8-5)$$

$$\overline{E}_B = y \cdot E_{B1} + (1 - y) \cdot E_{B2} \qquad (8-6)$$

8.3.2 演化稳定策略的求解及分析

通过上述分析，技术创业企业 A 复制动态方程为：

$$F(x) = \frac{dx}{dt} = x(E_{A1} - \overline{E}_A) = x(1 - x) \cdot (E_{A1} - E_{A2})$$
$$= x(1 - x) \cdot [(R - M_1) \cdot y + (2\beta - 1) \cdot$$
$$\Delta R + (2\alpha - 1) \cdot \Delta S - (C_1 - C_1' + R_1)] \qquad (8-7)$$

为计算简便，这里假设 $a = (2\beta - 1) \cdot \Delta R + (2\alpha - 1) \cdot \Delta S$，$b = C_1 - C_1' + R_1$。

令 $\frac{dx}{dt} = 0$，有 $x_1^* = 0$，$x_2^* = 1$ 两个可能的稳定点。

对技术创业企业 A 的演化稳定策略分析如下：

当 $(R - M_1) \cdot y + a - b > 0$ 时，$x^* = 1$ 是稳定状态；

当 $(R - M_1) \cdot y + a - b < 0$ 时，$x^* = 0$ 是稳定状态；

当 $(R - M_1) \cdot y + a - b = 0$ 时，

$$x^* = \frac{(C_1 - C_1' + R_1) - [(2\beta - 1) \cdot \Delta R + (2\alpha - 1) \cdot \Delta S]}{R - M_1}，所有的 x 均$$

为稳定点。

技术创业企业 B 的复制动态方程为:

$$F(y) = \frac{dy}{dt} = y(E_{B1} - \overline{E_B}) = y(1-y) \cdot (E_{B1} - E_{B2})$$

$$= y(1-y) \cdot [(R - M_2) \cdot x + (2\beta - 1) \cdot \Delta R + (2\alpha - 1) \cdot$$

$$\Delta S - (C_2 - C_2' + R_1)] \qquad (8-8)$$

为计算简便,这里假设 $b_1 = C_2 - C_2' + R_1$。

令 $\frac{dy}{dt} = 0$,有 $y_1^* = 0$,$y_2^* = 1$ 两个可能的稳定点。

对技术创业企业 B 的演化稳定策略分析如下:

当 $(R - M_1) \cdot y + a - b_1 > 0$ 时,$y^* = 1$ 是稳定状态;

当 $(R - M_1) \cdot y + a - b_1 < 0$ 时,$y^* = 0$ 是稳定状态;

当 $(R - M_1) \cdot y + a - b_1 = 0$ 时,

$y^* = \dfrac{(C_2 - C_2' + R_1) - [(2\beta - 1) \cdot \Delta R + (2\alpha - 1) \cdot \Delta S]}{R - M_2}$,所有的 y 均

为稳定点。

有上述分析得出,令 $F(x) = F(y) = 0$ 能够得出商业模式创新策略选择系统中有 5 个均衡点,分别是 $(x, y) = \{(0, 0), (0, 1), (1, 0), (1, 1), (x^*, y^*)\}$,其中,

$$x^* = \frac{(C_1 - C_1' + R_1) - [(2\beta - 1) \cdot \Delta R + (2\alpha - 1) \cdot \Delta S]}{R - M_1}$$

$$y^* = \frac{(C_2 - C_2' + R_1) - [(2\beta - 1) \cdot \Delta R + (2\alpha - 1) \cdot \Delta S]}{R - M_2}$$

根据 Friedman[418] 提出的研究方法,技术创业企业 A 和企业 B 的演化博弈均衡点可以由雅克比矩阵的局部均衡分析得出,基于上述模型求解可得雅克比矩阵和其对应的行列式 det(J) 和迹 tr(J) 分别为:

$$J = \begin{bmatrix} \dfrac{\partial F(x)}{\partial x}, & \dfrac{\partial F(x)}{\partial y} \\ \dfrac{\partial F(y)}{\partial x}, & \dfrac{\partial F(y)}{\partial y} \end{bmatrix}$$

$$= \begin{bmatrix} (1-2x) \cdot [(R - M_1) \cdot y + a - b] & x(1-x) \cdot (R - M_1) \\ y(1-y) \cdot (R - M_2) & (1-2y) \cdot [(R - M_2) \cdot x + a - b_1] \end{bmatrix}$$

$$(8-9)$$

当均衡点使该演化博弈系统的雅克比矩阵满足 $\det(J) > 0$，$\mathrm{tr}(J) < 0$ 时，系统达到演化稳定状态。其中，$\det(J) = |J|$，$\mathrm{tr}(J) = \dfrac{\partial F(x)}{\partial x} + \dfrac{\partial F(y)}{\partial y}$。

该雅克比矩阵的行列式 $\det(J)$ 为：

$$\det(J) = \begin{vmatrix} \dfrac{\partial F(x)}{\partial x}, & \dfrac{\partial F(x)}{\partial y} \\ \dfrac{\partial F(y)}{\partial x}, & \dfrac{\partial F(y)}{\partial y} \end{vmatrix} = \{(1-2x) \cdot [(R-M_1) \cdot y + a - b] \cdot$$

$$(1-2y) \cdot [(R-M_2) \cdot x + a - b_1]\} - [x(1-x) \cdot (R-M_1) \cdot$$

$$y(1-y) \cdot (R-M_2)] \tag{8-10}$$

雅克比矩阵的迹 $\mathrm{tr}(J)$ 为：

$$\mathrm{tr}(J) = (1-2x) \cdot [(R-M_1) \cdot y + a - b] + (1-2y) \cdot [(R-M_2) \cdot x + a - b_1] \tag{8-11}$$

由于 $x^* \in (0, 1)$，$y^* \in (0, 1)$，则有：$0 < \dfrac{b-a}{R-M_1} < 1$，$0 < \dfrac{b_1-a}{R-M_2} < 1$，上述假设中已经设定 $R > M_1$，$R > M_2$，因此 $a - b < 0$，$a - b_1 < 0$。因此，运用局部稳定分析法对各均衡点进行稳定性分析，如表8.2所示。

表8.2　　　　　　　　　　不同策略的演化稳定结果

均衡点	$\det(J)$ 符号	$\mathrm{tr}(J)$ 符号	结果
$O(0, 0)$	+	−	稳定（ESS）
$A(0, 1)$	+	+	不稳定
$B(1, 0)$	+	+	不稳定
$C(1, 1)$	+	−	稳定（ESS）
$D(x^*, y^*)$	−	0	鞍点

由表8.2可知，此博弈系统的5个均衡点中，$O(0, 0)$、$C(1, 1)$ 为博弈系统的2个演化稳定点（ESS），$A(0, 1)$，$B(1, 0)$ 为2个不稳定点，$D(x^*, y^*)$ 为鞍点。用演化相位图描述企业 A 和企业 B 的动态博弈策略如图8.1所示，从图8.1中可以看出，由 $A(0, 1)$、$D(x^*, y^*)$、$B(1, 0)$ 三点为企业 A 和企业 B 不同状态的临界线，分为区域 S_1 和区域

S_{II}，当初始状态处于 S_{II} 区域时，博弈双方最终收敛于 C(1，1)，说明博弈双方趋向于都选择｛商业模式自主创新，商业模式自主创新｝；当初始状态处于 S_{I} 区域时，博弈双方最终收敛于 O(0，0)，说明博弈双方趋向于都选择｛商业模式模仿创新，商业模式模仿创新｝；当 S_{I} = S_{II} 时，博弈双方选择商业模式自主创新和商业模式模仿创新的概率相等。

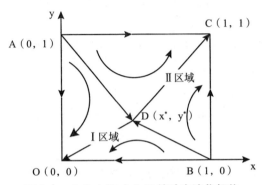

图8.1　企业 A 和企业 B 的动态演化相位

8.3.3　不同参数变化对演化博弈策略的影响

　　基于上述分析，所构建的演化博弈系统将会出现两种可能的均衡情况使系统最后趋于稳定状态，而系统的稳定策略收敛于哪一均衡点与博弈双方的支付函数中相关参数赋值及变化有关，不同参数赋值的改变将导致演化博弈系统的收敛状态不同。因此，在进行数值仿真模拟技术创业企业商业模式创新策略的动态演化前，需要对模型中相关参数变化对不同商业模式创新策略稳定影响进行讨论分析。技术创业企业 A 和企业 B 的演化博弈策略是｛商业模式自主创新，商业模式自主创新｝或是｛商业模式模仿创新，商业模式模仿创新｝。博弈双方最终的演变博弈稳定策略取决于区域 S_{I} 和区域 S_{II} 的面积，D(x^{*}，y^{*}) 作为鞍点两个区域面积的关键决定点。因此，区域 S_{I} 的面积如下：

$$S_1 = \frac{1}{2}\left(\frac{b-a}{R-M_1} + \frac{b_1-a}{R-M_2} \right)$$

$$= \frac{1}{2}\left[\frac{(C_1 - C_1' + R_1) - [(2\beta-1)\cdot\Delta R + (2\alpha-1)\cdot\Delta S]}{R-M_1} \right.$$

$$+ \frac{(C_2 - C_2' + R_1) - \left[(2\beta - 1) \cdot \Delta R + (2\alpha - 1) \cdot \Delta S\right]}{R - M_2}\Bigg]$$

$$(8-12)$$

根据动力系统稳定性的相关理论[419]，对区域 S_I 面积中涉及的 12 个参数进行分析，能够得出如下命题：

（1）命题 1：随着企业 A 选择商业模式自主创新的付出成本 C_1 增加，博弈双方采取商业模式模仿创新的概率增加；随着企业 A 选择商业模式自主创新的付出成本 C_1 减少，博弈双方采用商业模式自主创新的概率增加。

证明：由于上述假设中已设定政府给予商业模式自主创新的补贴会大于溢出收益，即 $R > M_1$，$R > M_2$，所以：$\dfrac{\partial S_I}{\partial C_1} = \dfrac{1}{2} \cdot \dfrac{1}{R - M_1} > 0$。

因此，S_I 是 C_1 的增函数，当 C_1 增加时，S_I 的面积增大，鞍点 D 向 C 点移动，S_{II} 的面积减小，博弈双方采取 ｛商业模式模仿创新，商业模式模仿创新｝概率增大；当 C_1 减小时，S_I 的面积减小，鞍点 D 向 O 点移动，S_{II} 的面积增加，博弈双方采取 ｛商业模式自主创新，商业模式自主创新｝概率增大。

（2）命题 2：随着企业 A 选择商业模式模仿创新的付出成本 C_1' 增加，博弈双方采取商业模式自主创新的概率增加；随着企业 A 选择商业模式模仿创新的付出成本 C_1' 减少，博弈双方采用商业模式模仿创新的概率增加。

证明：由于 $R > M_1$，故 $\dfrac{\partial S_I}{\partial C_1'} = -\dfrac{1}{2} \cdot \dfrac{1}{R - M_1} < 0$。

因此，S_I 是 C_1' 的减函数，当 C_1' 增加时，S_I 的面积减小，S_{II} 的面积增加，博弈双方采取 ｛商业模式自主创新，商业模式自主创新｝概率增大；当 C_1' 减小时，S_I 的面积增大，S_{II} 的面积减小，博弈双方采取 ｛商业模式模仿创新，商业模式模仿创新｝概率增大。

（3）命题 3：随着企业 B 选择商业模式自主创新的付出成本 C_2 增加，博弈双方采取商业模式模仿创新的概率增加；随着企业 B 选择商业模式自主创新的付出成本 C_1 减少，博弈双方采用商业模式自主创新的概率增加。

证明：由于 $R > M_2$，所以：$\dfrac{\partial S_I}{\partial C_2} = \dfrac{1}{2} \cdot \dfrac{1}{R - M_2} > 0$。

因此，S_I 是 C_2 的增函数，当 C_2 增加时，S_I 的面积增大，S_{II} 的面积减小，博弈双方采取 ｛商业模式模仿创新，商业模式模仿创新｝ 概率增大；当 C_2 减小时，S_I 的面积减小，S_{II} 的面积增加，博弈双方采取 ｛商业模式自主创新，商业模式自主创新｝ 概率增大。

（4）命题 4：随着企业 B 选择商业模式模仿创新的付出成本 C_2' 增加，博弈双方采取商业模式自主创新的概率增加；随着企业 B 选择商业模式模仿创新的付出成本 C_2' 减少，博弈双方采用商业模式模仿创新的概率增加。

证明：由于 $R > M_2$，故 $\dfrac{\partial S_I}{\partial C_2'} = -\dfrac{1}{2} \cdot \dfrac{1}{R - M_2} < 0$。

因此，S_I 是 C_2' 的减函数，当 C_2' 增加时，S_I 的面积减小，S_{II} 的面积增加，博弈双方采取 ｛商业模式自主创新，商业模式自主创新｝ 概率增大；当 C_2' 减小时，S_I 的面积增大，S_{II} 的面积减小，博弈双方采取 ｛商业模式模仿创新，商业模式模仿创新｝ 概率增大。

（5）命题 5：当 $\dfrac{1}{2} < \alpha < 1$ 时，随着企业通过新产品开发及技术创新带来的收益为 ΔS 增加，博弈双方采取商业模式自主创新的概率增加；当 $0 < \alpha < \dfrac{1}{2}$ 时，随着企业通过新产品开发及技术创新带来的收益为 ΔS 减少，博弈双方采取商业模式模仿创新的概率增加。

证明：$\dfrac{\partial S_I}{\partial \Delta S} = -\dfrac{1}{2} \cdot \left(\dfrac{2\alpha - 1}{R - M_2} + \dfrac{2\alpha - 1}{R - M_1} \right)$

当 $2\alpha - 1 > 0$ 时，可得 $\dfrac{1}{2} < \alpha < 1$，则 $\dfrac{\partial S_I}{\partial \Delta S} < 0$。

此时，S_I 是 ΔS 的减函数，当 ΔS 增加时，S_I 的面积减小，S_{II} 的面积增加，博弈双方采取 ｛商业模式自主创新，商业模式自主创新｝ 概率增大；当 ΔS 减小时，S_I 的面积增大，S_{II} 的面积减小，博弈双方采取 ｛商业模式模仿创新，商业模式模仿创新｝ 概率增大。

当 $2\alpha - 1 < 0$ 时，可得 $0 < \alpha < \dfrac{1}{2}$，则 $\dfrac{\partial S_I}{\partial \Delta S} > 0$。

此时，S_I 是 ΔS 的增函数，当 ΔS 增加时，S_I 的面积增大，S_{II} 的面积减小，博弈双方采取 ｛商业模式模仿创新，商业模式模仿创新｝ 概率增大；当 ΔS 减小时，S_I 的面积减小，S_{II} 的面积增加，博弈双方采取 ｛商业模式自主创新，商业模式自主创新｝ 概率增大。

（6）命题6：当 $\frac{1}{2} < \beta < 1$ 时，随着创业者通过不同商业模式创新策略的决策为技术创业企业带来的收益 ΔR 增加，博弈双方采取商业模式自主创新的概率增加；当 $0 < \beta < \frac{1}{2}$ 时，随着创业者通过不同商业模式创新策略带来的收益 ΔR 减少，博弈双方采取商业模式模仿创新的概率增加。

证明：$\dfrac{\partial S_I}{\partial \Delta R} = -\dfrac{1}{2} \cdot \left(\dfrac{2\beta - 1}{R - M_2} + \dfrac{2\beta - 1}{R - M_1} \right)$

当 $2\beta - 1 > 0$ 时，可得 $\frac{1}{2} < \beta < 1$，则 $\dfrac{\partial S_I}{\partial \Delta R} < 0$。

此时，S_I 是 ΔR 的减函数，当 ΔR 增加时，S_I 的面积减小，S_{II} 的面积增加，博弈双方采取 ｛商业模式自主创新，商业模式自主创新｝ 概率增大；当 ΔR 减小时，S_I 的面积增大，S_{II} 的面积减小，博弈双方采取 ｛商业模式模仿创新，商业模式模仿创新｝ 概率增大。

当 $2\beta - 1 < 0$ 时，可得 $0 < \beta < \frac{1}{2}$，则 $\dfrac{\partial S_I}{\partial \Delta R} > 0$。

此时，S_I 是 ΔR 的增函数，当 ΔR 增加时，S_I 的面积增大，S_{II} 的面积减小，博弈双方采取 ｛商业模式模仿创新，商业模式模仿创新｝ 概率增大；当 ΔR 减小时，S_I 的面积减小，S_{II} 的面积增加，博弈双方采取 ｛商业模式自主创新，商业模式自主创新｝ 概率增大。

（7）命题7：随着商业模式自主创新对企业技术商业化的影响程度 α 的增加，博弈双方采取商业模式自主创新的概率增加；随着商业模式自主创新对企业技术商业化的影响程度 α 的减少，博弈双方采用商业模式模仿创新的概率增加。

证明：$\dfrac{\partial S_I}{\partial \alpha} = -\left(\dfrac{1}{R - M_2} + \dfrac{1}{R - M_1} \right) < 0$

因此，S_I 是 α 的减函数，当 α 增加时，S_I 的面积减小，S_{II} 的面积增加，博弈双方采取 ｛商业模式自主创新，商业模式自主创新｝ 概率增大；当 α 减小时，S_I 的面积增大，S_{II} 的面积减小，博弈双方采取 ｛商业模式模仿创新，商业模式模仿创新｝ 概率增大。

（8）命题8：随着创业者进行商业模式自主创新的倾向程度为 β 的增加，博弈双方采取商业模式自主创新的概率增加；随着创业者进行商业模式自主创新的倾向程度为 β 的减少，博弈双方采用商业模式模仿创新的概率增加。

证明：$\dfrac{\partial S_I}{\partial \beta} = -\left(\dfrac{1}{R - M_2} + \dfrac{1}{R - M_1} \right) < 0$

因此，S_I 是 β 的减函数，当 β 增加时，S_I 的面积减小，S_{II} 的面积增加，博弈双方采取 ｛商业模式自主创新，商业模式自主创新｝概率增大；当 β 减小时，S_I 的面积增大，S_{II} 的面积减小，博弈双方采取 ｛商业模式模仿创新，商业模式模仿创新｝概率增大。

（9）命题9：随着技术创业企业同时进行商业模式自主创新时政府给予企业双方的创新补贴 R 增加，博弈双方采取商业模式自主创新的概率增加；随着政府创新补贴 R 的减少，博弈双方采用商业模式模仿创新的概率增加。

证明：$\dfrac{\partial S_I}{\partial R} = \dfrac{a - b}{2} \cdot \left[\dfrac{1}{(R - M_2)^2} + \dfrac{1}{(R - M_1)^2} \right]$

由于 $a - b < 0$，故 $\dfrac{\partial S_I}{\partial R} < 0$。

因此，S_I 是 R 的减函数，当 R 增加时，S_I 的面积减小，S_{II} 的面积增加，博弈双方采取 ｛商业模式自主创新，商业模式自主创新｝概率增大；当 R 减小时，S_I 的面积增大，S_{II} 的面积减小，博弈双方采取 ｛商业模式模仿创新，商业模式模仿创新｝概率增大。

（10）命题10：随着数字经济环境动荡给企业商业模式自主创新带来风险损失 R_1 增加，博弈双方采取商业模式模仿创新的概率增加；随着风险损失 R_1 减少，博弈双方采用商业模式自主创新的概率增加。

证明：$\dfrac{\partial S_I}{\partial R_1} = \dfrac{1}{2} \cdot \left(\dfrac{1}{R - M_1} + \dfrac{1}{R - M_2} \right) > 0$

因此，S_I 是 R_1 的增函数，当 R_1 增加时，S_I 的面积增大，S_{II} 的面积减小，博弈双方采取 ｛商业模式模仿创新，商业模式模仿创新｝概率增大；当 R_1 减小时，S_I 的面积减小，S_{II} 的面积增加，博弈双方采取 ｛商业模式自主创新，商业模式自主创新｝概率增大。

（11）命题11：随着企业 A 选择商业模式自主创新时给企业 B 带来的

溢出收益 M_1 增加，博弈双方采取商业模式模仿创新的概率增加；随着溢出收益 M_1 减少，博弈双方采用商业模式自主创新的概率增加。

证明：$\dfrac{\partial S_I}{\partial M_1} = \dfrac{b-a}{2} \cdot \left(\dfrac{1}{R-M_1}\right)^2$

由于 $b-a>0$，故 $\dfrac{\partial S_I II}{\partial M_1} > 0$。

因此，S_I 是 M_1 的增函数，当 M_1 增加时，S_I 的面积增大，S_{II} 的面积减小，博弈双方采取 ｛商业模式模仿创新，商业模式模仿创新｝ 概率增大；当 M_1 减小时，S_I 的面积减小，S_{II} 的面积增加，博弈双方采取 ｛商业模式自主创新，商业模式自主创新｝ 概率增大。

（12）命题 12：随着企业 B 选择商业模式自主创新时给企业 A 带来的溢出收益为 M_2 增加，博弈双方采取商业模式模仿创新的概率增加；随着溢出收益 M_2 减少，博弈双方采用商业模式自主创新的概率增加。

证明：$\dfrac{\partial S_I}{\partial M_2} = \dfrac{b_1-a}{2} \cdot \left(\dfrac{1}{R-M_2}\right)^2$

由于 $b_1-a>0$，故 $\dfrac{\partial S_I}{\partial M_2} > 0$。

因此，S_I 是 M_2 的增函数，当 M_2 增加时，S_I 的面积增大，S_{II} 的面积减小，博弈双方采取 ｛商业模式模仿创新，商业模式模仿创新｝ 概率增大；当 M_2 减小时，S_I 的面积减小，S_{II} 的面积增加，博弈双方采取 ｛商业模式自主创新，商业模式自主创新｝ 概率增大。

8.4 基于演化博弈结果的仿真分析

在企业实力及技术水平差异的技术创业企业间的博弈关系中，正是作为这两种群体代表的技术创业企业 A 和企业 B 间的交互作用，不断改变企业自身及内部、外部环境，使这两种技术创业企业群体的行为变幻莫测。根据复杂性源于适应性的观点，技术创业企业 A 和企业 B 对于商业模式创新策略的选择是自身适应性的结果，两种不同群体行为在策略选择和演化的过程中呈现出复杂性、涌现性和稳定性的特点。技术创业企业商业模式创新策略选择的主体，源于企业自身的资源基础与技术创新能力，同时结合数字经济环境的特点和作用，会在反复博弈的过程中做出有利于企业成长的适应性选择，从而选择出合适的商业模式创新策略。

8.4.1 多智能体仿真方法介绍

1. 多智能体仿真建模思路

多智能体仿真（multi-agent simulation）是分布式人工智能领域（distributed artificial intelligence）发展而来。多智能体建模与仿真是基于一定的数据分布和分层，利用计算机建模和模拟的方法来分析相应的规律。多智能体仿真的基本单位是智能体（Agent），代表系统内的任一参与者，即任何能够影响自身或其他智能体且主动、具有智能可计算的实体。复杂适应系统的根本特征是系统主体具有一定程度的智能性，能够对周围环境改变进行预测并与之相适应，据此来制定系统目标并改变行为。在复杂系统中，各智能体之间、智能体与环境之间的相互作用是推动系统演化、促进系统发展的关键驱动。

由此可见，多智能体仿真的基本思想可以简单概述为用程序展示主体行为，而主体的这些行为主要通过仿真内部机制来表征。因此，有鉴于智能体具有智能、主动等特点使其能够适应于开展有关复杂系统的相关研究，多智能仿真建模的思想适用于复杂系统演化的分析。

多智能体仿真研究大多应用于分析复杂系统中的主体行为，主体的行为主要包括其自身状态的调整以及对外部环境变化的响应。多智能体仿真建模的思想源于对复杂体统的模拟和抽象，主要是指通过从现实中抽象或模拟出符合目标对象的模型并构造其属性，从而使智能体具有自主决策能力。多智能体仿真模型的构建需要将主体的所有行为过程通过编程语言在仿真平台中进行描述，通过主体行为与编程语言的转换构建一个人工仿真环境，即实现复杂系统的智能化。复杂系统在多智能体仿真平台中时，其所涉及的不同主体能够用具有计算功能的智能体表征，各智能体间相互作用、相互关联并执行相应的命令。因此，本书采用多智能体仿真的基本思想对数字经济背景下技术创业企业商业模式创新策略选择的博弈结果进行仿真，能够揭示技术创业企业在商业模式创新过程中创新主体的行为、演化方向及影响机制。

2. 多智能体仿真建模的特点

（1）多智能体仿真具有较强灵活性。

复杂系统中智能体的灵活性主要通过仿真软件模拟智能体的个体属性、行为规制及其仿真参数等，同时也能够在系统中删除或添加某类智能体。多智能体仿真建模在构建智能体架构时能够自有调整，其中包括智能体逻辑解构、运行路径、互动方式等，能够进一步分析智能体与环境间、智能体之间的竞争作用或交互作用等。此外，不同智能体间的模型构建能够通过不同层次的集成和归类来描述其不同维度。

（2）多智能体仿真建模是对复杂系统的描述。

多智能体仿真建模能够将复杂系统的结构进行分层次划分，从而形成独立模块，进而能够对某一单独智能体的建模过程及任务进行重点分析，能够将系统整体的建模过程进行系统描述，其所建立的仿真系统易于构建和维护。同时，多智能体仿真建模多是对从现实事物中抽象出的目标属性加以描述，能够更好地表征现实系统中目标对象间的相互作用关系。

（3）多智能体仿真建模能够解释底层逻辑的产生机制。

多智能体仿真建模并不仅能够对多个智能体行为参数和规制进行设置，也能够对单一智能体进行描述。并且能够有效构建具有不同特征和不同能力的智能体间的关系，从而表征出复杂系统内各不同智能体间的差异。同时，复杂系统内所有智能体均是通过具有动态并发属性，能够模拟各智能体随时间变化的动态过程和现象，是微观行为的宏观表现，进一步为系统更深层次的现象如何表征进行解释。

8.4.2　Netlogo 仿真建模工具

Netlogo 由 Uri Wilensky 在 1999 年首次推出后于 2002 年推出第一个正式版本，之后由美国西北大学的链接学习（Center for Connected Learning，CCL）和计算机建模中心（Computer-Based Modeling，CBM）负责持续开发和完善更新。Netlogo 软件是继承 Logo 语言的一种可编程开发平台，能够通过特定的程序语言对自然和社会现象进行建模仿真，尤其是适合仿真模拟随时间发展变化的复杂系统[420]。Netlogo 仿真平台作为一个多智能体的仿真软件，能够为有独立行为的多个"主体"提供交互环境并通过实践变化来对主体行为进行建模仿真。Netlogo 软件能够较好地对宏观模式的涌现和微观个体行为及宏微观的互动关系进行仿真模拟，改进既往仿真软件只能对单一主体控制的不足，可以定义无限个智能体和变量，从而实现对大量主体的仿真分析模拟行为效果。而 Netlogo 仿真可以通过对不同主体个体行为的规定而利用链来规定各主体间的相互关系，进而搭建各主体独立行为同时与其他主体相互作用和关联的网络。在仿真模型运行过程中，Netlogo 能够通过命令中心向模型中的主体发出指令来控制其行为，同时也能够通过控制滑动条和开关来更改模型参数配置，从而观察在不同情况下模型仿真的具体情况。

Netlogo 软件中所展示的模型仿真情况不仅能够在主界面通过 2D 或 3D 模式观察个体行为的动态过程，也能够利用绘图和监视器来观察某个主体或所有主体的行为变化过程。Netlogo 软件相较于其他仿真软件，其最大的优势在于能够更为直观、形象地展示仿真模型的动态变化过程，并通过定量定性来分析整体或局部的变化情况。同时，使仿真模型能够在不同情况下自由切换，更为有效地研究不同情境或不同场景下模型的反应或变化。

在数字经济背景下，技术创业企业进行商业模式创新策略的选择过程中，不同技术创业企业主体间的演化博弈系统是随时间演化的复杂动态适应系统。Netlogo 软件正是适用于对随时间演化的复杂系统仿真研究，能够模拟出技术创业企业进行商业模式创新策略选择的博弈过程。因此，本书运用 Netlogo6.0.4 软件对数字经济背景下技术创业企业间的演化博弈过程进行仿真分析。

8.4.3 实例仿真

8.4.3.1 仿真设计

基于上述演化博弈求解及分析，对商业模式创新策略演化的仿真模型进行如下设计：

（1）博弈主体和博弈环境共同构成本书的仿真模型，其中，博弈主体设定为存在实力差距的技术创业企业 A 和企业 B 两种博弈群体；将博弈环境设定为网格环境，这里的网格环境象征现实的空间环境（本书的研究环境为数字经济环境），仿真主体遵循网格方向移动。

（2）将两种博弈群体置于仿真情境后，博弈双方遵循博弈支付矩阵及复制动态方程进行商业模式创新策略选择，而不同的策略选择会随着变量参数的变化而改变或交替。

（3）仿真模型结合不同的初始条件（α，β 为初始概率）及各关键变量间的关系对变量的参数进行设定和调整，关键变量包括：企业 A 选择商业模式自主创新的成本 C_1 和选择商业模式模仿创新的成本为 C_1'；企业 B 选择商业模式自主创新的成本为 C_2 和选择商业模式模仿创新的成本为 C_2'；技术创业企业通过数字技术创新新产品开发为企业带来的收益 ΔS；企业家社会资源通过不同商业模式创新策略的决策带来的收益 ΔR，企业 A 选择商业模式自主创新时给企业 B 带来的溢出收益 M_1，企业 B 选择商业模式自主创新时给企业 A 带来的溢出收益 M_2；政府给予企业双方的创新补贴 R 及商业模式自主创新带来风险损失 R_1。

（4）通过调整关键参数的变化来调节技术创业企业对于"商业模式自主创新"和"商业模式模仿创新"的策略选择。在仿真观察图中，纵轴表示选择其中一种商业模式创新策略的主体比例，横轴表示仿真系统的时间步数。

8.4.3.2　仿真参数设定

课题组走访了对 XB 科技开发有限公司和 YC 科技股份有限公司，结合实际调查和问卷调查的方式对企业中高层管理人员进行访谈。参考 XB 公司和 YC 公司第一季度的财务信息，结合访谈和问卷调查的结果咨询领域内相关专家，以电话、邮件的形式进行咨询。课题组在汇总专家意见并结合企业实际数据后，对模型中的相关参数进行初始赋值。企业 A 选择商业模式自主创新的成本为 0.32，选择商业模式模仿创新的成本为 0.25；企业 B 选择商业模式自主创新的成本为 0.33，选择商业模式模仿创新的成本为 0.28；企业家社会资源通过不同商业模式创新策略的决策带来的收益为 0.21；技术创业企业通过数字技术创新新产品开发为企业带来的收益为 0.5；政府给予企业双方的创新补贴为 0.15；商业模式自主创新带来风险损失为 0.21；企业 A 选择商业模式自主创新时给企业 B 带来的溢出收益为 0.12；企业 B 选择商业模式自主创新时给企业 A 带来的溢出收益为 0.1。

8.4.3.3 仿真结果

为进一步说明数字经济背景下商业模式创新决策的演化博弈过程，并验证各参数变化对博弈双方商业模式创新决策选择的影响，本书基于仿真设计及博弈主体行为的演化策略，编写演化博弈的仿真分析 Netlogo 程序，运用 Netlogo 软件对商业模式创新策略的演化博弈分析结果进行仿真模拟。此外，由结合上述分析可知，当 α、β 在不同取值范围时，博弈双方的演化均衡策略有所区别，因此基于上述案例企业的相关数据并结合专家访谈分别对 α、β 在不同取值范围内进行数值模拟。

（1）当 $0 < \alpha < \frac{1}{2}$，$0 < \beta < \frac{1}{2}$ 时，取 $\alpha = 0.15$，$\beta = 0.31$，博弈双方的仿真结果如图 8.2 所示。

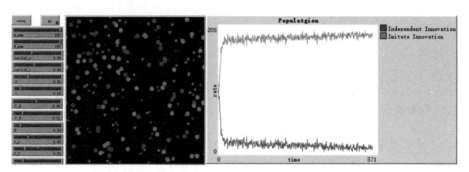

图 8.2 不同策略的二维空间图及演化过程图 1

（2）当 $\frac{1}{2} < \alpha < 1$，$\frac{1}{2} < \beta < 1$ 时，取 $\alpha = 0.85$，$\beta = 0.78$，博弈双方的仿真结果如图 8.3 所示。

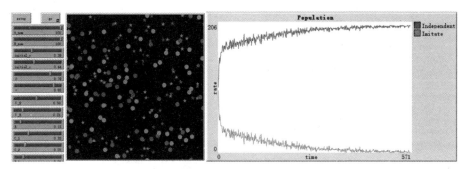

图 8.3　不同策略的二维空间图及演化过程图 2

（3）当 $0 < \alpha < \dfrac{1}{2}$，$\dfrac{1}{2} < \beta < 1$ 时，取 $\alpha = 0.2$，$\beta = 0.72$，博弈双方的仿真结果如图 8.4 所示。

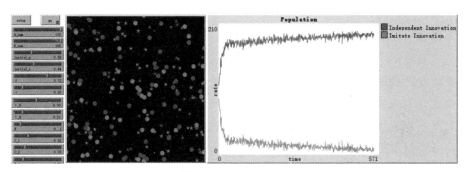

图 8.4　不同策略的二维空间图及演化过程图 3

（4）当 $\dfrac{1}{2} < \alpha < 1$，$0 < \beta < \dfrac{1}{2}$ 时，取 $\alpha = 0.85$，$\beta = 0.13$，博弈双方的仿真结果如图 8.5 所示。

综上所述，随着时间的延长，博弈进程的不断推进，技术创业企业商业模式创新策略选择的趋势逐渐清晰，商业模式创新策略状态趋于稳定。技术创业企业 A 和企业 B 的策略选择趋向于两个方向，即商业模式模仿创新和商业模式自主创新，进一步验证了雅克比矩阵的分析结果。而当商业模式自主创新对技术商业化的影响程度 α 及创业者进行商业模式自主创新

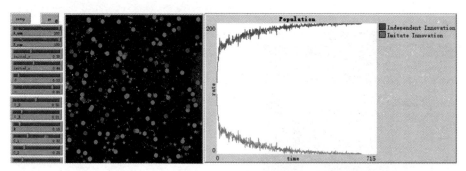

图8.5 不同策略的二维空间图及演化过程图4

的倾向程度 β 均属于 $\left(0, \dfrac{1}{2}\right)$ 时，博弈双方的演化策略均趋向于商业模式模仿创新，当 α 和 β 均属于 $\left(\dfrac{1}{2}, 1\right)$ 时，博弈双方的演化策略均趋向于商业模式自主创新。而当 α 和 β 分别属于 $\left(0, \dfrac{1}{2}\right)$ 和 $\left(\dfrac{1}{2}, 1\right)$ 时，博弈双方最终都会趋向于商业模式自主创新。

通过不同策略的二维图可以看出，在演化博弈的初始状态，企业 A 和企业 B 选择的商业模式创新策略不同。可能的原因在于技术创业企业 B 与企业 A 存在实力差距，其对于商业模式自主创新的投入、数字技术创新能力及企业家社会资源相较于企业 A 均存在差别，因此，企业 B 可能会结合自身资源禀赋及数字技术创新能力考虑而在发展初期选择利于企业成长的商业模式创新策略。

进一步，本章针对不同参数变化对博弈企业商业模式创新策略选择的影响，即博弈双方在演化博弈过程中的商业模式创新策略选择不仅建立在企业自身主观意向上，更重要的是企业内外系统内给予博弈主体在进行商业模式策略选择时给予的刺激和驱动，因此需要结合收益支付矩阵中涉及的相关参数，分析各相关参数的变化与技术创业企业商业模式创新选择策略互动关系。

8.4.3.4 资源禀赋视角下技术创业企业商业模式创新策略选择的仿真结果

技术创业企业在进行商业模式创新时，无论是进行商业模式模仿创新，还是商业模式自主创新都会因投入资源而产生相应成本，仿真结果如图8.6所示。当降低企业A选择商业模式自主创新的成本C_1时，技术创业企业选择商业模式自主创新的概率增加；反之，当增加商业模式自主创新成本C_1时，技术创业企业倾向于选择商业模式模仿创新。

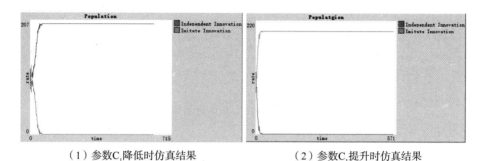

（1）参数C_1降低时仿真结果　　　　　（2）参数C_1提升时仿真结果

图8.6　参数C_1的仿真结果

当降低企业A选择商业模式模仿创新的成本C_1'时，技术创业企业选择商业模式模仿创新的概率增加；反之，当增加商业模式模仿创新成本C_1'时，技术创业企业选择商业模式自主创新的概率增加，具体如图8.7所示。

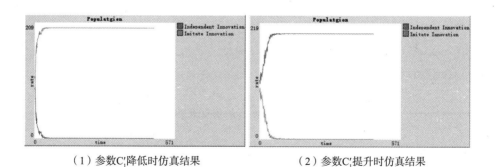

（1）参数C_1'降低时仿真结果　　　　　（2）参数C_1'提升时仿真结果

图8.7　参数C_1'的仿真结果

当降低企业B选择商业模式自主创新的成本C_2时，技术创业企业选择商业模式自主创新的概率增加；反之，当增加商业模式自主创新

成本 C_2 时，技术创业企业倾向于选择商业模式模仿创新，具体如图 8.8 所示。

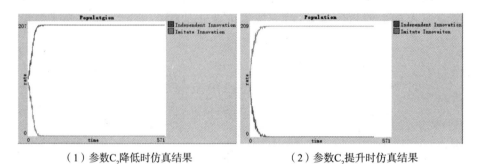

（1）参数C_2降低时仿真结果　　　　　（2）参数C_2提升时仿真结果

图 8.8　参数 C_2 的仿真结果

当降低企业 B 选择商业模式模仿创新的成本 C_2' 时，技术创业企业选择商业模式模仿创新的概率增加；反之，当增加商业模式模仿创新成本 C_2' 时，技术创业企业选择商业模式自主创新的概率增加，具体如图 8.9 所示。

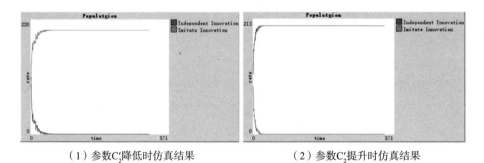

（1）参数C_2'降低时仿真结果　　　　　（2）参数C_2'提升时仿真结果

图 8.9　参数 C_2' 的仿真结果

当技术创业企业的创业者进行商业模式自主创新的倾向程度 β 降低时，企业选择商业模式模仿创新的概率增加；反之，当增加 β 的系数时，企业更倾向于进行商业模式自主创新，具体如图 8.10 所示。

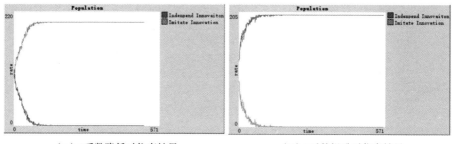

（1）β系数降低时仿真结果　　　　　　（2）β系数提升时仿真结果

图 8. 10　参数 β 的仿真结果

创业者进行商业模式自主创新的倾向程度 β 会影响其通过不同商业模式创新策略的决策为技术创业企业带来的收益 ΔR，而不同 β 的参数范围会影响 ΔR，从而影响企业进行商业模式创新策略的选择。

（1）当 $0<\beta<\dfrac{1}{2}$ 时，当技术创业企业通过新产品开发及技术创新为企业带来的收益 ΔR 降低时，企业选择商业模式自主创新的概率增加；反之，当增加 ΔR 的系数时，企业更倾向于进行商业模式模仿创新，具体如图 8.11 所示。

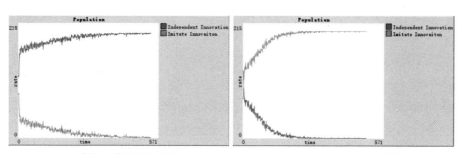

（1）参数ΔR降低时仿真结果　　　　　　（2）参数ΔR提升时仿真结果

图 8. 11　参数 ΔR 的仿真结果 1

（2）当 $\dfrac{1}{2}<\beta<1$ 时，当技术创业企业通过新产品开发及技术创新为企业带来的收益 ΔR 降低时，企业选择商业模式模仿创新的概率增加；反之，当增加 ΔR 的系数时，企业更倾向于进行商业模式自主创新，具体如图 8.12 所示。

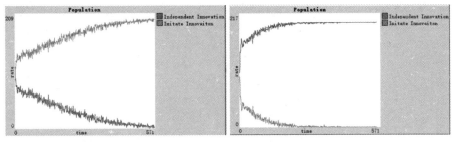

（1）参数ΔR降低时仿真结果　　　　　（2）参数ΔR提升时仿真结果

图 8.12　参数 ΔR 的仿真结果 2

8.4.3.5　数字技术创新能力视角下技术创业企业商业模式创新策略选择的仿真结果

当技术创业企业在通过商业模式创新获取相应收益时，会因为不同相关系数的变化而影响收益，从而影响商业模式不同创新策略的选择。当技术创业企业进行商业模式自主创新对企业技术商业化的影响程度 α 降低时，企业选择商业模式模仿创新的概率增加；反之，当增加 α 的系数时，企业更倾向于进行商业模式自主创新，如图 8.13 所示。

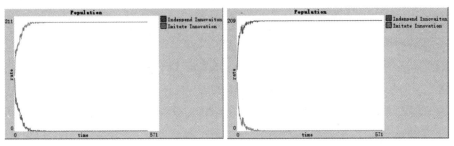

（1）α系数降低时仿真结果　　　　　（2）α系数提升时仿真结果

图 8.13　参数 α 的仿真结果

商业模式自主创新对企业技术商业化的影响程度 α 会影响企业通过数字技术产品开发及创新为企业带来的收益 ΔS，通过上述参数变化分析发现，不同 α 的参数范围会影响 ΔS，从而影响企业进行商业模式创新策略的选择。

（1）当 $0 < \alpha < \dfrac{1}{2}$ 时，当技术创业企业通过数字技术产品开发及创新为企业带来的收益 ΔS 降低时，企业选择商业模式自主创新的概率增加；反之，当增加 ΔS 的系数时，企业更倾向于进行商业模式模仿创新，具体如图 8.14 所示。

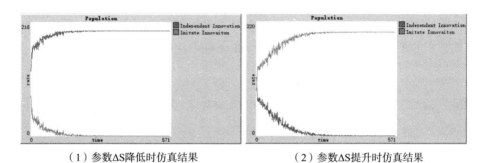

（1）参数ΔS降低时仿真结果　　　　（2）参数ΔS提升时仿真结果

图 8.14　参数 ΔS 的仿真结果 1

（2）当 $\dfrac{1}{2} < \alpha < 1$ 时，当技术创业企业通过数字技术产品开发及创新为企业带来的收益 ΔS 降低时，企业选择商业模式模仿创新的概率增加；反之，当增加 ΔS 的系数时，企业更倾向于进行商业模式自主创新，如图 8.15 所示。

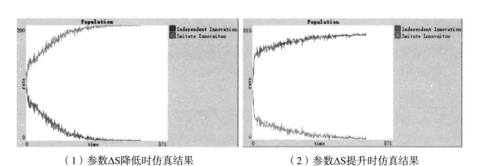

（1）参数ΔS降低时仿真结果　　　　（2）参数ΔS提升时仿真结果

图 8.15　参数 ΔS 的仿真结果 2

8.4.3.6　外部数字经济环境视角下技术创业企业商业模式创新策略选择的仿真结果

在数字经济背景下，政府因素作为影响商业模式创新的重要外部因素，通过相应的政策鼓励或者制度约束而影响不同商业模式创新策略的选择。当技术创业企业同时进行商业模式自主创新时，政府会给予企业双方的创新补贴 R 降低时，企业选择商业模式模仿创新的概率增加；反之，当增加 R 的系数时，企业更倾向于进行商业模式自主创新，如图 8.16 所示。

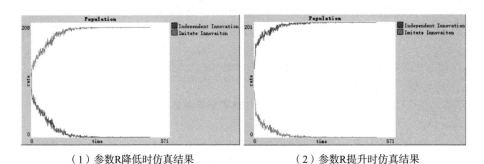

（1）参数R降低时仿真结果　　　　　（2）参数R提升时仿真结果

图 8.16　参数 R 的仿真结果

当数字经济环境动荡给企业商业模式自主创新带来风险损失 R_1 降低时，企业选择商业模式自主创新的概率增加；反之，当增加 R_1 的系数时，企业更倾向于进行商业模式模仿创新，如图 8.17 所示。

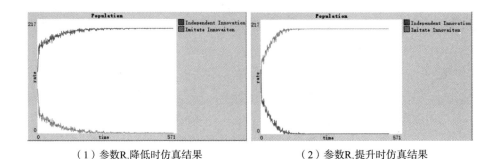

（1）参数R_1降低时仿真结果　　　　　（2）参数R_1提升时仿真结果

图 8.17　参数 R_1 的仿真结果

当技术创业企业 A 选择商业模式自主创新时,给企业 B 带来的溢出收益为 M_1 降低时,企业选择商业模式自主创新的概率增加;反之,当增加 M_1 的系数时,企业更倾向于进行商业模式模仿创新,如图 8.18 所示。

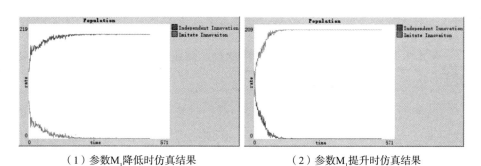

（1）参数M_1降低时仿真结果　　　　（2）参数M_1提升时仿真结果

图 8.18　参数 M_1 的仿真结果

当技术创业企业 B 选择商业模式自主创新时,给企业 A 带来的溢出收益 M_2 降低时,企业选择商业模式自主创新的概率增加;反之,当增加 M_2 的系数时,企业更倾向于进行商业模式模仿创新,如图 8.19 所示。

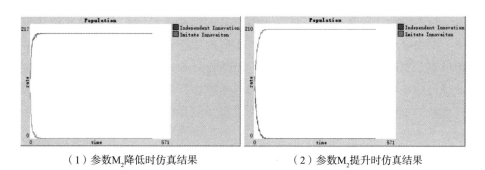

（1）参数M_2降低时仿真结果　　　　（2）参数M_2提升时仿真结果

图 8.19　参数 M_2 的仿真结果

8.4.4　不同策略选择的结果分析

基于演化博弈理论,从存在实力差异的技术创业企业行为视角分析在数字经济背景下,技术创业企业商业模式创新演化过程中,各博弈主体的博弈关系及稳定均衡策略，在博弈分析的基础上对博弈主体的群体策略进行数值仿真。本书分别从技术创业企业资源禀赋、数字技术创新能力及外部数字经济环境的视角，挖掘其内在的关键作用因素分析不同参数变化所导致的博弈主体商业模式创新策略选择的不同，从而深入分析数字经济背景下，技术创业企业不同商业模式创新策略选择的演化机理。

8.4.4.1 资源禀赋视角下技术创业企业商业模式创新策略选择的结果分析

技术创业企业资源禀赋影响技术创业企业是否进行商业模式创新的主要因素之一。对于技术创业企业而言，在创业初期需要投入相应的财务资源、技术资源及人力资本，这部分资本相应地用企业投入相应的成本进行表征。这部分成本包括，如基础设施投入、人力资源投入、企业运营投入等。而商业模式创新作为技术创业企业技术商业化的重要手段，是企业打破行业壁垒、推动企业成长的关键因素。特别是当企业面临数字经济的高动态性和不确定时，商业模式创新也是技术创业企业获取并保持竞争优势的重要力量。商业模式创新作为技术创业企业的系统性变革，有别于一般的创新活动，其所进行的创新投入也会比其他创新项目更为复杂。

技术创业企业无论是进行商业模式自主创新还是进行商业模式模仿创新，都会在进行商业模式创新时投入相应的成本，这部分成本包括市场调研成本、实施商业模式的渠道成本、创新设计投入等方面。当技术创业企业进行商业模式创新时，需要投入的成本越多，越会影响企业进行商业模式创新的积极性，当需要进行商业模式自主创新的成本投入大于模仿创新时，企业自然会选择占用成本份额小的模仿创新，即企业会选择商业模式创新投入相对较少的策略。而面临数字经济环境的不断变化，技术创业企业的不断成长使企业各方面的成本都在逐步增加。技术创业企业在面临数字经济环境的高度竞争态势，其对于商业模式自主创新的投入可能会相对降低，此时需要技术创业企业在技术创新和商业模式创新间进行权衡，是更加倾向于通过技术创新还是商业模式创新来推动企业成长提升企业绩效、建立竞争优势。

当创业者进行商业模式自主创新的倾向程度较高时，创业者会通过进行商业模式自主创新来提升企业收益促进企业成长。此时，技术创业企业的创业者会更加聚焦于商业模式自主创新来为企业获取竞争优势。在数字经济环境下，商业模式自主创新也会为企业以打破常规创新的方式挖掘新的市场机会、确立品牌认知地位等；当这种倾向程度较低时，技术创业企业的创业者会更加希望通过优化技术创新流程、提升产品技术而为企业占据行业中心地位，进而推动企业成长。此时的商业模式自主创新对于创业者而言，并非是当前企业发展战略规划中的关键战略，会更倾向于进行商业模式模仿创新。

当企业家社会资源通过商业模式创新为技术创业企业带来的收益，会受到创业者对不同商业模式创新倾向程度的影响，从而影响企业的商业模式创新策略选择。当创业者进行商业模式自主创新倾向程度较低时，随着商业模式创新策略所带来的收益增加时，技术创业企业会选择商业模式模仿创新。技术创业企业通过商业模式创新来巩固价值网络、迎合外部环境变化等方式来促进企业成长，尽管创业者不想投入过多的成本和精力进行商业模式自主创新，但也会通过商业模式模仿创新来提升企业收益；当这种倾向程度较高时，随着商业模式创新策略所带来的收益增加，技术创业企业会选择商业模式自主创新。此时，技术创业企业的创业者已经意识到企业想要健康快速的发展，就需要不断地通过开发或改进新的商业模式，会把企业进行商业模式创新放在企业发展战略的首位，会通过更新创新技术、提升创新能力等进行商业模式自主创新。

8.4.4.2 数字技术创新能力视角下技术创业企业商业模式创新策略选择的结果分析

数字技术创新能力是技术创业企业基于资源禀赋而进行商业模式创新的重要途径。当商业模式自主创新对企业技术商业化的影响程度较高时，技术创业企业更加希望通过商业模式自主创新来提升企业绩效，此时的技术创业企业更加注重商业模式自主创新为企业带来的价值。而当这种影响程度较低时，技术创业企业会通过复制、复刻、模仿行业内、外较为成功的商业模式创新来节约商业模式自主创新的投入成本。此时的技术创业企业会更关注技术创新，也会将更多的资源、成本投入到技术创新中。

此外，企业通过数字技术产品开发及创新所获取的收益，会因为商业模式自主创新对企业技术商业化影响程度而有所区别，从而影响企业对不同商业模式创新策略的选择。当商业模式自主创新对企业技术商业化影响程度较低时，数字技术产品开发及创新为技术创业企业所带来的收益越高，企业进行商业模式模仿创新的意愿越强烈。主要是由于技术创业企业认为，商业模式自主创新为企业带来的收益低于企业通过产品及技术创新所获取的收益，企业认为，只有获取领先的数字技术创新优势才能更快地锁定目标市场，进而满足消费者的不同需求；当这种影响程度较高时，数字技术产品开发及创新为技术创业企业所带来的收益越高，企业更倾向于进行商业模式自主创新。此时的技术创业企业已经通过技术创新带来了一定的收益，在巩固企业自身市场地位的同时更希望拓宽价值渠道，会打破常规价值获取方式，开拓更为新颖的盈利模式和收入来源。

8.4.4.3 外部数字经济环境视角下技术创业企业商业模式创新策略选择的结果分析

数字经济的发展使技术创业企业更加依赖于政府相关政策的制定和制度约束。技术创业企业作为我国创新发展战略的重要载体，政府会更加鼓励创业企业进行自主创新，这种自主创新既包括技术创新也包括商业模式创新。随着国家和地方政府对于创新创业相关政策体系的不断完善，通过整合平台资源，向技术创业企业开放数据信息、提供创新资源等支撑自主创新。正是因为我国创新创业生态系统的不断完善和优化，为技术创业企业营造了良好的数字创新环境。当政府给予技术创业企业补贴时，随着政府创新补贴的增加，技术创业企业会为了获取这种政策红利而开展商业模式自主创新，而这种创新补贴也是政府对于技术创业企业进行自主创新的一种鼓励。

数字经济时代在新的技术方式推动社会广泛变革的同时，也会由于数字经济环境的复杂多变而引发环境动荡。商业模式自主创新本来就存在一定风险，加之外部环境的不确定性，使风险系数增加而给企业带来损失。当数字经济环境动荡给企业商业模式自主创新带来风险损失增加时，技术创业企业会选择商业模式模仿创新而规避风险，希望通过模仿行业内或行业外成功的商业模式来创造价值；当这种风险相对较低时，技术创业企业会在不同风险间进行权衡。技术创业企业在成长过程中本身就存在各种各样的风险，但相较于商业模式自主创新为企业带来的成长及收益，创业者会希望通过商业模式自主创新来获取更大的竞争优势，此时忽略数字经济环境动荡给企业带来风险损失。

技术创业企业在进行商业模式自主创新时，为同行企业带来的溢出收益降低时，企业会选择进行商业模式自主创新；而当这种溢出收益提高时，企业会更倾向于进行商业模式模仿创新。溢出收益是企业进行商业模式自主创新为自身带来收益的同时，也影响其他同行业企业的相应收益和附加价值，从而影响技术创业企业商业模式创新策略的选择。技术创业企业在进行商业模式自主创新时，不仅要考虑通过这种商业模式创新策略为企业带来的价值和优势，也要考虑其他同行企业是否会受到这种商业模式创新策略的影响。商业模式由于其无知识产权保护、无相关制度约束等特征而易于模仿，特别是在数字经济背景下，企业间的技术信息和知识的交流会更加透明，这就使同行竞争者会利用这种溢出收益而不付出自主创新的成本去进行商业模式模仿创新。

8.5 本章小结

本章基于动态能力理论、演化博弈理论和权变理论，分析在数字经济背景下，技术创业企业商业模式创新策略的选择问题，通过对演化博弈理论下策略选择相关文献的梳理，探讨技术创业企业商业模式创新策略选择。首先，构建了技术创业企业商业模式创新策略选择的博弈模型，并构建和分析了博弈双方的支付收益矩阵，刻画了技术创业企业在进行商业模式创新策略选择的演化博弈模型，探讨了商业模式创新策略的动态演化过程；其次，分别从技术创业企业资源禀赋、数字技术创新能力及外部数字经济环境三方面分析了不同关键因素对技术创业企业商业模式创新策略的影响；最后，利用 Netlogo6.0.4 软件模拟仿真了数字经济背景下技术创业企业间的演化博弈过程。

‖第 9 章‖

数字经济背景下技术创业企业商业模式
创新的对策

9.1 技术创业企业资源层面促进商业模式创新的对策

9.1.1 完善技术创业企业资金分配机制

（1）激活财务资源要素，合理配置企业自有资金。在技术创业企业创立初期，所持有的资金资源十分有限，因此，技术创业企业在开展商业模式创新活动时，就需要结合自身及成长目标谨慎分配资金。一方面，要合理构建企业资金结构，充分利用企业可直接调用的直接资金资源，有效拓展间接资金，充分激发企业既有资金的活力，为企业进行商业模式创新活动提供资金基础；另一方面，面对复杂多变的数字经济环境，技术创业企业要审时度势地转变思维，通过资金结构的调整和配置重构企业资金交易方式，集中利用企业自有资金调整或开发新的盈利模式和价值获取方式，从而为技术创业企业获取市场竞争地位而推动企业成长。

（2）提高技术创业企业可支配资金的运作能力。在数字经济背景下，技术创业企业无论是进行商业模式自主创新还是商业模式模仿创新，都是以企业健康成长、获取利润、提升价值为目标。提高技术创业企业可支配资金的运作能力，能够有效增加技术创业企业商业模式创新的资金实力。一方面，技术创业企业要充分考虑企业可支配资金能否支撑其开展不同的商业模式创新，在保障企业正常运营的情况下合理调配可支配资金，将其投入到商业模式的重新设计、改进或模仿等方面，从而推动企业商业模式创新的进程；另一方面，技术创业企业应充实企业创新实力，充分利用企业可支配的资金进行数字技术创新等创新活动的相关技术、人才及设备的引进，为商业模式自主创新和商业模式模仿创新提供充足的资金支持，进而提升技术创业企业数字技术创新产出。进一步数字技术创新成果的转化又形成企业创新生产力，为企业获取新的利润和收益，进而推动技术创业企业成长和发展而实现良性循环。

（3）开拓资金渠道，引入数字化融资体系。首先，引导政府投资基金及财政帮扶倾向于技术创业企业，充分调动发挥各省、市数字技术创新专项资源的引导作用，为技术创业企业设立专项投资基金以鼓励其不断开展创新活动；其次，鼓励技术创业企业与不同主体运用市场机制开展合作，充分激发各类投资动力。进一步加强不同财务资金的整合和共享，提高企业资本要素的配置效率，推动技术创业企业创新活动的实施；最后，引进数字化融资体系。积极引导企业采用专项债、企业债券等财政和金融工具，促进企业数字技术创新活动的开展，健全数字化融资体系，拓宽技术创业企业资金渠道，为开展不同的商业模式创新提供资金支持。在数字经济时代下，企业无论是进行商业模式自主创新，还是商业模式模仿创新，都可以积极地通过数字技术来引进数字化融资渠道，健全数字化融资体系，拓展技术创业企业融资渠道，实现企业商业模式创新。

（4）加强存量财务资源管理并拓展供给。一方面，技术创业企业要充分利用既有财务资源，并对企业已经开展的创新活动进行分类管理并合理配置资金。同时，要以科学合理的预算制度，对企业所开展的商业模式创新活动进行计划内的合理预算，尽量减少财务资源对企业各类经营活动、创新活动的压力。此外，要在不同的经营活动进行中进行定期财务预算管理，以避免企业财务资源的浪费；另一方面，技术创业企业应建立多元化、多渠道的融资来源以增加企业资金存量。尽管银行贷款需要企业进行担保或抵押，但是，银行资金安全系数高且贷款额度大、速度快，因此，银行贷款是技术创业企业在初期开展各类创新活动的主要财务来源。然而，随着企业的不断成长及发展，企业可以利用信托公司或其他金融机构来使民间资本流入企业，从而能够进一步挖掘外源融资系统而促进企业资金流通，是企业内外融资体系平衡。

9.1.2 有效配置技术创业企业技术资源

（1）充分利用技术创业企业的技术资源。面对数字经济环境的动态变化及外部市场环境的动荡，技术创业企业的资源基础是企业应对环境变化的缓冲器。技术创业企业要在有限的技术资源基础上进行充分利用和分配，最大化地发挥既有资本的效能，避免资源冗余给企业带来的成本压力。首先，要加强技术资源的配置能力，将企业内各类实体资源与技术资源、知识资源、生产型资源及工具型资源等进行有效配置，增加企业自身的资源储备，为商业模式创新活动配置相应的关键资源；其次，平衡不同技术资源的利用方式。技术创业企业的管理者要协调不同研发部门间的关系，以及企业与其利益相关者的竞合关系。通过运营流程再造、组织架构调整等方式协调不同技术资源的运用链条，保障"物尽其用"，实现不同环节内各资源的高效配合，促进商业模式创新；最后，结合技术创业企业战略规划，以促进企业快速成长为重要目标，以实现商业模式有效创新为主要目的。对技术创业企业既有资源进行整合和分类，将利用企业数字技术创新、商业模式创新的资源进行绑定和匹配，形成能够提升企业竞争力的重要资源。

（2）增强研发体系的管理和建设。对于技术创业企业而言，新技术的研发、技术创新及新产品开发都是企业在既有资源基础上促进企业成长的纽带，进一步对促进技术创业企业商业模式创新。因此，技术创业企业应加强对其研发体系的管理和建设，提升企业新技术研发的能力和基础条件。一方面，由于企业技术资源的生成路径阻碍，导致技术创新的资本转化，从而影响商业模式创新。因此，技术创业企业需要通过动态盘存有利于新技术研发的技术资源、厘清技术产权关系等方式疏通技术研发的资源渠道；另一方面，不断提高技术创业企业的技术资源。技术资源的形成需要专利成果、产权明确及交易完成三方面。技术创业企业可以通过对加大激励研发人员力度、鼓励自主研发等方式来提高企业的技术创新效率，从而加速数字技术创新成果转化而有利于商业模式创新。同时，技术创业企业应不断调整技术结构，提高技术创新资源的利用效率及应用比例，提高数字技术创新质量而增加企业技术资源，进而能够为商业模式自主创新或商业模式模仿创新提供相应的条件。

（3）协调技术资源的占比。大量的技术资源可能占用企业较多的人力和成本去进行管理，容易造成资源冗余。对于以技术创新为主的技术创业企业而言，尽可能多地促进技术生产和资本转化，是实现企业快速成长的关键。因此，合理控制技术资源比例，协调不同资源间的关系和作用，能够最大限度地发挥技术创业企业资源禀赋的作用，进而促进商业模式创新。一方面，在数字经济背景下，技术创业企业可以通过智能化手段进行技术资源管理。技术创业企业可以利用数字化技术进行流程再造，通过物联网技术感知的不同制造设备的运行，通过融入数字创新技术降低传统技术创新设备比例，降低企业设备成本和管理成本，进一步投入更多的资金进行商业模式的设计和改造。另一方面，依托技术创业企业所开发的数字创新技术，可以允许研发团队和研发人员享有一部分的技术知识产权，从而降低技术资源的地位，充分调动团队研发的积极性和工作动力。同时，运用技术信托、技术抵押、技术交叉许可等新兴技术运营方式，从不同方面提升企业技术资源的运作效率，将数字技术创新与数字经济发展相匹配，促进商业模式创新。

（4）提高企业技术创新效率。技术创业企业在实现企业发展，并进行商业模式创新时会投入相应的技术资源要素，企业要严格把控技术资源在生产经营各环节中的价值作用，特别是对于技术创新产品及服务的产出过程。而技术创业企业的技术创新效率能够直接决定企业，进行商业模式创新及获取竞争优势的速率。一方面，技术创业企业在数字技术创新过程中，要提高体系内各系统内部管理效率。加强对于数字技术和产品创新各环节的内部管理，严格把控技术创新产品过程中的技术资源投入及使用，合理管理和配置不同技术资源而使其发挥最大效用，进一步提升数字技术和产品的创新效率；另一方面，技术创业企业要充分利用外部科研机构，通过深度学习外部数字技术和产品创新，加深与不同外部科研机构的交流与合作。进一步从外部数字技术创新平台挖掘，利于企业开展技术创新和商业模式创新的各类异质性技术资源。此外，技术创业企业要对外部资源的获取和利用有效把握，确保外部创新效率的提升，而实现技术资源转化价值最大化。

9.1.3 合理利用企业家社会资源

（1）优化企业家社会结构维度。各关键影响因素对商业模式创新作用关系的实证研究结果发现：技术创业企业的企业家社会资源能够正向影响商业模式自主创新，负向影响商业模式模仿创新。可见，技术创业企业的企业家要不断优化其社会结构，扩大社会关系网络，通过多种渠道为企业获取商业模式创新的各类资源，从而推动企业进行商业模式自主创新的。从企业家视角而言，其在社会中所获取的各类资源能够有效提升技术创业企业的创新能力，从而促进企业开展技术创新、商业模式创新等。因此，一方面，企业家要积极地与不同行业、不同领域的企业家建立沟通渠道和合作关系，提高企业合作伙伴的异质性，使其获取更为丰富的异质性资源而增强企业家社会资源积累，为商业模式自主创新提供资源保障；另一方面，企业家要不断提高技术创业企业所在价值网络的核心位置，提高企业自身的行业影响力和竞争地位，使多样化的信息资源能够为企业自身所用，确保企业商业模式创新的顺利进行。

（2）提升企业家社会关系网络的中心位置。首先，企业家需要识别其所处的网络位置为技术企业成长所带来的优势，并加强其余科研机构、高校、其他商业伙伴及政府组织间的联结，尽可能地培育和维护社会关系网络、丰富企业家社会关系，从而为商业模式创新带来有价值的各类资源；其次，企业家要尽可能地建立与社会网络关系成员的信任，尽可能地降低与其他企业沟通合作的难度、降低企业交易成本，进一步提升技术创业企业学习吸收能力、资源整合能力及创新能力等，促进不同形式商业模式创新活动的开展；最后，不断丰富企业家的专业技能和管理经验。畅通科研院所、高校到技术创业企业的人才流动机制，增加科研合作和人才交流。建立创新型人才发展平台，注重企业家管理培训和在职深造，进一步提高技术创业企业整体的创新素质。

（3）摆脱企业家认知惰性，克服路径依赖。根据各影响因素作用路径的仿真结果可以发现，企业家的认知惰性会直接影响企业整体的组织惯性，从而影响企业是否开张商业模式创新的意愿。可见，摆脱并克服企业家认知惰性，对于技术创业企业能否顺利进行商业模式创新至关重要。一方面，要摆脱先前经验的依赖。企业家应审视其先前行业及工作经验，不受限于既有经验的束缚，跳出惯性思维的陷阱，积极探索和寻找有利于技术创业企业开展商业模式创新的关键资源，尽可能选择适合企业成长及需求相匹配的商业模式创新；另一方面，技术创业企业的管理者可能会更加关注数字技术创新为企业带来的收益而忽略商业模式创新的重要性，而数字技术产品离不开商业模式的价值转化。因此，企业家应摆脱其认知惰性，平衡数字技术创新与商业模式创新，尽可能地避免"工程师"思维。

（4）充分利用创业者先前经验。根据各影响因素作用路径的研究结果发现，创业者先前经验能够影响企业动态能力，从而增加企业的数字技术创新积累，进一步为商业模式自主创新提供技术资源。因此，技术创业企业要充分利用企业家既有的先前经验，善于使企业家利用其熟悉的渠道和方式获取相应的创新资源。同时，要鼓励企业家尝试不同的战略和价值获取方式，有效规避行业经验带来的不利影响。此外，还要尽力协助企业家进一步提升自身的价值观和认知能力，从而影响技术创业企业资源异质性、创新合作对象和创新合作范围，增强企业认知、预测数字经济市场变化的能力，从而使技术创业企业能够选择适合企业成长的商业模式创新。

（5）着眼于将企业家社会资本进行技术创业企业核心能力转化。本书通过实证研究和仿真研究，已经验证了企业家社会资本对技术创业企业商业模式创新的重要作用，更对企业成长及发展至关重要。但企业要关注企业家的社会资本效用边界，避免企业过于沉溺于发展和积累社会关系而占用企业成本及精力，进一步削弱企业内部员工开展数字技术创新和商业模式创新的积极性。因此，技术创业企业要合理运用企业家社会资本来培育企业的创新能力和营销能力，充分利用企业家社会资本对企业内外有效创新进行整合，充分挖掘企业家的创新资源并致力于技术创业企业核心能力的平衡发展，从而培育企业的数字技术创新能力和营销能力，进一步提升企业核心竞争力。

（6）积极引导信息化人才聚集。一方面，加大对数字技术创新人才的引进力度，做好人才推介。首先，技术创业企业由于成长阶段中的资金短缺等问题造成一定的人才流失，就需要企业有效地做好人才培育措施，鼓励高层次信息化人才双向挂职、短期工作或开展相关技术创新合作等柔性人员管理模式；另一方面，推进人才分类改革，完善人才管理机制。企业应不断健全以实效、质量及贡献为导向的人才评价体系，推进靶向引才、专家推荐等机制的建立，探索建立竞争性信息化人才使用机制。

9.2 技术创业企业能力层面促进商业模式创新的对策

上述研究表明，数字技术创新能力能够对技术创业企业商业模式创新产生重要影响。实证研究验证了；数字技术创新能力在技术创业企业资源禀赋对商业模式自主创新和模仿创新影响的中介效应，通过促进技术创业企业的数字技术吸收能力、数字技术整合能力和数字技术研发能力，有效地促进不同商业模式创新活动的开展。仿真研究也进一步探索了数字技术创新能力对商业模式创新的作用路径。因此，提升技术创业企业的数字技术创新能力是技术创业企业有效整合既有资源、提升数字技术吸收能力、整合能力及研发能力的重要方式，也是促进技术创业企业进行商业模式创新的重要途径。

9.2.1 提升数字技术吸收能力

（1）加大数字技术的吸收程度和吸收力度。根据各影响因素作用路径的仿真结果可以发现，数字技术吸收能力通过提高技术创业企业数字技术存量，来增加企业商业模式创新的能力。因此，对于知识和能力相对有限的技术创业企业，想要实现商业模式自主创新就需要提升其数字技术吸收能力。一方面，企业必须意识到获取外部先进的技术和知识以改进自身技术创新能力的关键。进一步加大对于数字技术知识和资源的吸收程度，与外部企业建立多样化的联系，形成健康的竞合关系以促进企业商业模式创新；另一方面，在数字经济背景下，技术创业企业应更加专注数字技术产品的设计、制造到营销环节，提高数字技术资源的使用效率。特别是对电子信息行业和高技术服务业的技术创业企业，应在掌握数字技术开发、设计与方法的同时，进一步挖掘数字技术产品的技术标准及工艺流程等，提升对于企业内外数字技术的吸收和利用，进一步促进各行业技术创业企业攻克数字技术的能力。进一步增加技术创业企业对不同数字技术创新知识、信息和资源的吸收程度，使企业结合自身资源、发展及创新目标选择合适的商业模式创新。

（2）妥善处理先进数字技术的引进与创新间的关系。首先，技术创业企业要始终坚持对先进数字技术的引进、消化、吸收和创新相结合，建立逐步过渡的核心数字技术路线。克服既往重引擎、轻消化吸收的惯性路线，合理配置先进数字技术与企业自主研发和创新的关系；其次，技术创业企业充分考虑和客观评价自身的数字技术吸收能力，将先进的数字技术融入企业新技术、新产品的研发中。对于处于高技术服务业的技术创业企业，由于其知识密集度较高，需要处理数字技术创新与其他服务创新间的冲突。进一步地将已吸收的数字技术应用于创新产品及服务，从而实现技术创业企业价值的提升；最后，技术创业企业要充分利用国内外先进的数字技术资源，基于企业自身资源禀赋，依托数字技术创新试点示范项目、科技攻关项目、产学研合作机构等，开发具有核心自主知识产权的关键数字技术。针对电子信息业和高技术服务业的技术创业企业，数字技术的应用更为广泛，此类企业想要实现竞争能力的提升就需要比其他行业的企业更好地利用数字技术资源，同时选择更为匹配的商业模式创新方式来进行数字技术的商业性转化而提升企业价值。

（3）提升企业识别和应用有效数字技术资源和信息的能力。结合商业模式创新关键影响因素作用路径的研究结论，可以发现，数字技术吸收能力增加了资源存量从而提升了企业智力资本价值，进一步促进了不同商业模式创新的实现。因此，一方面，技术创业企业可以构建促进数字技术吸收的一种由外至内的逻辑机制。通过技术学习、技术交流、技术合作等方式吸收外部有效的数字技术资源，从而将知识内化进行内部知识创造，为企业数字技术创新提供新的思路；另一方面，在资源基础观视角下，技术创业企业基于既有资源禀赋通过数字技术创新能力驱动商业模式创新。这一过程中主要依赖企业既有资源禀赋，并与数字技术创新能力形成良性循环。特别是对于先进制造行业的技术创业企业，要更加持续地吸收和应用数字技术资源开展相应的业务，更加有效地释放企业潜能，不断吸收和内化外部数字技术资源来提升数字技术创新能力，从而推动各类创新活动开展而促进技术创业企业成长与发展。

9.2.2 深化整合数字技术资源

（1）加大创新投入、优化研发结构。数字技术整合能力既是技术创业企业对数字技术的识别和发现市场机会的能力，也是企业对于数字经济环境变化的预测、深入挖掘不同技术组合潜在效应的能力。一方面，技术创业企业应加大对于数字技术创新和研发的投入力度，加强对于数字技术基础设施的投资建设，充分利用数字生态实现数字技术创新与生产活动的密切结合。同时，技术创业企业增大对数字技术人才的引进力度，建设多学科交叉的人才队伍以适应数字经济环境的快速发展，不断更新企业数字技术创新手段，促进企业成长、提升企业价值。另一方面，技术创业企业应调整研发结构。相当一部分技术创业企业由于资源和能力的限制并没有设立相应的研发中心，严重制约了数字技术创新能力的发展而影响商业模式创新。在数字经济背景下，技术创业企业组织结构应结合自身特征，建立内外交流机制，促进多学科和多技术的有效交叉和融合，聚集和整合不同数字技术资源，提升技术创业企业数字技术多元化，从而推动企业开展不同形式的商业模式创新。

（2）合理整合数字技术资源。技术创业企业通过外部搜寻会获取大量的异质性资源和知识，但是，这些资源和知识数量及种类的增加并非能够使企业的数字技术创新能力得以提升，而促进不同商业模式创新的实施；反之，无效的资源整合反而会增加企业资源冗余而影响企业创新活动的开展。部分处于电子信息业和高技术服务业的技术创业企业存在资源禀赋不足，技术创新能力不够的问题。而针对此类问题需要技术创业企业能够对既有资源和已吸收资源进行有效的评估和识别，增加企业数字技术资源的储备和适配度。进一步地，基于企业既有能力和资源对已吸收的数字技术相关资源进行有效整合，促进技术创业企业数字技术创新的效率产出；此外，技术创业企业也可以借助利益相关者的关系以加强合作，共同对异质性新知识进行处理和分析，促进不同数字技术创新知识的产生，进一步取得数字技术创新的新突破，从而为企业进行商业模式创新提供基础。

（3）加大企业内外数字创新技术集聚。由数字技术整合能力作用路径的结果可知，数字技术整合能力的提升，能够进一步增加数字技术创新有效资源的积累，从而提升企业开展商业模式创新的意愿，并增加商业模式创新投入而开展商业模式自主创新。因此，技术创业企业加大，对于企业内外数字创新技术的整合和集聚。一方面，技术创业企业需要通过对企业内部的数字技术创新配置进行优化更新，有效地将新获取的外部知识与内部既有知识整合，为技术创业企业开发数字技术、创新成果转化、技术商业化等价值创造活动提供更多的创新资源支撑，充分提升企业创新资源的利用价值，从而推动技术创业企业商业模式创新；另一方面，技术创业企业要加强与价值链上多个主体间的互动与沟通，促进不同数字技术创新要素的融合和聚集，对不同主体间的优势资源进行有效整合，促进技术、信息、人才等资源的碰撞与沟通，为技术创业企业不同商业模式创新的成功，实施提供技术资源基础和技术合作平台等。

9.2.3 培育数字技术研发能力

（1）增加数字技术资源的投入。根据扎根案例分析可以发现，当前我国数字技术研发能力相对较弱。此外，由于数字技术创新的双重特征，技术创业企业在通过数字技术创新来实现商业模式创新的过程中，初期往往需要投入相对较多的资本且面临较大风险。而政府针对数字技术创新高投入、高成本的特点，要考虑在将数字技术商业性转化过程中要采取一些正向的激励手段。首先，可以通过对生产数字技术创新产品、研发数字技术的技术创业企业进行相应的政策补贴，降低企业的成本和风险；其次，政府应根据不同行业、不同数字技术、不同研发难度等，有针对性地对数字技术研发进行分类补贴和支持；最后，通过拓宽数字技术创新的融资渠道、降低数字技术创新的贷款利率等不同的方式和手段，鼓励技术创业企业开展数字技术自主研发及创新。

（2）营造良好的自主研发氛围。首先，政府应注重对于数字技术、数字创新产品等的知识产权保护，降低技术创业企业开展数字技术创新的风险。同时，技术创业企业也要提高自身合法性，促进数字技术创新与商业模式创新的协同演进；其次，进一步促进技术创业企业与高校、科研院所等科研机构的深度合作，加强企业核心数字技术研发创新与推广，持续引导和催生"平台＋新技术"的创新方案，推动技术创业企业不同、商业模式创新的实施，进一步促进其新技术研发及其商业转化的进程；最后，技术创业企业应将数字技术创新纳入企业的绩效考核体系，充分调动研发人员开展数字技术自主创新的积极性，确保数字技术创新和研发的顺利开展，从而推动技术创新开展适合企业成长的商业模式创新。

（3）提高数字技术资源的运行效率。根据实证结果及各影响因素作用路径的仿真结果发现，技术创业企业在具有一定资源和技术基础之后，应投入更多的技术资源配置，在数字技术自主研发的活动中以促进商业模式创新。一方面，在数字经济背景下的技术创业企业与成熟的在位企业仍存在较大的技术势差，因此，技术创业企业在企业既定数字技术创新资源改造的同时，进一步促进不同资源间的组合和利用效率，增加数字技术和创新产品间的差异化，提升数字技术的效益转化，而推动不同商业模式创新活动的开展；另一方面，技术创业企业应逐步投入更多的资源，进行数字技术研发而形成企业竞争优势，促进企业技术创新企业资源的运行质量和效益，推动数字技术创新的转化方式及数字技术水平的提升，从而抓住商业模式创新的机会而推动企业快速成长。

9.3 技术创业企业外部环境优化建议

前文的理论分析和实证研究已经验证：数字经济环境中的制度环境和行业环境，是影响技术创业企业商业模式创新的重要外部环境。数字经济环境中相关的政策法规会对企业的创新活动加以约束，技术创业企业对政策法规的满足程度越高，越能够推动商业模式创新活动的开展。而数字经济环境行业动荡会影响技术创业企业在市场中的竞争地位。因此，为推动技术创业企业健康成长，实施有效的商业模式创新，政府部门、行业协会等各职能机构都要创造良好的政策、法律环境及行业化解，建立健全更为规范的政策体系及行业规则，营造数字经济环境下有利于技术创业企业成长的政策、法律、法规环境及健康的行业市场环境。

9.3.1 构建完善的制度体系

（1）制定科学合理的政策规制。由实证研究结果可知，制度压力正向促进资源禀赋对商业模式模仿创新的影响。可见，严格的制度压力会规范技术创业企业的行为，使技术创业企业在开展商业模式创新时更加注重相关法律法规的约束，会按照行业中既有的盈利模式和营销方式开展商业模式创新。考虑目前，我国数字经济的发展仍处于上升阶段，政府在制定相关政策时要充分"落地"，考虑政策法规的合理性、适用性和可应用性。具体而言，政府应结合企业所在地区数字经济的发展水平，根据不同技术创业企业的成长阶段，分步择机地调整和制定相关数字技术创新标准。这样不仅可以倒逼技术创业企业不断进行数字技术创新，还可以进一步使企业重现审视其商业模式，从而选择合理的商业模式创新来迎合数字经济发展的需求。

（2）合理选择创新规制工具。由各影响因素作用路径的仿真结果可知，规制压力会影响技术创业企业，开展数字技术创新的合法性，可能在一定程度上影响企业开展商业模式自主创新。因此，对于技术创业企业而言，开展商业模式创新是要合理选择创新规制工具。此外，目前我国对于创新方面的规制主要是从技术创新的专利、知识产权等方面采取的强制性规制措施，对于商业模式创新、盈利模式调整等方面缺乏有效的规制工具。因此，政府应采取有效的创新激励而替代行政处罚，为技术创业企业开展商业模式创新提供更加具有针对性的政策外，政府应时刻结合数字经济与数字技术创新市场的发展情况，制定符合技术创业企业成长和健康发展的市场规章制度，适度提升对于商业模式创新的补贴力度和资金支持，鼓励技术创业企业更多地开展商业模式创新活动。

（3）增加商业模式创新的支持力度。一方面，政府要为技术创业企业开展商业模式创新提供更多保障的同时，还要考虑不同资源禀赋的技术创业企业对商业模式创新的规模效应，为资源较为丰富的技术创业企业提供相应的政府补贴和资金渠道，为资源相对匮乏的技术创业企业提供低利率贷款等助力企业快速成长。另一方面，政府应根据不同技术创业企业的优势，有针对性地制定相应的商业模式创新补贴，科学引导企业结合自身的资源禀赋及外部环境变化对商业模式创新进行合理选择，例如，设立较高的补贴标准以促进初创期的技术创业企业进行商业模式创新以实现企业突破。

（4）改善制度环境的总体质量和细分层面质量。在数字经济背景下，制度环境的改善能够促进技术创业企业，提高企业资源利用效率进而获取更多资源，从而缓解技术创业企业资源短缺的问题。因此，政府要进一步推进市场化改革进程，强化企业成长的路径过程，从而触发技术创业企业新的演化路径。此外，政府要重视制度环境细分的异质性作用，重点改善创业企业经济制度环境及法律保护制度，从而使不同类型、不同规模的技术创业企业能够更加有效地获取身份认同，从而促进企业成长和发展的合法性进程，进一步打破企业的"合法性"壁垒。

9.3.2 优化数字经济行业环境

（1）建立公平、规范的数字经济市场环境。由各关键影响因素对商业模式创新作用关系的实证检验结果可知，数字经济环境行业动荡性是影响技术创业企业商业模式创新的重要外部因素。随着外部环境中技术和市场的强烈动荡，技术创业企业利用企业既有资源禀赋进行不同的商业模式创新是推动企业成长的关键。特别是数字经济背景下，技术创业企业不仅要面对来自数字技术的不断创新，还要面对来自同行业内市场中竞争对手的技术突破，通过实施不同的商业模式创新来促进企业成长、提升企业价值势在必行。但目前我国对于技术创业企业数字技术创新、商业模式创新的市场规范仍不健全，政府应该积极推动技术创业市场的体制改革、完善相关立法，营造公平公正的市场竞争环境。

（2）形成政府与企业间的相互制约监督机制。一方面，要规范数字技术创新市场，制定相应的技术、知识及专利产权的认证标准，加强对于数字技术创新、数字技术产品的相关知识产权保护，保障技术创业企业在开展商业模式自主创新的安全性，对于剽窃、抄袭其他企业数字技术、营销模式的行为给予严厉惩罚和打击，维持数字技术创新市场的健康稳定；另一方面，政府应该关注技术创业企业有关商业模式创新方面的诉求，通过对企业盈利模式、价值创造方式等方面的关注和管理，使技术创业企业和其利益相关者能够及时关注、了解，并相互监督其商业模式创新活动的开展和执行情况，进而影响技术创业企业对于商业模式创新的决策。

（3）坚持以"市场调节为主、技术规范为辅"的原则。由各影响因素作用路径的仿真结果发现，行业竞争程度正向促进商业模式自主创新、负向促进商业模式模仿创新，说明来自行业市场中的竞争压力对于不同商业模式创新的选择仍占据主导作用。因此，一方面，政府应在技术创业企业在开展商业模式创新时给予更多的经济和政策支持，减轻因行业规制对创新能力和创新资源的挤出效应而造成的商业模式创新活动抑制。引导行业协会设立重点实验室、规范企业技术创新中心，加强对于商业模式创新活动的关注，推动技术创业企业快速成长；另一方面，数字技术创新作为技术创业企业发展的新契机，也要通过进行合适的商业模式将其商业转化。政府应在规范行业市场的同时也要统筹安排各级财政对专项资金的重点支持，进一步推进数字技术创新和商业模式创新共同演进。

（4）充分激发技术创业企业商业模式创新的动力与活力。首先，促进行业协会与技术创业企业的深度融合，推动技术创业企业商业模式创新活动开展，进一步实现对技术创业企业的精准化帮扶；其次，引导技术创业企业加速融入产业链上下游及跨行业数字生态体系，实现技术创业企业"数字化＋供应链"创新发展；最后，着力培育技术创业企业协同共生的生态系统，推进技术创业企业伙伴行动，进一步引导行业协会、龙头企业与技术创业企业精准对接，确保企业创新创业活动顺利开展。

9.3.3 统筹布局数字经济新型基础设施建设

（1）加快推动信息研发机构建设，打造数字创新平台体系。由各影响因素作用路径的仿真结果可知，技术创业企业不同商业模式创新的实现需要依托于外部数字经济环境、数字技术等方面。而这些都需要有效依托于政府对数字经济发展新型基础设施的建设和完善。首先，政府应加快推动数字创新研发机构建设，全面打造数字创新平台体系，围绕数字技术突破、源头创新，积极谋划数字技术设施集群及技术研发平台建设。其次，推动跨学科、大协同的基础应用研究，构建高质量协同创新平台，打造高效协作的平台体系，加快构建前沿领域研究中心基础设施建设，提升重点数字技术领域突破。最后，布局战略性基础设施建设，提高重点领域科攻关能力，谋划数字创新重点领域基础设施建设，为技术创业企业实现数字技术突破及商业化提供基建基础。

（2）拓展场景应用，建立融合基础设施体系。一方面，要升级不同区域内基础设施，建设联动数字经济和技术创业企业数字技术综合管理的基础设施，提升技术创业企业数字资源调配、数字化产品推广等综合管理能力；另一方面，构建高质量技术创新平台，打造高效协作的创新平台体系。加快学科交叉前沿研究的基础设施建设、加快构建交叉融合的前沿平台，突破关键数字技术，重点加快构建产学研创新平台转化，推动技术创业企业科技成果的商业化进程。

（3）激活资本要素，拓宽数字基础设施建设投融资渠道。首先，统筹政府资金支持力度，引导财政投资基金向数字基础设施建设倾斜，充分发挥新型基础设施财政专项资金的引导作用，设立专项数据产业投资基金；其次，充分发挥社会资本力量，鼓励不同主体运用市场机制开展合作。进一步发挥财政资金的引导作用，加强资源整合和共建共享，推动政府和社会资本合作，提高资本要素配置效率；最后，加大深化投融资体制改革的力度，充分激发各类投资动力与活力。积极帮助数字化企业采用贷款贴息、企业债券、专项债、融资租赁等财政和金融工具，鼓励各类金融机构和银行为新型基础设施建设项目提供融资担保、贷款及信贷优惠等。

9.4 本章小结

本章分别从技术创业企业的资源层面、能力层面及外部环境三个方面，提出在数字经济背景下，促进技术创业企业商业模式创新相关的对策建议。技术创业企业资源层面的对策建议主要包括：完善技术创业企业资金分配机制、有效配置技术创业企业技术资源及合理利用企业家社会资源三个方面内容；技术创业企业能力层面的对策建议主要包括：重视数字技术吸收能力、深化整合数字技术资源、培育数字技术研发能力三个方面内容；技术创业企业外部环境层面主要包括：构建完善的制度体系、优化数字经济市场环境、统筹布局数字经济新型基础设施建设三个方面内容。

|第 10 章|

结　论

　　本书以数字经济为研究背景,以技术创业企业为研究对象,探索技术创业企业商业模式创新的相关问题。首先,本书对数字经济、商业模式及商业模式创新、技术创业企业的概念进行系统梳理和总结,并基于本书的研究情境对资源基础观、动态能力理论、商业模式理论、演化博弈理论、权变理论和复杂系统理论进行解析,进一步在对比分析传统商业背景和数字经济背景下技术创业企业商业模式创新的基础上,构建本书的研究分析框架;其次,基于研究框架,运用扎根理论方法、多元统计分析、系统动力学仿真方法、演化博弈分析,依次对数字经济背景下技术创业企业商业模式创新的影响因素、作用关系、作用路径及策略选择进行具体分析;最后,基于前文的研究结论提出数字经济背景下促进技术创业企业商业模式创新的相关对策建议。通过上述研究,本书得到的主要研究结论如下。

　　第一,采用扎根理论质化研究方法,识别出了数字经济背景下技术创业企业商业模式创新的关键影响因素。研究结果表明,在数字经济背景下,技术创业企业商业模式创新主要受到来自外部数字经济环境、内部的企业资源、企业能力的影响。具体而言,财务资源、技术资源、企业家社会资源属于企业资源因素,数字技术创新能力属于企业能力因素,制度压力和数字经济环境行业动荡性属于数字经济环境因素。以上结论为后续开展数字经济背景下技术创业企业不同关键影响因素对商业模式创新的作用关系、作用路径及策略选择奠定了理论基础。

　　第二,基于理论分析和影响因素的研究结论,综合数字经济环境、企业资源及企业能力的相关影响因素,提出了在数字经济背景下各关键影响因素对技术创业企业商业模式创新作用关系的理论假设和概念模型,并进行相应的实证检验。基于 659 份技术创业企业的调查问卷，运用 SPSS 20.0 软件对问卷数据和研究假设进行实证检验，得到如下结论：①资源禀赋（财务资源、技术资源、企业家社会资源）正向影响商业模式自主创新和商业模式模仿创新；②数字技术创新能力（数字技术吸收能力、数字技术整合能力、数字技术研发能力）在资源禀赋对商业模式创新的影响中起部分中介作用，数字技术吸收能力在财务资源、技术资源、企业家社会资源与商业模式自主创新、商业模式模仿创新间存在部分中介作用；数字技术整合能力在财务资源、技术资源与商业模式自主创新之间存在部分中介作用，在企业家社会资源与商业模式自主创新之间存在完全中介作用。数字技术整合能力在财务资源与商业模式模仿创新间存在部分中介作用，在技术资源、企业家社会资源与商业模式模仿创新间不存在中介作用。数字技术研发能力在财务资源、企业家社会资源与商业模式自主创新间存在部分中介作用，在资源禀赋（财务资源、技术资源、企业家社会资源）和商业模式模仿创新间存在部分中介作用；③数字经济环境行业动荡性对于资源禀赋与商业模式自主创新的负向调节关系不显著，正向调节资源禀赋（财务资源、技术资源、企业家社会资源）与商业模式模仿创新的关系；④制度压力正向调节资源禀赋（财务资源、技术资源、企业家社会资源）与商业模式模仿创新间的关系，而对于资源禀赋与商业模式自主创新的负向调节关系并不显著。

第三，构建了数字经济背景下技术创业企业商业模式创新关键影响因素作用路径的系统动力学模型并进行了实例仿真。结合先前的研究结果以复杂系统理论为基础，基于商业模式"冰山理论"的视角，将商业模式创新系统划分为数字经济环境子系统、资源禀赋子系统和数字技术创新能力子系统，运用 Vensim PLE 软件进行仿真模拟分析不同关键影响因素的动态作用过程。结果表明：在数字经济背景下，技术创业企业商业模式创新商业模式自主创新和模仿创新呈现出两种不同的路径。在技术创业企业的生存期和成长期，企业倾向于开展商业模式模仿创新；在企业的成熟期，企业更倾向于开展商业模式自主创新。而在数字经济背景下不同关键影响因素对商业模式创新的作用路径不同。其具体作用关系为：数字经济环境子系统中，数字经济环境行业动荡程度、规制压力与商业模式自主创新负相关，与商业模式模仿创新正相关，行业竞争程度与商业模式自主创新正相关，与商业模式模仿创新负相关；资源禀赋子系统中，企业资源基础、跨界搜寻及创业者先前经验与商业模式自主创新、商业模式模仿创新正相关，认知惰性与商业模式自主创新负相关，与商业模式模仿创新正相关；数字技术创新能力子系统中，数字技术吸收能力、数字技术整合能力、数字技术研发能力与商业模式自主创新、商业模式模仿创新正相关。

第四，基于动态能力理论和演化博弈理论的视角，分析了数字经济背景下技术创业企业商业模式创新的策略选择问题。构建了技术创业企业商业模式创新策略选择的演化博弈模型，对商业模式创新策略的演化过程进行博弈仿真分析，结果表明：①资源禀赋视角下技术创业企业商业模式创新策略选择的结果表明，技术创业企业无论是进行商业模式创新的成本、创业者进行商业模式自主创新的倾向程度及企业家社会资源通过不同商业模式创新策略的决策为技术创业企业带来的收益均会影响技术创业企业对不同商业模式创新策略的选择。②数字技术创新能力视角下技术创业企业商业模式创新策略选择的结果表明，商业模式自主创新对企业技术商业化的影响程度、企业通过数字技术产品开发及创新所获取的收益均会影响企业对不同商业模式创新策略的选择。③外部数字经济环境视角下技术创业企业商业模式创新策略选择的结果表明，政府给予技术创业企业商业模式创新的相关补贴、数字经济环境动荡给商业模式创新带来风险损失及技术创业企业在进行商业模式自主创新而带来的溢出收益，均会影响技术创业企业对不同商业模式创新策略的选择。

第五，分别从技术创业企业资源层面、能力层面以及企业外部环境层面，提出数字背景下技术创业企业商业模式创新的对策建议。技术创业企业资源层面的对策建议包括：完善技术创业企业资金分配机制，有效配置技术创业企业技术资源，合理利用企业家社会资源等。技术创业企业能力层面的对策建议包括：重视数字技术吸收能力，深化整合数字技术资源，培育数字技术研发能力等。技术创业企业外部环境层面的对策建议包括：构建完善的制度体系，优化数字经济行业环境，统筹布局数字经济新型基础设施建设。

本书仍存在一定不足，未来需要开展更进一步的研究。①考虑到数字经济背景下技术创业企业开展商业模式创新的实际操作需要，本书按照商业模式创新策略的视角，将其划分为商业模式自主创新和商业模式模仿创新。但与此同时，商业模式创新的类型也有其他划分方式，还有可能包含不同商业模式创新的交叉和组合等，后续可对此进一步深入研究。②本书在分析和构建数字经济背景下技术创业企业商业模式创新影响因素的概念化模型时，仅通过扎根理论研究方法的分析结果对关键影响因素进行分析研究，而数字经济环境中的强网络性、网络结构等价值网络层次方面的影响因素如何作用于商业模式创新，仍有待于后续研究的进一步深入挖掘。③在对数字经济背景下技术创业企业商业模式创新关键影响因素作用路径的研究中，限于研究条件和个人能力，尚未及分别按照技术创业企业不同成长阶段对开展商业模式创新作用机制和作用路径的比较分析，未来研究将对此持续关注。④来自不同行业的技术创业企业其商业模式会存在不同的特征，其商业模式创新也会呈现出不同的形式和路径，限于研究篇幅本书尚未考虑不同行业的商业模式创新及其特征，未来研究中将逐步考虑区分不同行业的技术创业企业，深入研究其商业模式创新的不同表现形式及特征。

附　　录

数字经济背景下技术创业企业商业模式创新
关键影响因素及其作用机制调查问卷

尊敬的女士/先生：

您好！感谢您在百忙之中参与问卷的填写工作，本问卷意在获取数字经济背景下各关键因素对技术创业企业商业模式创新作用关系的相关数据，请按照问卷要求和个人真实意向填答。

本问卷属匿名方式，您的填写结果将完全保密，仅供学术研究使用，请放心填写。

衷心感谢您的合作与支持！祝您工作顺利！

"数字经济背景下技术创业企业商业模式创新驱动机制及实现路径研究"课题组

第一部分：个人和公司基本信息。

【您的基本信息】

您的职位_____

➢ 性别　　　□男　　　　　□女

➢ 年龄　　　□30 岁及以下　□31～40 岁　　□41～50 岁
　　　　　　□50 岁以上

➢ 学历　　　□大专及以下　□本科　　　　□研究生

➢ 任职时间　□1 年以内　　□1～3 年　　　□3～5 年
　　　　　　□5～8 年

===

【您所在企业的基本信息】

1. 您所在企业的城市_____

2. 您所在企业的成立年限

□ 1 年以内　　　　　□ 1 ~ 3 年　　　　　□ 3 ~ 5 年

□ 5 ~ 8 年

3. 您所在企业的性质

□ 国有/集体所有制　　□ 民营企业　　　　□ 三资企业

□ 其他

4. 您所在企业的企业规模

□ 小于 20 人　　　　□ 20 ~ 50 人　　　　□ 51 ~ 100 人

5. 您所在企业的所属行业

□ 医药制造业　□ 航空航天器及设备制造业　□ 电子及通信设备制造业

□ 计算机及办公设备制造业　□ 医疗仪器设备及仪器仪表制造业

□ 信息化学品制造业　□ 其他行业

===

第二部分：商业模式创新量表

下面的题目是您对商业模式创新的量表，请依据与您所在企业实际情况的符合程度在相应的表格内打"√"。

题目	完全不同意→完全同意						
商业模式自主创新							
1. 以打破常规的方式挖掘新机会、拓展新市场	1	2	3	4	5	6	7
2. 主导全新的盈利模式、建构新的交易方式、运作流程及价值创造方式	1	2	3	4	5	6	7
3. 创造性地寻找新技术、新创意或开发新的资源和能力	1	2	3	4	5	6	7
4. 商业模式的实施能够获得更多的新创意、新专利	1	2	3	4	5	6	7
商业模式模仿创新							
1. 关注同行或竞争对手的盈利模式调整、战略方向改变等	1	2	3	4	5	6	7
2. 倾向于对行业领先者的跟随性创新	1	2	3	4	5	6	7
3. 认可同行或竞争对手盈利模式、交易方式的价值	1	2	3	4	5	6	7
4. 认为企业是行业市场中的挑战者，而不是开拓者	1	2	3	4	5	6	7

第三部分：资源禀赋量表

下面的题目是您对资源禀赋的量表，请依据您个人的真实想法在您认为最适当的号码上打"√"。

题目	完全不同意→完全同意						
财务资源							
1. 企业自有的资金较为丰富	1	2	3	4	5	6	7
2. 企业资金和融资渠道较为多样化	1	2	3	4	5	6	7
3. 企业较为容易获取各种资金和金融服务的支持	1	2	3	4	5	6	7
4. 企业拥有较为充裕的流动资金且能自由支配	1	2	3	4	5	6	7
技术资源							
1. 企业已经拥有一部分科技项目和科技成果	1	2	3	4	5	6	7
2. 企业比较容易获取外部的科技资源	1	2	3	4	5	6	7
3. 企业构建了相应的科技成果转化平台进行科技成果转化	1	2	3	4	5	6	7
4. 企业拥有数字技术研发人员较多	1	2	3	4	5	6	7
5. 企业数字技术相关的研发设备较好	1	2	3	4	5	6	7
6. 企业对数字技术等研发的投入较多	1	2	3	4	5	6	7
企业家社会资源							
1. 建立联系的企业涉及领域较为广泛	1	2	3	4	5	6	7
2. 拥有利于企业成长的资源（技术、专利等）或优势（经验、能力等）	1	2	3	4	5	6	7
3. 建立联系的企业合作时间在 2 年或 2 年以上	1	2	3	4	5	6	7
4. 建立联系的企业能够为我们提供丰富且有价值的资源	1	2	3	4	5	6	7
5. 与建立联系的企业联系密切、关系融洽	1	2	3	4	5	6	7
6. 与建立联系的企业能够有效地信息沟通和交流	1	2	3	4	5	6	7
7. 与建立联系的企业相互信赖且彼此履行承诺	1	2	3	4	5	6	7
8. 与建立联系的企业会彼此维护相互利益	1	2	3	4	5	6	7
9. 与建立联系的企业具有相同或相似的战略目标	1	2	3	4	5	6	7
10. 与建立联系的企业能够为一致的价值目标采取共同行动	1	2	3	4	5	6	7
11. 与建立联系的企业具有相同或相似的行为准则	1	2	3	4	5	6	7

第四部分：数字技术创新能力量表

下面的题目是您对数字技术创新能力的量表，请依据您个人的真实想法在您认为最适当的号码上打"√"。

题目	完全不同意→完全同意						
数字技术吸收能力							
1. 能够很快地识别、吸收和引入的数字技术	1	2	3	4	5	6	7
2. 善于运用从数字经济环境中吸收而来的数字技术相关知识	1	2	3	4	5	6	7
3. 具有较强的数字信息设备改进能力	1	2	3	4	5	6	7
数字技术整合能力							
1. 对于数字技术的系统整合能力较强且整合流程较为规范	1	2	3	4	5	6	7
2. 能够有效地内化不同来源的数字技术	1	2	3	4	5	6	7
3. 利用外部吸收的数字技术知识提升已有数字技术水平	1	2	3	4	5	6	7
数字技术研发能力							
1. 能够紧随市场需求研发创新数字产品	1	2	3	4	5	6	7
2. 拥有较为先进的信息通信技术研发设备	1	2	3	4	5	6	7
3. 数字技术产品开发主要以自主研发为主	1	2	3	4	5	6	7

第五部分：数字经济环境行业动荡性

下面的题目是您对数字经济环境行业动荡性的认同程度量表，请依据您个人的真实想法在您认为最适当的号码上打"√"。

题目	完全不同意→完全同意						
数字经济环境行业动荡性							
1. 企业所处行业的数字技术变更较快	1	2	3	4	5	6	7
2. 企业所处行业的数字技术变化很难被预测	1	2	3	4	5	6	7
3. 企业所处行业中的数字技术更新和淘汰速度较快	1	2	3	4	5	6	7
4. 企业所处行业的消费者需求变化较快	1	2	3	4	5	6	7
5. 企业所处行业的消费者更喜欢追求数字技术创新产品	1	2	3	4	5	6	7
6. 企业所处行业的新产品生命周期较短	1	2	3	4	5	6	7

第六部分：制度压力

下面的题目是您对制度压力的认同程度量表，请依据您个人的真实想法在您认为最适当的号码上打"√"。

题目	完全不同意→完全同意						
制度压力							
1. 政府对于扰乱行业经营秩序的行为会实施相应的惩罚措施	1	2	3	4	5	6	7
2. 政府在企业创新创业方面制定了相关的法律法规	1	2	3	4	5	6	7
3. 政府通过各种渠道宣传和鼓励企业开展创新创业活动	1	2	3	4	5	6	7
4. 政府对于企业反映的关于破坏创新创业的行为能够快速响应	1	2	3	4	5	6	7
5. 同行企业间因经营策略的有效实施扩大他们的影响力	1	2	3	4	5	6	7
6. 同行企业的产品及商业模式创新对本企业影响较大	1	2	3	4	5	6	7
7. 同行或竞争者已成功运用领先的营销模式	1	2	3	4	5	6	7
8. 同行或竞争者的创新产品会影响企业成长	1	2	3	4	5	6	7

参 考 文 献

［1］中国信息通信研究院. 中国数字经济发展报告（2022 年）. 2022 - 7.

［2］Yoo Y, Henfridsson O, Lyytinen K. Research commentary—The new organizing logic of digital innovation: An agenda for information systems research ［J］. Information Systems Research, 2010, 21 (4): 724 - 735.

［3］Nambisan S. Digital entrepreneurship: Toward a digital technology perspective of entrepreneurship ［J］. Entrepreneurship Theory and Practice, 2017, 41 (6): 1029 - 1055.

［4］Ertz M, Boily M. The rise of the digital economy: Thoughts on blockchain technology and cryptocurrencies for the collaborative economy ［J］. SSRN Electronic Journal, 2019, 3 (4): 84 - 93.

［5］Andrea C, Simone P, Massimiliano M, et al. Digitalization and business models: Where are we going? A science map of the field ［J］. Journal of Business Research, 2021, 123: 489 - 501.

［6］吕峰, 张仁江, 云乐鑫. 组织原型、创业领导力与科技创业企业成长路径及内在机理研究 ［J］. 科学学与科学技术管理, 2016, 37 (6): 99 - 111.

［7］吕东, 云乐鑫, 范雅楠. 科技型创业企业商业模式创新与适应性成长研究 ［J］. 科学学与科学技术管理, 2015, 36 (11): 132 - 144.

［8］胡保亮. 商业模式、创新双元性与企业绩效的关系研究 ［J］. 科研管理, 2015, 36 (11): 29 - 36.

［9］Spieth P, Schneckenberg D, Ricart J E. Business model innovationstate of the art and future challenges for the field ［J］. R&D Management, 2014, 44 (3), 237 – 247.

［10］ Hossain M. Business model innovation: Past research, current debates, and future Directions ［J］. Journal of Strategy and Management, 2017, 10 (3), 342 – 359.

［11］ Beomsoo K, Barua A, Whinston A B. Virtual field experiments for a digital economy: A new research methodology for exploring an information economy ［J］. Decision Support Systems, 2002, 32 (3): 215 – 231.

［12］ Georgiadis C K, Stiakakis E, Ravindran A R. Editorial for the special issue: Digital economy and e-commerce technology ［J］. Operational Research Athens, 2013, 13 (1): 1 – 4.

［13］ Brynjolfsson E, Michael D S. Frictionless commerce? A comparison of internet and conventional retailers ［J］. Management Science, 2000, 46 (4): 563 – 585.

［14］ Mangematin V, Sapsed J, Schubler E. Disassembly and reassembly: An introduction to the special issue on digital technology and creative industries ［J］. Technological Forecasting & Social Change, 2014, 83 (1): 1 – 9.

［15］ Zervas G, Proserpio D, Byers J W. The rise of the sharing economy: Estimating the impact of airbnb on the hotel industry ［J］. Journal of Marketing Research, 2017, 54 (5): 687 – 705.

［16］ Stiglitz J E. Information and the change in the paradigm in economics ［J］. American Economic Association, 2002, 92 (3): 460 – 501.

［17］ Laursen K, Salter A. Open for innovation: The role of openness in explaining innovation performance among UK manufacturing firms ［J］. Strategic Management Journal, 2006, 27 (2): 131 – 150.

［18］ Brand K, Gaynor M, Mcalvanah P, et al. Economics at the FTC: Office supply retailers redux, healthcare quality efficiencies analysis, and litigation of an alleged get-rich-quick scheme ［J］. Review of Industrial Organization, 2014, 45 (4): 325 – 344.

［19］ Arntz M, Gregory T, Zierahn U. The risk of automation for jobs in OECD countries: A comparative analysis ［J］. Oecd Social Employment & Migration Working Papers, 2016.

[20] Teece D J. Profiting from innovation in the digital economy: Enabling technologies, standards, and licensing models in the wireless world [J]. Research Policy, 2018, 47 (8): 1367 – 1387.

[21] Lucas H C, Agarwal R, Clemons E K, et al. Impactful research on transformational information technology: An opportunity to inform new audiences [J]. MIS Quarterly, 2013, 37 (2): 371 – 382.

[22] Austin R, Devin L, Sullivan E E. Accidental innovation: Supporting valuable unpredictability in the creative process [J]. Organization Science, 2012, 23 (5): 1505 – 1522.

[23] Lyytinen K, Yoo Y, Jr R. Digital product innovation within four classes of innovation networks [J]. Information Systems Journal, 2016, 26 (1): 47 – 75.

[24] Kane G C, Palmer D, Phillips A N, et al. Strategy, not technology, drives digital tansformation [J]. MIT Sloan Management Review, 2015, 14 (1): 1 – 25.

[25] Sussan F, Acs Z J. The digital entrepreneurial ecosystem [J]. Small Business Economics, 2017, 49 (5): 1 – 19.

[26] Yoo Y, Boland Jr R J, Lyytinen K, et al. Organizing for innovation in the digitized world [J]. Organization Science, 2012, 23 (5): 1398 – 1408.

[27] Vial G. Understanding digital transformation: A review and a research agenda [J]. The Journal of Strategic Information Systems, 2019, 28 (2): 118 – 144.

[28] Bouncken R B, Fredrich V. Business model innovation in alliances: Successful configurations [J]. Journal of Business Research, 2016, 69 (9): 3584 – 3590.

[29] Teece D J. Business models, business strategy and innovation [J]. Long Range Planning, 2009, 43 (2 – 3): 172 – 194.

[30] Shafer S M, Smith H J, Linder J C. The power of business models [J]. Business Horizons, 2005, 48 (3): 199 – 207.

［31］ Osterwalder A, Pigneur Y, Tucci C. Clarifying business models: Origins, present, and future of the concept ［J］. Communications of the Information Systems, 2005, 15 (5): 1 – 25.

［32］ Chesbrough H. Business mode innovation: Opportunities and barriers ［J］. Long Range Planning, 2010, 43 (2/3): 354 – 363.

［33］ Zott C, Amit R, Massa L. The business model: Recent developments and future research ［J］. Journal of Management, 2011, 37 (4): 1019 – 1042.

［34］ Dunford R, Palmer I, Benveniste J. Business model replication for early and rapid internationalisation the IMG direct experience ［J］. Long Range Planning, 2010, 43 (5 – 6): 655 – 674.

［35］ Mezger F. Toward a capability-based conceptualization of business model innovation: Insights from an explorative study ［J］. R&D Management, 2014, 44 (5): 429 – 449.

［36］ Heider A, Gerken M, Dinther N V, et al. Business model innovation through dynamic capabilities in SMEs—Evidence from the German Mittelstand ［J］. Journal of Business Research, 2020, 130: 635 – 645.

［37］ Ciampi F, Demi S, Magrini A, et al. Exploring the impact of big data analytics capabilities on business model innovation: The mediating role of entrepreneurial orientation ［J］. Journal of Business Research, 2021, 123: 1 – 13.

［38］ Zott C, Amit R. Business model design and the performance of entrepreneurial firms ［J］. Organization science, 2007, 18 (2): 181 – 199.

［39］ Brettel M, Strese S, Flatten T C. Improving the performance of business models with relationship marketing efforts—An entrepreneurial perspective ［J］. European Management Journal, 2012, 30 (2): 85 – 98.

［40］ Aziz S A, Mahmood R. The relationship between business model and performance of manufacturing small and medium enterprises in Malaysia ［J］. African Journal of Business Management, 2011, 5 (22): 8918 – 8932.

［41］ Casa De Sus-Masanell R, Zhu F. Business model innovation and competitive imitation: The case of sponsor-based business models ［J］. Strategic

Management Journal, 2013, 34 (4): 464 – 482.

[42] Frankenberger K, Stam W. Entrepreneurial copycats: A resource or-chestration perspective on the link between extra-industry business model imitation and new venture growth [J]. Long Range Planning, 2020, 53 (4): 101 – 872.

[43] Latifi M A, Nikou S, Bouwman H. Business model innovation and firm performance: Exploring causal mechanisms in SMEs [J]. Technovation, 2021, 107: 1 – 12.

[44] George G, Bock A J. The business model in practice and its implica-tions for entrepreneurship research [J]. Entrepreneurship Theory and Practice, 2011, 35 (1): 83 – 111.

[45] Sirmon D G, Hitt M A, Ireland R D. Managing firm resources in dy-namic environments to create value: Looking inside the black box [J]. Academy of Management Review, 2007, 32 (1): 273 – 292.

[46] Bohnsack R, Pinkse J, Kolk A. Business models for sustainable technologies: Exploring business model evolution in the case of electric vehicles [J]. Research Policy, 2014, 43 (2): 284 – 300.

[47] Gerasymenko V, Clercq D D, Sapienza H J. Changing the business model [J]. Strategic Entrepreneurship Journal, 2015, 9 (1): 79 – 98.

[48] Hock M, Clauss T, Schulz E. The impact of organizational culture on a firm's capability to innovate the business model [J]. R&D Management, 2016, 46 (3): 433 – 450.

[49] Willemstein L, Valk T, Meeus M. Dynamics in business models: An empirical analysis of medical biotechnology firms in the Netherlands [J]. Technovation, 2007, 27 (4): 221 – 232.

[50] Doz Y L, Kosonen M. Embedding strategic agility: A leadership agenda for accelerating business model renewal [J]. Long Range Planning, 2010, 43 (2 – 3): 370 – 382.

[51] Casadesus-Masanell R, Zhu F. Business model innovation and com-petitive imitation: The case of sponsor-based business models [J]. Strategic Management Journal, 2013, 34 (4): 464 – 482.

[52] Winterhalter S, Zeschky M B, Gassmann O. Managing dual business models in emerging markets: An ambidexterity perspective [J]. R&D Management, 2015, 46 (3): 464 – 479.

[53] Cavalcante S A, Kesting P, Ulhøi J P. Business model dynamics and innovation: (Re) establishing the missing linkages [J]. Management Decision, 2011, 49 (8): 1327 – 1342.

[54] Malmström M, Johansson J, Wincent J. Cognitive constructions of low-profit and high-profit business models: A repertory grid study of serial entrepreneurs [J]. Entrepreneurship Theory and Practice, 2015, 39 (5): 1083 – 1109.

[55] Snihur Y, Wiklund J. Searching for innovation: Product, process, and business model innovations and search behavior in established firms [J]. Long Range Planning, 2018, 52 (3): 305 – 325.

[56] Sabatier V, Craig-Kennard A, Mangematin V. When technological discontinuities and disruptive business models challenge dominant industry logics: Insights from the drugs industry [J]. Technological Forecasting and Social Change, 2012, 79 (5): 949 – 962.

[57] Khanagha S, Volberda H, Oshri I. Business model renewal and ambidexterity: Structural alteration and strategy formation process during transition to a Cloud business model [J]. R&D Management, 2014, 44 (3): 322 – 340.

[58] Autio E, Nambisan S, Thomas L, et al. Digital affordances, spatial affordances, and the genesis of entrepreneurial ecosystems [J]. Strategic Entrepreneurship Journal, 2018, 12 (1): 72 – 95.

[59] Fjeldst Ad, Yesten D, C C Snow. Business models and organization design [J]. Long Range Planning, 2018, 51 (2): 32 – 39.

[60] Urbinati A, Bogers M, Chiesa V, et al. Creating and capturing value from big data: A multiple-case study analysis of provider companies [J]. Technovation, 2019, 84 – 85: 21 – 36.

[61] Dervitsiotis K N. An innovation-based approach for coping with increasing complexity in the global economy [J]. Total Quality Management and

Business Excellence, 2012, 23 (9 – 10): 997 – 1011.

[62] Zott C, Amit R. The business model: A theoretically anchored robust construct for strategic analysis [J]. Strategic Organization, 2013, 11 (4): 403 – 411.

[63] Ghezzi A, Cortimiglia M N, Frank A G. Strategy and business model design in dynamic telecommunications industries: A study on Italian mobile network operators [J]. Technological Forecasting and Social Change, 2015, 90: 346 – 354.

[64] Achtenhagen L, Melin L, Naldi L. Dynamics of business models— Strategising, critical capabilities and activities for sustained value creation [J]. Long Range Planning, 2013, 46 (6): 427 – 442.

[65] Cavalcante S A. Designing business model change [J]. International Journal of Innovation Management, 2014, 18 (2): 1 – 22.

[66] Ricciardi F, Zardini A, Rossignoli C. Organizational dynamism and adaptive business model innovation: The triple paradox configuration [J]. Journal of Business Research, 2016, 69 (11): 5487 – 5493.

[67] Saebi T, Lien L, Foss N J. What drives business model adaptation? The impact of opportunities, threats and strategic orientation [J]. Long Range Planning, 2017, 50 (5): 567 – 581.

[68] Peng M W. Institutional transitions and strategic choices [J]. Academy of Management Review, 2003, 28 (2): 275 – 296.

[69] Snihur Y, Zott C. Legitimacy without imitation: How to achieve robust business model innovation [C]. Academy of Management Annual Meeting Proceedings, 2013.

[70] To C, Au J, Kan C W. Uncovering business model innovation contexts: A comparative analysis by fs QCA methods [J]. Journal of Business Research, 2019, 101: 783 – 796.

[71] Zhang H, Xiao H, Wang Y, et al. An integration of antecedents and outcomes of business model innovation: A meta-analytic review [J]. Journal of Business Research, 2021, 131: 803 – 814.

[72] Doganova L, Eyquem-Renault M. What do business models do?: In-

novation devices in technology entrepreneurship [J]. Research Policy, 2009, 38 (10): 1559 –1570.

[73] Hargadon A B, Douglas Y. When innovation meet institutions: Edison and the design of the electric light [J]. Administrative Science Quarterly, 2001, 46 (3): 476 –501.

[74] Blank S. Why the lean start-up changes everything [J]. Harvard Business Review, 2013, 91 (5): 63 –72.

[75] Battistella C, Biotto G, De Toni A F. From design driven innovation to meaning strategy [J]. Management Decision, 2012, 50 (4): 718 –743.

[76] Cavalcante S. Preparing for business model change: The "prestage" finding [J]. Journal of Management & Governance, 2014, 18 (4): 449 –469.

[77] Gundry L K, Kickul J R, Griffiths M D, et al. Creating social change out of nothing: The role of entrepreneurial bricolage in social entrepreneurs' catalytic innovations [J]. Advances in Entrepreneurship Firm Emergence & Growth, 2011, 13: 1 –24.

[78] Blank S, Dorf B. The startup owner's manual: The step-by-step guide for building agreat company [M]. California: K&S Ranch Press, 2012.

[79] Sosna M, Trevinyo-Rodríguez R N, Velamuri S R. Business model innovation through trial-and-error learning: The naturhouse case [J]. Long Range Planning, 2010, 43 (2 –3): 383 –407.

[80] Yuan C, Xue D, He X. A balancing strategy for ambidextrous learning, dynamic capabilities, and business model design, the opposite moderating effects of environmental dynamism [J]. Technovation, 2021 (3): 102 –225.

[81] Moyon E, Lecocq X. Co-evolution between stages of institutionalization and agency: The case of the music industry's business model [J]. Post-Print, 2010, 14 (4): 37 –53.

[82] Baum J, Locke E A, Smith K G. A multidimensional model of venture growth [J]. Academic Management Journal, 2001, 44 (2): 292 –304.

[83] Wrigley C, Bucolo S, Straker K. Designing new business models: blue sky thinking and testing [J]. Journal of Business Strategy, 2016, 37 (5): 22 –31.

[84] Bocken N, Snihur Y. Lean startup and the business model: Experimenting for novelty and impact [J]. Long Range Planning, 2019, 53 (4): 101 –889.

[85] Chammassian R G, Sabatier V. The role of costs in business model design for early-stage technology startups [J]. Technological Forecasting and Social Change, 2020, 157: 1 – 15.

[86] Ranta V, Aarikka-Stenroos L, Visnen J M. Digital technologies catalyzing business model innovation for circular economy—Multiple case study [J]. Resources Conservation and Recycling, 2021, 164: 105 – 155.

[87] Berman S J. Digital transformation: Opportunities to create new business models [J]. Strategy & Leadership, 2012, 40 (2): 16 – 24.

[88] Miroshnychenko I, Strobl A, Matzler K, et al. Absorptive capacity, strategic flexibility, and business model innovation: Empirical evidence from Italian SMEs [J]. Journal of Business Research, 2021, 130: 670 – 682.

[89] Wirtz B W, Schilke O, Ullrich S. Strategic development of business models: Implications of the web 2. 0 for creating value on the internet [J]. Long Range Planning, 2010, 43 (2 – 3): 272 – 290.

[90] Loebbecke C, Picot A. Reflections on societal and business model transformation arising from digitization and big data analytics: A research agenda [J]. The Journal of Strategic Information Systems, 2015, 24 (3): 149 – 157.

[91] Cozzolino A, Verona G, Rothaermel F T. Unpacking the disruption process: New technology, business models, and incumbent adaptation [J]. Journal of Management Studies, 2018, 55 (7): 1166 – 1202.

[92] Al-Debei M M, Avison D. Developing a unified framework of the business model concept [J]. European Journal of Information Systems, 2010, 19 (3): 359 – 376.

[93] Ciriello R F, Richter A, Schwabe G. Digital innovation [J]. Business & Information Systems Engineering, 2018, 60 (6): 563 – 569.

[94] Kohtamäki M, Parida V, Oghazi P, et al. Digital servitization business models in ecosystems: A theory of the firm [J]. Journal of Business Research, 2019, 104: 380 – 392.

［95］Li F. The digital transformation of business models in the creative industries：A holistic framework and emerging trends ［J］. Technovation，2020：92 – 93.

［96］Latilla V M，Urbinati A，Cavallo A，et al. Organizational re-design for business model innovation while exploiting digital technologies：A single case study of an energy company ［J］. International Journal of Innovation and Technology Management，2021，18（02）：2040002.

［97］中国信通院. 中国数字经济发展白皮书 ［R］. 北京：中国信通院.

［98］逄健，朱欣民. 国外数字经济发展趋势与数字经济国家发展战略 ［J］. 科技进步与对策，2013，30（8）：124 – 128.

［99］杨东，任俊强. 数字经济发展的中国方案 ［J］. 信息安全与通信保密，2017（12）：13 – 15.

［100］钟春平，刘诚，李勇坚. 中美比较视角下我国数字经济发展的对策建议 ［J］. 经济纵横，2017（4）：35 – 39.

［101］王彬燕，田俊峰，程利莎，等. 中国数字经济空间分异及影响因素 ［J］. 地理科学，2018，38（6）：859 – 868.

［102］吴晓怡，张雅静. 中国数字经济发展现状及国际竞争力 ［J］. 科研管理，2020，41（5）：250 – 258.

［103］胡鞍钢，周绍杰. 新的全球贫富差距：日益扩大的"数字鸿沟"［J］. 中国社会科学，2002（3）：34 – 48.

［104］赵振. "互联网＋"跨界经营：创造性破坏视角 ［J］. 中国工业经济，2015（10）：146 – 160.

［105］刘根荣. 共享经济：传统经济模式的颠覆者 ［J］. 经济学家，2017（5）：97 – 104.

［106］严若森，钱向阳. 数字经济时代下中国运营商数字化转型的战略分析 ［J］. 中国软科学，2018，328（4）：177 – 187.

［107］陈剑，黄朔，刘运辉. 从赋能到使能——数字化环境下的企业运营管理 ［J］. 管理世界，2020，36（2）：117 – 128，222.

［108］刘莎莎，宋立丰，宋远方. 数字化情境下互联网独角兽的公司创业路径研究 ［J］. 科学学研究，2020，38（1）：113 – 123.

［109］汪阳洁，唐湘博，陈晓红. 新冠肺炎疫情下我国数字经济产业

发展机遇及应对策略 [J]. 科研管理, 2020, 41 (6): 157 - 171.

[110] 张勋, 万广华, 张佳佳, 等. 数字经济、普惠金融与包容性增长 [J]. 经济研究, 2019, 54 (8): 71 - 86.

[111] 苏治, 荆文君, 孙宝文. 分层式垄断竞争: 互联网行业市场结构特征研究——基于互联网平台类企业的分析 [J]. 管理世界, 2018, 34 (4): 80 - 100, 187 - 188.

[112] 李飞, 陈岩, 金红. 数字经济下内外网络均衡对中国海外并购质量的影响——复杂知识缺口弥合效果的视角 [J]. 科研管理, 2019, 40 (12): 73 - 84.

[113] 赵涛, 张智, 梁上坤. 数字经济、创业活跃度与高质量发展——来自中国城市的经验证据 [J]. 管理世界, 2020, 36 (10): 65 - 76.

[114] 姜松, 孙玉鑫. 数字经济对实体经济影响效应的实证研究 [J]. 科研管理, 2020, 41 (5): 32 - 39.

[115] 韩璐, 陈松, 梁玲玲. 数字经济、创新环境与城市创新能力 [J]. 科研管理, 2021, 42 (4): 35 - 45.

[116] 罗珉, 李亮宇. 互联网时代的商业模式创新: 价值创造视角 [J]. 中国工业经济, 2015 (1): 95 - 107.

[117] 郭家堂, 骆品亮. 互联网对中国全要素生产率有促进作用吗? [J]. 管理世界, 2016 (10): 34 - 49.

[118] 周广肃, 樊纲. 互联网使用与家庭创业选择——来自 CFPS 数据的验证 [J]. 经济评论, 2018 (5): 134 - 147.

[119] 郭海, 韩佳平. 数字化情境下开放式创新对新创企业成长的影响: 商业模式创新的中介作用 [J]. 管理评论, 2019, 31 (6): 186 - 198.

[120] 焦勇. 数字经济赋能制造业转型: 从价值重塑到价值创造 [J]. 经济学家, 2020 (6): 87 - 94.

[121] 戚聿东, 肖旭. 数字经济时代的企业管理变革 [J]. 管理世界, 2020, 36 (6): 135 - 152, 250.

[122] 荆浩, 贾建锋. 中小企业动态商业模式创新——基于创业板立思辰的案例研究 [J]. 科学学与科学技术管理, 2011, 32 (1): 67 - 72.

[123] 王雪冬, 董大海. 商业模式创新概念研究述评与展望 [J]. 外

国经济与管理，2013，35（11）：29－36，81.

[124] 李永发，李东. 面临颠覆威胁的在位者商业模式重塑策略 [J].
科研管理，2015，36（4）：145－153.

[125] 张金艳，杨蕙馨，邱晨，等. 高管建议寻求、决策偏好与商业
模式创新 [J]. 管理评论，2019，31（7）：239－251.

[126] 胡保亮. 商业模式创新、技术创新与企业绩效关系：基于创业
板上市企业的实证研究 [J]. 科技进步与对策，2012，29（3）：95－100.

[127] 姚明明，吴晓波，石涌江，等. 技术追赶视角下商业模式设计
与技术创新战略的匹配——一个多案例研究 [J]. 管理世界，2014（10）：
149－162，188.

[128] 杨雪，刘成，何玉成. 动态能力视角下商业模式创新对企业绩
效的作用机制研究——以制造业上市公司为例 [J]. 工业技术经济，2019，
38（2）：120－128.

[129] 迟考勋，邵月婷. 商业模式创新、资源整合与新创企业绩效
[J]. 外国经济与管理，2020，42（3）：3－16.

[130] 仝自强，李鹏翔，杨磊，等. 商业模式创新与技术创新匹配性
对后发企业绩效的影响——来自年报文本分析的实证研究 [J]. 科技进步
与对策，2022，39（11）：84－93.

[131] 杨林，陆亮亮，刘娟. "互联网＋"情境下商业模式创新与企
业跨界成长：模型构建及跨案例分析 [J]. 科研管理，2021，42（8）：
43－58.

[132] 杨特，赵文红，李颖. 创业者经验宽度、深度对商业模式创新
的影响：创业警觉的调节作用 [J]. 科学学与科学技术管理，2018，39
（7）：88－104.

[133] 刘贵文，李凯健，张应珍，等. 技术变革背景下在位企业资源
基础与商业模式创新：二元动态能力的中介作用 [J]. 管理评论，2019，
31（7）：252－263.

[134] 周飞，沙振权，孙锐. 市场导向、资源拼凑与商业模式创新的
关系研究 [J]. 科研管理，2019，40（1）：113－120.

[135] 吴晓波，沈华杰，吴东. 不确定性、互补性资产与商业模式设
计：新型冠状病毒肺炎疫情期间的多案例研究 [J]. 科研管理，2020，41

（7）：189－200.

[136] 王炳成，冯月阳，张士强．幸福感与商业模式创新：组织信任的跨层次作用［J］．科研管理，2021，42（7）：137－146.

[137] 曾萍，宋铁波．基于内外因素整合视角的商业模式创新驱动力研究［J］．管理学报，2014，11（7）：989－996.

[138] 朱益霞，周飞，沙振权．跨界搜寻与商业模式创新的关系——吸收能力的视角［J］．经济管理，2016，38（11）：92－104.

[139] 曾萍，李明璇，刘洋．政府支持、企业动态能力与商业模式创新：传导机制与情境调节［J］．研究与发展管理，2016，28（4）：31－38，137.

[140] 易朝辉，周思思，任胜钢．资源整合能力与科技型小微企业创业绩效研究［J］．科学学研究，2018，36（1）：123－130，139.

[141] 谢卫红，李忠顺，苏芳，等．高管支持、大数据能力与商业模式创新［J］．研究与发展管理，2018，30（4）：152－162.

[142] 杨刚，谢懿，宋建敏．网络能力、知识整合与商业模式创新：创业者过度自信的调节作用［J］．科技进步与对策，2020，37（15）：116－125.

[143] 魏泽龙，王舒阳，宋茜，等．战略认知、外部环境对商业模式新颖性的影响研究［J］．科学学与科学技术管理，2017，38（12）：109－123.

[144] 王金凤，余良如，冯立杰，等．新创企业管理者能力与商业模式创新关系研究——环境动态性的调节作用［J］．管理学刊，2019，32（5）：47－55.

[145] 薛鸿博，杨俊，迟考勋．创业者先前行业工作经验对新创企业商业模式创新的影响研究［J］．管理学报，2019，16（11）：1661－1669.

[146] 张洁，侯娜，刘雯雯．高管团队认知适应性如何推动商业模式创新？——三顿半和玛丽黛佳的双案例研究［J］．管理案例研究与评论，2020，13（5）：566－588.

[147] 吴菲菲，徐艳，黄鲁成．新技术引致商业模式创新的研究［J］．科技管理研究，2010，30（23）：1－4.

[148] 阳双梅，孙锐．论技术创新与商业模式创新的关系［J］．科学

学研究，2013，31（10）：1572 –1580.

　　［149］吴晓波，朱培忠，吴东，等. 后发者如何实现快速追赶？——一个二次商业模式创新和技术创新的共演模型［J］. 科学学研究，2013，31（11）：1726 –1735.

　　［150］童心，于丽英. 基于商业生态系统的技术创新与商业模式创新耦合机制研究［J］. 科技进步与对策，2014，31（12）：17 –22.

　　［151］喻登科，严影. 技术创新与商业模式创新相互作用关系及对企业竞争优势的交互效应［J］. 科技进步与对策，2019，36（11）：16 –24.

　　［152］朱晓武. 区块链技术驱动的商业模式创新：DIPNET 案例研究［J］. 管理评论，2019，31（7）：65 –74.

　　［153］郭海，沈春. 环境包容性与不确定性对企业商业模式创新的影响研究［J］. 经济与管理研究，2012（10）：97 –104.

　　［154］彭虎锋，黄漫宇. 新技术环境下零售商业模式创新及其路径分析——以苏宁云商为例［J］. 宏观经济研究，2014（2）：108 –115.

　　［155］翟淑萍，张建宇，杨洁，等. 环境不确定性、战略性新兴企业商业模式与创新投资绩效——基于高端装备制造行业的经验分析［J］. 科技进步与对策，2015，32（18）：68 –74.

　　［156］臧树伟，潘璇，孙倩敏. 动态环境下的后发企业追赶研究——基于商业模式创新视角［J］. 经济与管理研究，2018，39（8）：123 –132.

　　［157］王炳成，张士强. 商业模式创新、员工吸收能力和创新合法性——跨层次的实证分析［J］. 科研管理，2016，37（11）：1 –10.

　　［158］罗兴武，项国鹏，宁鹏，等. 商业模式创新如何影响新创企业绩效？——合法性及政策导向的作用［J］. 科学学研究，2017，35（7）：1073 –1084.

　　［159］罗兴武，刘洋，项国鹏，等. 中国转型经济情境下的商业模式创新：主题设计与量表开发［J］. 外国经济与管理，2018，40（1）：33 –49.

　　［160］张璐，周琪，苏敬勤，等. 新创企业如何实现商业模式创新？——基于资源行动视角的纵向案例研究［J］. 管理评论，2019，31（9）：219 –230.

　　［161］陈婕，苏中锋. 顾客导向、战略柔性与商业模式创新的关系：

不良竞争的调节作用［J］. 管理学季刊，2020，5（3）：142 - 159，171 - 172.

［162］李颖，赵文红，杨特. 创业者先前经验、战略导向与创业企业商业模式创新关系研究［J］. 管理学报，2021，18（7）：1022 - 1031，1106.

［163］张秀娥，徐雪娇. 创业学习与新创企业成长：一个链式中介效应模型［J］. 研究与发展管理，2019，31（2）：11 - 19.

［164］陈寒松，牟筱笛，贾竣云. 创业企业何以提高创新绩效——基于创业学习与商业模式创新协同联动视角的 QCA 方法［J］. 科技进步与对策，2020，37（6）：19 - 26.

［165］郭韬，丁小洲，乔晗，等. 价值网络对科技型创业企业商业模式创新影响机制的系统动力学仿真分析——基于系统管理与 CET@I 方法论视角［J］. 管理评论，2020，32（7）：41 - 53.

［166］蒋兵，张文礼，程钧谟. 新创企业创业制度环境、创业拼凑与商业模式创新研究——决策偏好的调节效应［J］. 软科学，2021，35（09）：124 - 130.

［167］李炎炜，王翔，孙柳苑. 技术创业企业商业模式设计对企业绩效之影响［J］. 市场周刊（理论研究），2013（8）：11 - 14.

［168］郭韬，吴叶，刘洪德. 企业家背景特征对技术创业企业绩效影响的实证研究——商业模式创新的中介作用［J］. 科技进步与对策，2017，34（5）：86 - 91.

［169］云乐鑫，杨俊，张玉利. 基于海归创业企业创新型商业模式原型的生成机制［J］. 管理学报，2014，11（3）：367 - 375.

［170］后士香，王翔. 技术创业企业独占性对商业模式设计导向选择的影响——以江苏省典型双创企业为例［J］. 科技进步与对策，2014，31（13）：11 - 15.

［171］郭韬，李盼盼，乔晗. 技术创业企业商业模式创新前因的组态效应［J］. 科研管理，2021，42（1）：1 - 9.

［172］韩继超，武超茹. 数字经济背景下创业型企业商业模式研究［J］. 价值工程，2019，38（35）：102 - 103.

［173］肖静华，谢康，吴瑶. 数据驱动的产品适应性创新——数字经济的创新逻辑（一）［J］. 北京交通大学学报（社会科学版），2020，19

（1）：7 - 18.

[174] 史亚雅, 杨德明. 数字经济时代商业模式创新与盈余管理 [J]. 科研管理, 2021, 42 (4)：170 - 179.

[175] 荆浩, 刘垭, 徐娴英. 数字化使能的商业模式转型：一个制造企业的案例研究 [J]. 科技进步与对策, 2017, 34 (3)：93 - 97.

[176] 詹晓宁, 欧阳永福. 数字经济下全球投资的新趋势与中国利用外资的新战略 [J]. 管理世界, 2018, 34 (3)：78 - 86.

[177] 张振刚, 张君秋, 叶宝升, 等. 企业数字化转型对商业模式创新的影响 [J]. 科技进步与对策, 2022, 39 (11)：114 - 123.

[178] 李文博. 大数据驱动情景下企业商业模式创新的发生机理——对 100 个大数据案例的话语分析 [J]. 科技进步与对策, 2016, 33 (7)：30 - 35.

[179] 齐严, 司亚静, 吴利红. 数字技术革命背景下零售业商业模式创新研究 [J]. 管理世界, 2017 (12)：182 - 183.

[180] 李飞, 乔晗. 数字技术驱动的工业品服务商业模式演进研究——以金风科技为例 [J]. 管理评论, 2019, 31 (8)：295 - 304.

[181] 邢小强, 周平录, 张竹, 等. 数字技术、BOP 商业模式创新与包容性市场构建 [J]. 管理世界, 2019, 35 (12)：116 - 136.

[182] Tapscott D. The Digital Economy：Promise and Peril in the Age of Networked Intelligence, McGraw-Hill, New York, NY. 1996.

[183] Margherio L. Henry D, Cooke S, et al. The Emerging Digital Economy, Department of Commerce, Washington, DC. 1999.

[184] Lane, Neal. Understanding the digital economy [J]. Presidents & Prime Ministers, 1999.

[185] Kling R. Learning about information technologies and social change：The contribution of social informatics [J]. The Information Society, 2000, 16 (3)：217 - 232.

[186] Zysman J. How revolutionary was the digital revolution? [J]. Stanford University Press, 2006.

[187] Atkinson R D, Mckay A S. Digital prosperity：Understanding the economic benefits of the information technology revolution [J]. Social ence Elec-

tronic Publishing, 2007 (2): 64, 1 –78.

［188］G20 杭州峰会. 二十国集团数字经济发展与合作倡议, 2016.

［189］Timmers P. Business models for electronic markets ［J］. Electronic Markets, 1998, 8 (2): 3 –8.

［190］Linder J C, Cantrell S. Changing business models: Surveying the landscap ［J］. Accenture Institute for Strategic Change, 2000, 7 (2): 171 –198.

［191］Petrovic O, Kittl C. Teksten. Developing business models for E-business ［J］. Social Science Electronic Publishing, 2001.

［192］原磊. 商业模式体系重构 ［J］. 中国工业经济, 2007, 24 (6): 70 –79.

［193］Teece D J. Business models, business strategy and innovation ［J］. Long Range Planning, 2010, 43 (2 –3): 172 –194.

［194］魏江, 刘洋, 应瑛. 商业模式内涵与研究框架建构 ［J］. 科研管理, 2012, 33 (5): 107 –114.

［195］Morris M H, Shirokova G, Shatalov A. The business model and firm performance: The case of Russian food service ventures ［J］. Journal of Small Business Management, 2013, 51 (1): 46 –65.

［196］Amit R, Zott C. Value creation in e-busniess ［J］. Strategic Management Journal, 2001, 22 (6 –7): 493 –520.

［197］魏炜, 朱武祥, 林桂平. 基于利益相关者交易结构的商业模式理论 ［J］. 管理世界, 2012 (12): 125 –131.

［198］Amit R, Zott C. Crafting business architecture: The antecedents of business model design ［J］. Strategic Entrepreneurship Journal, 2015, 9 (4): 331 –350.

［199］Zott C, Amit R. The fit between product market strategy and business model: Implications for firm performance ［J］. Strategic Management Journal, 2008, 29 (1): 1 –26.

［200］Casadesus-Masanell R, Ricart J E. From strategy to business models and onto tactics ［J］. Long Range Planning, 2010, 43 (2 –3): 195 –215.

［201］Mcgrath R G. Business models: A discovery driven approach ［J］.

Long Range Planning, 2010, 43 (2-3): 247-261.

[202] Tawadros G B. The stylised facts of Australia's business cycle [J]. Economic Modelling, 2011, 28 (1-2): 549-556.

[203] Velu C. Business model innovation and third-Party alliance on the survival of new firms [J]. Technovation, 2015 (35): 1-11.

[204] Alt R, Zimmermann H D. Preface: Introduction to special section-business models [J]. Social Science Electronic Publishing, 2001, 11 (1): 3-9.

[205] Demil B, Lecocq X. Business model evolution: In search of dynamic consistency [J]. Long Range Planning, 2010, 43: 227-246.

[206] Gavetti G, Levinthal D, Ocasio W. Neo-Carnegie: the Carnegie School's past, present, and reconstructing for the future [J]. Organization Science, 2007, 18 (3): 523-536.

[207] Martins L L, Rindova V P, Greenbaum B E. Unlocking the hidden value of concepts: A cognitive approach to business model innovation [J]. Strategic Entrepreneurship Journal, 2015, 9 (1): 99-117.

[208] Hamel G. Leading the revolution. Boston: Harvard Business School Press, 2000.

[209] Chesbrough H, Rosenbloom R S. The role of the business model in capturing value from innovation: Evidence from Xerox Corporation's technology spin-off companies [J]. Social Science Electronic Publishing, 2002, 11 (3): 529-555.

[210] Magretta J. Why business models matter [J]. Harvard Business Review, 2002, 80 (5): 86-92.

[211] Johnson M W, Christensen C M, Kagermann H. Reinventing your business model [J]. Harvard business review, 2008, 86 (12): 57-68.

[212] 魏炜, 朱武祥. 发现商业模式 [M]. 北京: 机械工业出版社, 2009.

[213] 张敬伟, 王迎军. 基于价值三角形逻辑的商业模式概念模型研究 [J]. 外国经济与管理, 2010 (6): 1-8.

[214] Mitchell D, Coles C. The ultimate competitive advantage of continu-

ing business model innovation〔J〕. Journal of Business Strategy, 2003, 24: 15 - 22.

〔215〕DaSilva C M, Trkman P. Business model: What it is and what it is not〔J〕. Long Range Planning, 2014, 47 (6): 379 - 389.

〔216〕谢德荪. 源创新: 转型期的中国企业创新之道〔M〕. 北京: 五洲传播出版社, 2012.

〔217〕Aspara J, Lamberg J A, Laukia A, et al. Corporate business model transformation and interorganizational cognition: The case of Nokia〔J〕. Long Range Planning, 2013, 46: 459 - 474.

〔218〕Clasuss T. Measuring business model innovation: Conceptualization, scale development, and proof of performance〔J〕. R&D Management, 2017, 47 (3): 385 - 403.

〔219〕Chesbrogh H W. Open business models〔M〕. Boston: Harvard Business School Press, 2006.

〔220〕Gambardella A, McGahan A M. Business-Model innovation: General purpose technologies and their implications for industry structure〔J〕. Long Range Planning, 2010, 43 (2 - 3): 262 - 271.

〔221〕Massa L, Tucci C L. Afuah A. A critical assessment of business model research〔J〕. Academy of Management Annals, 2017, 11 (1), 73 - 104.

〔222〕Björkdahl J, Magnus H. Editorial: Business model innovation the challenges ahead〔J〕. International Journal of Product Development, 2013, 18 (3 - 4): 213 - 225.

〔223〕曾萍, 刘洋, 应瑛. 转型经济背景下后发企业创新追赶路径研究综述——技术创新抑或商业模式创新?〔J〕. 研究与发展管理, 2015, 27 (3): 1 - 7.

〔224〕Foss N J, Saebi T. Fifteen years of research on business model innovation: How far have we come, and where should we go?〔J〕. Journal of Management, 2016, 43 (1): 200 - 227.

〔225〕吴晓波, 赵子溢. 商业模式创新的前因问题: 研究综述与展望〔J〕. 外国经济与管理, 2017, 39 (1): 114 - 127.

〔226〕Schaltegger S, Lüdeke-Freund F, Hansen E. Business cases for sustainability and the role of business model innovation: Developing a conceptual framework [J]. International Journal of Innovation and Sustainable Development, 2012, 6 (2): 95 – 119.

[227] 董岳, 王翔, 周冰莲, 张冬. 互联网＋时代商业模式创新的演变过程研究 [J]. 中国科技论坛, 2017 (2): 150 – 155.

[228] 王炳成, 闫晓飞, 张士强, 饶卫振, 曾丽君. 商业模式创新过程构建与机理: 基于扎根理论的研究 [J]. 管理评论, 2020, 32 (6): 127 – 137.

[229] De Reuver M, Bouwman H, MacInnes I. Business models dynamics for start-ups and innovating E-businesses [J]. International Journal of Electronic Business, 2009, 7 (3): 269 – 286.

[230] Baden-Fuller C, Haefliger S. Business models and technological innovation [J]. Long Range Planning, 2013, 46 (6): 419 – 426.

[231] Osiyevskyy O, Dewald J. Explorative versus exploitative business model change: The cognitive antecedents of firm-level responses to disruptive innovation [J]. Strategic Entre preneurship Journal, 2015, 9 (1): 58 – 78.

[232] 迟考勋. 商业模式创新构念化研究回顾与理论构建: 基于组合模型视角 [J]. 科技进步与对策, 2020, 37 (16): 151 – 160.

[233] Bucherer E, Eisert U, Gassmann O. Towards Systematic Business Model Innovation: Lessons from Product Innovation Management [J]. Creativity and Innovation Management, 2012, 21 (2): 183 – 198.

[234] Schneider S, Spieth P. Business model innovation: Toward an integrated future research agenda [J]. International Journal of Innovation Management, 2013, 17 (1): 1 – 34.

[235] Velu C, Stiles P. Managing Decision-Making and Cannibalization for Parallel Business Models [J]. Long Range Planning, 2013, 46 (6): 443 – 458.

[236] 刘志迎, 周章庆, 陈明春, 等. 商业模式需要创新还是模仿? ——基于实物期权博弈的策略研究 [J]. 外国经济与管理, 2018, 40 (3): 79 – 91.

[237] 彭华涛, 李冰冰, 周灵玥. 环境动态性视角下创业企业的创新

策略选择比较 [J]. 科学学研究, 2012 (5): 1 - 11.

[238] 张玉利, 李新春. 创业管理 [M]. 北京: 清华大学出版社, 2006.

[239] Haber S, Reichel A. The cumulative nature of the entrepreneurial process: The contribution of human Resources, planning and environment resources to small venture performance [J]. Journal of Business Venturing, 2007, 22 (1): 119 - 145.

[240] Chrisman J J, Mcmullan W E, Kirk Ring J, et al. Counseling assistance, entrepreneurship education, and new venture performance [J]. Journal of Entrepreneurship & Public Policy, 2012, 1 (1): 63 - 83.

[241] Batjargal B, Hitt M A, Tsui A S, et al. Institutional Polycentrism, Entrepreneurial Social Networks, and New Venture Growth [J]. Academy of Management Journal, 2013, 56 (4): 1024 - 1049.

[242] 李宏贵, 曹迎迎, 陈忠卫. 新创企业的生命周期、创新方式与关系网络 [J]. 外国经济与管理, 2017, 39 (8): 16 - 27.

[243] Baker W E, Sinkula J M. The synergistic effect of market orientation and learning orientation on organizational performance [J]. Journal of the Academy of Marketing Science, 1999, 27 (4): 411 - 427.

[244] Li H, Atuahene-Gima K. Product innovation strategy and the performance of new technology ventures in China [J]. Academy of Management, 2001, 44 (6), 1123 - 1134.

[245] Larrañeta B, Zahra S A, González J L G. Enriching Strategic Variety in New Ventures through External Knowledge [J]. Journal of Business Venturing, 2012, 27 (4): 401 - 413.

[246] 王强. 新创企业界定标准研究 [D]. 吉林大学, 2004.

[247] 李小青, 胡朝霞. 科技创业企业董事会认知特征对技术创新动态能力的影响研究 [J]. 管理学报, 2016, 13 (2): 248 - 257.

[248] Abbott III, Thomas A. Measuring high technology trade: Contrasting international trade administration and bureau of census methodologies and results [J]. Journal of Economic and Social Measurement, 1991, 17 (1): 17 - 44.

［249］《高新技术企业认定管理办法》，中华人民共和国科学技术部，2016.

［250］迟建新. 科技创业企业的融资工具选择与体系组合［J］. 改革，2010（1）：119－126.

［251］惠祥，李秉祥，李明敏，等. 技术创业型企业经理层股权分配模式探讨与融资结构优化［J］. 南开管理评论，2016，19（6）：177－188.

［252］黄昊，王国红，秦兰. 科技新创企业资源编排对企业成长影响研究：资源基础与创业能力共演化视角［J］. 中国软科学，2020（7）：122－137.

［253］Wernerfelt B. A resource-based view of the firm ［J］. Strategic Management Journal，1984，5（2）：171－180.

［254］Barney J. Firm resources and sustained competitive advantage ［J］. Journal of Management，1991，17（1）：99－120.

［255］Bromiley P，Rau D. Operations management and the resource based view：Another view ［J］. Journal of Operations Management，2016，41：95－106.

［256］Demsetz H. The theory of the firm revisited ［J］. Journal of Law，Economics，& Organization，1988，4（1）：141－161.

［257］Millar C C，Groth O，Mahon J F. Management innovation in a VUCA world：Challenges and recommendations ［J］. California Management Review，2018，61：5－14.

［258］Eisenhardt K M，Martin J A. Dynamic capabilities：What are they？［J］. Strategic Management Journal，2000，21（10－11）：1105－1121.

［259］Teece D J，Pisano G，Shuen A. Dynamic capabilities and strategic management ［J］. Strategic Management Journal，1997，18（7）：509－533.

［260］Helfat C E，Winter S G. Untangling dynamic and operational capabilities：Strategy for the（N）ever-changing world ［J］. Strategic Management Journal，2011，32（11）：1243－1250.

［261］Teece D J. Explicating dynamic capabilities：The nature and microfoundations of（sustainable）enterprise performance ［J］. Strategic Management Journal，2007，28（13）：1319－1350.

［262］ Teece D J. Business models and dynamic capabilities［J］. Long Range Planning, 2018, 51（1）：40 – 49.

［263］ Karimi J, Walter Z. Corporate entrepreneurship, disruptive business model innovation adoption, and its performance：The case of the newspaper industry［J］. Long Range Planning, 2016, 49（3）：342 – 360.

［264］ 成文, 王迎军, 高嘉勇, 等. 商业模式理论演化述评［J］. 管理学报, 2014, 11（3）：462 – 468.

［265］ Winterhalter S, Weiblen T, Wecht C H, et al. Business model innovation processes in large corporations：Insights from BASF［J］. Journal of Business Strategy, 2017, 38（2）：62 – 75.

［266］ 任义忠. 基于价值网络视角的报业传媒企业商业模式创新与企业绩效关系研究［D］. 山东大学, 2020.

［267］ Hedman J, Kalling T. The business model concept：Theoretical underpinnings and empirical illustrations［J］. European Journal of Information Systems, 2003, 12（1）：49 – 59.

［268］ Al-Debei M M, El-Haddadeh R, Avison D. Defining the business model in the new world of digital business［J］. Proceedings of the Fourteenth Americas Conference on Information Systems, 2008.

［269］ 汪寿阳, 敖敬宁, 乔晗, 等. 基于知识管理的商业模式冰山理论［J］. 管理评论, 2015, 27（6）：3 – 10.

［270］ 汪寿阳, 乔晗, 胡毅, 等. 商业模式冰山理论：方法与案例［M］. 北京：科学出版社, 2017.

［271］ 乔晗, 张靖, 郭盛, 等. 银行外部环境、商业模式与绩效间关系研究——基于国内 16 家上市商业银行的数据［J］. 管理评论, 2017, 29（6）：252 – 263.

［272］ 饶佳艺, 徐大为, 乔晗, 等. 基于商业模式反馈系统的视频网站商业模式分析——Netflix 与爱奇艺案例研究［J］. 管理评论, 2017, 29（2）：245 – 254.

［273］ 闫冰倩, 胡毅, 乔晗, 等. 万达集团商业模式动态演变分析［J］. 系统工程理论与实践, 2018, 38（5）：1164 – 1172.

［274］ 王立夏. 基于情境运用的商业模式创新研究——"乐美智能"

案例 [J]. 科研管理, 2020, 41 (3): 174 – 182.

[275] 石奇. 产业经济学 [M]. 北京: 中国人民大学出版社, 2011.

[276] 李超, 郑森圭, 丁雪辰, 等. 商业模式 PNMP-CET@I 反馈调节分析模型: 蚂蚁金服案例 [J]. 系统工程理论与实践, 2018, 38 (6): 1413 – 1421.

[277] 贾晓菁, 寇晨欢, 王正蒙, 等. 基于 CET@I 的二手车电子商务企业商业模式隐性知识动态反馈系统模型研究 [J]. 管理评论, 2019, 31 (7): 162 – 171.

[278] 谢识予. 经济博弈论 (第三版) [M]. 上海: 复旦大学出版社, 2010.

[279] Martin A, Nowak. Evolutionary dynamics: Exploring the equations of life [M]. Cambridge: The Belknap Press of Harvard University Press, 2006.

[280] Smith J M, Price G R. The logic of animal conflict [J]. Nature, 1973, 246 (5427): 15 – 18.

[281] Taylor P D, Jonker L B. Evolutionary stable strategies and same dynamics [J]. Mathematical Biosciences, 1978, 40 (1 – 2): 145 – 156.

[282] Charness G, Yang C L. Starting small toward voluntary formation of efficient large groups in public goods provision [J]. Journal of Economic Behavior and Organization, 2014, 102: 119 – 132.

[283] 易余胤, 刘汉民. 经济研究中的演化博弈理论 [J]. 商业经济与管理, 2005 (8): 8 – 13.

[284] Lawrence P R, Lorsch J W. Differentiation and integration in complex organizations [J]. Administrative science quarterly, 1967, 12 (1): 1 – 47.

[285] Kast F E, Rosenzweig J E. General systems theory: Applications for organization and management [J]. Academy of management journal, 1972, 15 (4): 447 – 465.

[286] Luthans F, Schonberger R, Morey R, et al. Introduction to management: a contingency approach [M] // Introduction to management: a contingency approach. McGraw-Hill, 1976. New York.

[287] Williams P, Ashill N, Naumann E. Toward a contingency theory of

CRM adoption〔J〕. Journal of strategic marketing, 2017, 25（5 - 6）: 454 - 474.

〔288〕Drazin R, Van de Ven A H. Alternative forms of fit in contingency theory〔J〕. Administrative science quarterly, 1985, 30（4）: 514 - 539.

〔289〕赵旭, 高建宾, 商娟. 基于复杂系统理论的物流园区截流选址模型〔J〕. 运筹与管理, 2013, 22（1）: 157 - 163.

〔290〕潘松挺, 姚春序. 基于复杂系统理论的企业网络组织演化分析〔J〕. 企业经济, 2011, 30（3）: 13 - 15.

〔291〕叶伟巍, 梅亮, 李文, 王翠霞, 张国平. 协同创新的动态机制与激励政策——基于复杂系统理论视角〔J〕. 管理世界, 2014（6）: 79 - 91.

〔292〕梅莉. 基于复杂系统科学视角下的网络组织理论研究〔J〕. 技术经济与管理研究, 2015（12）: 27 - 31.

〔293〕李军辉. 复杂系统理论视阈下我国区域经济协同发展机理研究〔J〕. 经济问题探索, 2018（7）: 154 - 163.

〔294〕韩进, 李平, 周海波. 企业管理情境下生态系统理论框架与未来研究方向〔J〕. 管理学报, 2022, 19（1）: 139 - 149.

〔295〕Osterwalder A. The business model ontology: a proposition in design science approach〔M〕. Universite de Lausanne, 2003: 50 - 72.

〔296〕项国鹏, 罗兴武. 价值创造视角下浙商龙头企业商业模式演化机制——基于浙江物产的案例研究〔J〕. 商业经济与管理, 2015（1）: 44 - 54.

〔297〕欧阳峰, 陈胜鹏. 基于价值创造的科技型小微企业商业模式设计研究〔J〕. 科技进步与对策, 2013（18）: 18 - 24.

〔298〕Lidong W, Ann A C. Big data driven supply chain management and business administration〔J〕. American Journal of Economics & Business Administration, 2015, 7（2）: 60 - 67.

〔299〕韩炜, 邓渝. 商业生态系统研究述评与展望〔J〕. 南开管理评论, 2020, 23（3）: 14 - 27.

〔300〕Amit R, Han X. Value creation through novel resource configurations in a digitally enabled world〔J〕. Strategic Entrepreneurship Journal, 2017

（3）：228 - 242.

［301］Browna J. Fishendenb M. Thompsonc W. Appraising the impact and role of platform models and government as aplatforminuk government public service reform：Towards aplatform assessment framework ［J］. Government Information Quarterly，2017（2）：167 - 182.

［302］Gambardella A，McGahan A M. Business-model innovation：General purpose technologies and their implications for industry structure ［J］. Long Range Planning，2010，43（2 - 3）：262 - 271.

［303］Giudice M D. Discovering the internet of Things（IoT）within the business process management：A literature review on technological revitalization ［J］. Business process management journal，2016，22（2）：263 - 270.

［304］Calia R C，Guerrini F M，Moura G L. Innovation net-works：From technological development to business model reconfiguration ［J］. Technovation，2007，27（8）：426 - 432.

［305］Aidis R，Estrin S，Mickiewicz T. Institutions and entrepreneurship development in Russia：A comparative perspective ［J］. Journal of Business Venturing，2008，23（6）：656 - 672.

［306］王炳成，郝兴霖，刘露. 战略性新兴产业商业模式创新研究——环境不确定性与组织学习匹配视角 ［J］. 软科学，2020，34（10）：50 - 55.

［307］Glaser B，Strauss A L. The discovery of grounded theory：Strategies for qualitative research ［J］. Nursing Research，1968（4）：377 - 380.

［308］Fassinger R E. Paradigms，praxis，problems and promise：grounded theory in counseling psychology research ［J］. Journal of Counseling Psychology，2005，52（2）：156 - 166.

［309］张霞，毛基业. 国内企业管理案例研究的进展回顾与改进步骤——中国企业管理案例与理论构建研究论坛（2011）综述 ［J］. 管理世界，2012（2）：105 - 111.

［310］李志刚，韩炜，何诗宁，等. 轻资产型裂变新创企业生成模式研究——基于扎根理论方法的探索 ［J］. 南开管理评论，2019，22（5）：117 - 129.

[311] 李燕萍, 郭玮, 黄霞. 科研经费的有效使用特征及其影响因素——基于扎根理论 [J]. 科学学研究, 2009, 27 (11): 1685 – 1691.

[312] 张新民, 陈德球. 移动互联网时代企业商业模式、价值共创与治理风险——基于瑞幸咖啡财务造假的案例分析 [J]. 管理世界, 2020, 36 (5): 74 – 86, 11.

[313] 迟考勋, 邵月婷. 创业者认知图式如何影响新创企业商业模式创新性 [J]. 南大商学评论, 2020 (3): 162 – 184.

[314] Barney J. Strategic factor markets: Expectations, luck, and business strategy [J]. Management Science, 1986, 32 (10), 1231 – 1241.

[315] Huang H C. Entrepreneurial resources and speed of entrepreneurial success in an emerging market: The moderating effect of entrepreneurship [J]. International Entrepreneurship & Management Journal, 2016, 12: 1 – 26.

[316] Grande J, Madsen E L, Borch O J. The relationship between resources, entrepreneurial orientation and performance in farm-based ventures [J]. Entrepreneurship & Regional Development, 2011, 23 (3/4): 89 – 111.

[317] 王斌, 宋春霞. 创业企业资源禀赋、资源需求与产业投资者引入——基于创业板上市公司的经验证据 [J]. 会计研究, 2015 (12): 59 – 66, 97.

[318] Das T K, Teng B S. A resource-based theory of strategic alliances [J]. Journal of Management, 2000, 26 (1): 31 – 61.

[319] Wiklund J, Shepherd D. Knowledge-based resources, entrepreneurial orientation, and the performance of small and medium-sized businesses [J]. Strategic Management Journal, 2003, 24 (13): 1307 – 1314.

[320] Marino K E. Developing consensus on firm competencies and capabilities [J]. Academy of Management Executive, 1996, 10 (3): 40 – 51.

[321] Ardichvili A, Cardozo R, Ray S. A theory of entrepreneurial opportunity identification and development [J]. Journal of Business Venturing, 2003, 18 (1): 105 – 123.

[322] 田莉. 新企业初始条件与生存及成长关系研究前沿探析 [J]. 外国经济与管理, 2010, 32 (8): 27 – 34, 41.

[323] 余绍忠. 创业资源对创业绩效的影响机制研究——基于环境动

态性的调节作用 [J]. 科学学与科学技术管理, 2013, 34 (6): 131 – 139.

[324] 赵息, 林德林, 郝婷. 财务资源冗余对研发投入的影响研究——股权激励的调节效应 [J]. 预测, 2017, 36 (3): 36 – 41.

[325] Roper S, Scott J M. Perceived financial barriers and the start-up decision: An econometric analysis of gender differences Using GEM data [J]. International Small Business Journal, 2009, 27 (2), 149 – 171.

[326] Hajer Z, Mohamed S, Laura G, et al. Entrepreneurial orientation, access to financial resources and SMEs' business performance: The case of the United Arab Emirates [J]. Journal of Asian Finance Economics and Business, 2020, 7 (12): 465 – 474.

[327] 许秀梅. 技术资源、人力资本如何提升公司绩效?——来自大样本的多视角分析 [J]. 科研管理, 2017, 38 (5): 64 – 76.

[328] Ellen R M, Edward C P, Technology resources and the US current account [J]. American Economic Review, 2010 (100): 1493 – 1522.

[329] Buttice V, Colombo M G, Wright M. Serial crowdfunding, social resources, and project success [J]. Entrepreneurship: Theory and Practice, 2017, 41 (2): 183 – 207.

[330] Lee P Y, Li C S J, Wu M L. The roles of cross-cultural adjustment and social resources formation in the dynamic capabilities development of multi-unit organizations [J]. Asia Pacific Management Review, 2018, 23 (1): 20 – 29.

[331] Lefebvre V M, Sorenson D, Henchion M et al. Social resources and knowledge sharing performance of learning networks [J]. International Journal of Information Management, 2016, 36 (4): 570 – 579.

[332] Lins K V, Servaes H, Tamayo A. Social resources, trust, and firm performance: The value of corporate social responsibility during the financial crisis [J]. The Journal of Finance, 2017, 72 (4): 1785 – 1824.

[333] 文金艳, 曾德明, 赵胜超. 标准联盟网络资源禀赋、结构嵌入性与企业新产品开发绩效 [J]. 研究与发展管理, 2020, 32 (1): 113 – 122.

[334] Barney J B, Ketchen D J J, Wright M. The future of resource-

based theory: Revitalization or decline? [J]. Journal of Management, 2011, 37 (5): 1299 –1315.

[335] Tucci C, Massa L. Business model innovation [J]. Oxford Handbook of Innovation Management, 2013, 50 (3): 500 –504.

[336] Haefliger S, Baden-Fuller C. Business models and technological innovation [J]. Long Range Planning, 2013, 46 (6): 419 –426.

[337] Morris M, Schindehutte M, Allen J. The entrepreneur's business model: Toward a unified perspective [J]. Journal of Business Research, 2005, 58 (6): 726 –735.

[338] Yan S, Hu B L, Liu G, et al. Top management team boundary-spanning behaviour, bricolage, and business model innovation [J]. Technology Analysis & Strategic Management, 2020, 32 (5): 1 –13.

[339] Khan S H, Majid A, Yasir M, et al. Social resources and business model innovation in SMEs: Do organizational learning capabilities and entrepreneurial orientation really matter? [J]. European Journal of Innovation Management, 2021, 24 (1): 191 –212.

[340] Hung K P, Chou C. The impact of open innovation on firm performance: The moderating effects of internal R&D and environmental turbulence [J]. Technovation, 2013, 33 (10 –11): 368 –380.

[341] Bock A J, Opsahl T, George G, et al. The effects of culture and structure on strategic flexibility during business model innovation [J]. Social Science Electronic Publishing, 2012, 49 (2): 279 –305.

[342] Lee J, Suh T, Roy D, et al. Emerging technology and business model innovation: The case of artificial intelligence [J]. Journal of Open Innovation: Technology Market and Complexity, 2019, 5 (3): 1 –13.

[343] Grimmer L, Miles M P, Grimmer M. A research note on the effect of entrepreneurial orientation on small retailer performance: A resource-advantage perspective [J]. International Entrepreneurship and Management Journal, 2015, 11 (2): 409 –424.

[344] Spender J C, Grant R M. Knowledge and the firm: An overview [J]. Strategic Management Journal, 1996, 17 (S2): 3 –9.

［345］Ferreras-Méndez J L，Newell S，Fernández-Mesa A，et al. Depth and breadth of external knowledge search and performance：The mediating role of absorptive capacity ［J］. Industrial Marketing Management，2015，47：86 - 97.

［346］Chen L，Zheng W，Yang B，et al. Transformational leadership, social resources and organizational innovation ［J］. Leadership and Organization Development Journal，2016，37（7）：843 - 859.

［347］Martínez-Pérez Á，García-Villaverde P M，Elche D. The mediating effect of ambidextrous knowledge strategy between social resources and innovation of cultural tourism clusters firms ［J］. International Journal of Contemporary Hospitality Management，2016，28（7）：1484 - 1507.

［348］Su C M. A study of policies for improving the technological innovation capacity of small and medium-sized enterprises ［J］. 2018，7（2）：268 - 280.

［349］余江，孟庆时，张越，等. 数字创新：创新研究新视角的探索及启示［J］. 科学学研究，2017，35（7）：103 - 111.

［350］刘洋，董久钰，魏江. 数字创新管理：理论框架与未来研究［J］. 管理世界，2020，36（7）：198 - 217.

［351］孟庆时，余江，陈凤，等. 数字技术创新对新一代信息技术产业升级的作用机制研究［J］. 研究与发展管理，2021，33（1）：90 - 100.

［352］魏江，刘洋，等. 数字创新［M］. 北京：机械工业出版社，2021.

［353］Staber U，Sydow J. Organizational adaptive capacity：A structuration perspective ［J］. Journal of Management Inquiry，2002，11（4）：408 - 424.

［354］Annarelli A，Battistella C，Nonino F，et al. Literature review on digitalization capabilities：Co-citation analysis of antecedents, conceptualization and consequences ［J］. Technological Forecasting and Social Change，2021，166（3）：120635.

［355］Akhavan P，Mahdi Hosseini S. Social resources, knowledge sharing, and innovation capability：An empirical study of R&D teams in Iran ［J］. Technology Analysis & Strategic Management，2016，28（1）：96 - 113.

［356］Goh E，Loosemore M. The impacts of industrialization on construction subcontractors：A resource based view ［J］. Construction Management and Economics，2017，35（5）：288 - 304.

［357］张省，杨倩. 数字技术能力、商业模式创新与企业绩效 ［J］. 科技管理研究，2021，41（10）：144 - 151.

［358］刘志阳，林嵩，邢小强. 数字创新创业：研究新范式与新进展 ［J］. 研究与发展管理，2021，33（01）：1 - 11.

［359］Alberti-Alhtaybat L V，Al-Htaybat K，Hutaibat K. A knowledge management and sharing business model for dealing with disruption：The case of Aramex ［J］. Journal of Business Research，2019，94：400 - 407.

［360］Yao J，Crupi A，Minin A D，et al. Knowledge sharing and technological innovation capabilities of Chinese software SMEs ［J］. Journal of Knowledge Management，2020，24（3）：607 - 634.

［361］Kroh J，Luetjen H，Globocnik D，et al. Use and efficacy of information technology in innovation processes：The specific role of servitization ［J］. Journal of Product Innovation Management，2018，35（5）：720 - 741.

［362］Porter M E，Heppelmann J E，How smart，connected products are transforming competition ［J］. Harvard Business Review，2014，92：11 - 64.

［363］刘业鑫，吴伟伟. 技术管理能力对突破性技术创新行为的影响：环境动荡性与竞争敌对性的联合调节效应 ［J］. 科技进步与对策，2021，38（7）：10 - 18.

［364］Dess G G，Beard D W. Dimensions of organizational task environments ［J］. Administrative Science Quarterly，1984，29（1）：52 - 73.

［365］Lin C，Chang C C. The effect of technological diversification on organizational performance：An empirical study of S&P 500 manufacturing firms ［J］. Technological Forecasting & Social Change，2015，90：575 - 586.

［366］Jaworski B J，Kohli A K. Market orientation：Antecedents and consequences ［J］. Journal of Marketing，1993，57（3）：53 - 71.

［367］吴言波，邵云飞. 战略联盟技术多元性对焦点企业突破性创新的影响及机制研究 ［J］. 研究与发展管理，2020，32（03）：100 - 110.

［368］Ferrier W J，Smith K G，Grimm C. The role of competitive action in market share erosion and industry dethronement: A study of industry leaders and challengers [J]. Academy of Management Journal, 1999, 42 (4): 372 - 388.

[369] Björkdahl J. Technology cross-fertilization and the business model: The case of integrating ICTs in mechanical engineering products [J]. Research Policy, 2009, 38 (9): 1468 - 1477.

[370] 于飞, 胡查平, 刘明霞. 网络密度、高管注意力配置与企业绿色创新: 制度压力的调节作用 [J]. 管理工程学报, 2021, 35 (2): 55 - 66.

[371] Di Maggio P J, Powell W. The iron cage revisited: Institutional isomorphism and collective rationality in organizational fields [J]. American Sociological Review, 1983, 48 (2): 147 - 160.

[372] Li F R, Ding D Z. The effect of institutional isomorphic pressure on the internationalization of firms in an emerging economy: Evidence from China [J]. Asia Pacific Business Review, 2013, 19 (4): 506 - 525.

[373] Honig B, Samuelsson M. Business planning by intrapreneurs and entrepreneurs under environmental uncertainty and institutional pressure [J]. Technovation, 2021, 99: 102 - 124.

[374] Brislin R W. Translation and content analysis of oral and written materials [J]. Methodology, 1980: 389 - 444.

[375] Boso N, Cadogan J W, Story V M. Complementary effect of entrepreneurial and market orientations on export new product success under differing levels of competitive intensity and financial Resources [J]. International Business Review, 2012, 21 (4): 667 - 681.

[376] Gilbert B A, McDougall P P, Audretsch D B. Clusters, knowledge spillovers and new venture performance: An empirical examination [J]. Journal of Business Venturing, 2008, 23 (4): 405 - 422.

[377] Nadeau D P. A spatial and sectoral analysis of U. S. technology innovation and venture resources investment performance [J]. Social Science Electronic Publishing, 2010: 1 - 44.

[378] Nahapiet J, Ghoshal S. Social resources, intellectual resources,

and the organizational advantage [J]. Knowledge & Social Resources, 1998, 23 (2): 242 - 266.

[379] Fandiño A M, Marques C M V A, Menezes R, et al. Organizational social resources scale based on nahapiet and ghosal model: Development and validation [J]. Review of Contemporary Business Research, 2015, 4 (2): 25 - 38.

[380] Stefano E, Maria G, Mariani M M, et al. Resources and digital export: An RBV perspective on the role of digital technologies and capabilities in cross-border e-commerce [J]. Journal of Business Research, 2021, 132 (2): 158 - 169.

[381] 杨慧军, 杨建君. 外部搜寻、联结强度、吸收能力与创新绩效的关系 [J]. 管理科学, 2016, 29 (3): 24 - 37.

[382] Mahmood T, Mubarik M S. Balancing innovation and exploitation in the fourth industrial revolution: Role of intellectual resources and technology absorptive capacity [J]. Technological Forecasting and Social Change, 2020, 160: 1 - 9.

[383] Zimmermann R, Ferreira L, Moreira A C. How supply chain strategies moderate the relationship between innovation capabilities and business performance [J]. Journal of Purchasing and Supply Management, 2020, 26 (5): 1 - 14.

[384] Chirico F, Bau M. Is the family an "asset" or "liability" for firm performance? The moderating role of environmental dynamism [J]. Journal of Small Business Management, 2014, 52 (2): 210 - 225.

[385] Zhu Q H, Sarkis J. Relationships between operational practices and performance among early adopters of green supply chain management practices in Chinese manufacturing enterprises [J]. Journal of Operations Management, 2004, 22 (3): 265 - 289.

[386] Scott R, Colwell S R, Joshi A W. Corporate ecological responsiveness: antecedent effects on institutional pressure and top management commitment and their impact on organizational performance [J]. Business Strategy and the Environment, 2013, 22 (2): 73 - 91.

［387］Dariusz K, Korzynski P. Measures of competitive intensity-analysis based on literature review ［J］. Journal of Management & Business Administration, 2017, 25（1）：53 – 77.

［388］Galbreath J, Galvin P. Firm factors, industry structure and performance variation: new empirical evidence to a classic debate ［J］. Journal of Business Research, 2008, 61（2）：109 – 117.

［389］Mary A W, Frank M G. Quality culture in small business: four case studies ［J］. Quality Progress, 2001, 34（1）：1334 – 1341.

［390］Li J, Zhou C H, Zajec E J. Control, collaboration, and productivity in international joint ventures: Theory and evidence ［J］. Strategic Management Journal, 2009, 30（8）：865 – 884.

［391］解学梅, 吴永慧, 徐雨晨. 女性创业者自恋人格与新创企业绩效关系研究——政治关联和创业激情的调节作用 ［J］. 研究与发展管理, 2021, 33（5）：13 – 24.

［392］Miller T, Del Carmen Triana M. Demographic diversity in the boardroom: Mediators of the board diversity——firm performance relationship ［J］. Journal of Management Studies, 2009, 46（5）：755 – 786.

［393］Forrester J W. Industrial dynamics: A major breakthrough for decision makers ［J］. Harvard business review, 1958, 36（4）：37 – 66.

［394］Kishi K. Dynamic analysis of wage inequality and creative destruction ［J］. Journal of Economics, 2015, 115（1）：1 – 23.

［395］王其藩. 系统动力学（2009 年修订版）［M］. 上海：上海财大出版社, 2009.

［396］周钟, 陈智高. 基于系统动力学的企业知识刚性演化与影响研究 ［J］. 科研管理, 2018, 39（10）：159 – 167.

［397］赵梦楚, 陈志霞. 高工作绩效员工为何也会遭遇领导排斥：影响机制的系统动力学仿真分析 ［J］. 南开管理评论, 2019, 22（2）：188 – 198.

［398］崔新健, 章东明. 跨国研发中心逆向技术流动绩效的影响因素——基于系统动力学的建模与仿真研究 ［J］. 南开管理评论, 2020, 23（3）：109 – 120.

［399］宋砚秋，王倩，李慧嘉，等.基于系统动力学的企业创新投资决策研究［J］.系统工程理论与实践，2018，38（12）：107－118.

［400］李晓莉，于渤.面向技术跨越的后发企业技术创新战略与技术创新能力动态演化仿真研究［J］.科学学与科学技术管理，2017，38（11）：83－100.

［401］Adane T F，Bianchi M F，Archenti A，et al. Application of system dynamics for analysis of performance of manufacturing systems［J］. Journal of Manufacturing Systems，2019，53：212－233.

［402］Xie T，Wei Y Y，Chen W F，et al. Parallel evolution and response decision method for public sentiment based on system dynamics［J］. European Journal of Operational Research，2020，287（3）：1131－1148.

［403］陈力田，许庆瑞，吴志岩.战略构想、创新搜寻与技术创新能力演化——基于系统动力学的理论建模与仿真研究［J］.系统工程理论与实践，2014，34（7）：1705－1719.

［404］Visnjic I，Wiengarten F，Neely A. Only the brave：Product innovation，service business model innovation，and their impact on performance［J］. Journal of Product Innovation Management，2016，33（1）：36－52.

［405］Chun Y T. Technological innovation capability，knowledge sourcing and collaborative innovation in Gulf Cooperation Council countries［J］. Innovation Management，Policy & Practice，2014，26（7）：212－223.

［406］蔡莉，杨亚倩，卢珊，等.数字技术对创业活动影响研究回顾与展望［J］.科学学研究，2019，37（10）：1816－1824，1835.

［407］Fabio L，Keun L，Franco M. A history-friendly model of the successive changes in industrial leadership and the catch-up by latecomers［J］. Research Policy，2017，46（2）：431－446.

［408］Guerrero M，Urbano D. The impact of Triple Helix agents on entrepreneurial innovations' performance：An inside look at enterprises located in an emerging economy［J］. Technological Forecasting and Social Change，2016，119：294－309.

［409］田莉.新企业初始条件与生存及成长关系研究前沿探析［J］.外国经济与管理，2010，32（8）：27－34，41.

［410］柳卸林，董彩婷，丁雪辰. 数字创新时代：中国的机遇与挑战 ［J］. 科学学与科学技术管理，2020，41（6）：3 – 15.

［411］Desa G, Basu S. Optimization or bricolage? Overcoming resource constraints in global social entrepreneurship ［J］. Strategic Entrepreneurship Journal, 2013, 7（1）: 26 – 49.

［412］杨瑛哲，黄光球. 基于系统动力学的企业转型的技术变迁路径分析仿真模型 ［J］. 系统工程理论与实践，2017，37（10）：2649 – 2659.

［413］邢蕊，刘雪梅，王国红. 技术学习视角下新创企业技术能力演化路径研究 ［J］. 系统工程，2017，35（11）：110 – 120.

［414］钟永光，贾晓菁，钱颖. 系统动力学前沿与应用 ［M］. 北京：科学出版社，2016.

［415］Cortimiglia M N, Ghezzi A, Frank A G. Business Model Innovation and Strategy Making Nexus: Evidence from a Cross-industry Mixed-Methods Study ［J］. R&D Management, 2016, 46（3）: 414 – 432.

［416］郭海，周曦曦，陈平. 数字经济时代的组织任务环境 ［J］. 兰州大学学报（社会科学版），2019，47（4）：49 – 64.

［417］章成友. "智猪博弈"与中小企业的发展——中小企业模仿创新中需要注意的问题 ［J］. 时代金融（下旬），2011（33）：234 – 235.

［418］Friedman D. Evolutionary games in economics ［J］. Econometrica, 1991, 59（3）: 637 – 666.

［419］陆启韶. 复杂非线性系统的某些动力学理论与应用 ［J］. 力学进展，2004，34（4）：568 – 569.

［420］刘小波. 基于 NetLogo 平台的舆情演化模型实现 ［J］. 情报资料工作，2012（1）：55 – 60.